缩小区域发展差距
促进共同富裕研究

SUOXIAO QUYU FAZHAN CHAJU
CUJIN GONGTONG FUYU YANJIU

贾若祥 王继源 窦红涛 等著

中国财经出版传媒集团
经济科学出版社
·北 京·

图书在版编目（CIP）数据

缩小区域发展差距促进共同富裕研究/贾若祥等著
. ——北京：经济科学出版社，2023.12
ISBN 978-7-5218-5295-0

Ⅰ.①缩…　Ⅱ.①贾…　Ⅲ.①共同富裕-研究-中国
Ⅳ.①F124.7

中国国家版本馆 CIP 数据核字（2023）第 201231 号

责任编辑：于　源　刘　悦
责任校对：刘　娅
责任印制：范　艳

缩小区域发展差距促进共同富裕研究

贾若祥　王继源　窦红涛　等著

经济科学出版社出版、发行　新华书店经销
社址：北京市海淀区阜成路甲 28 号　邮编：100142
总编部电话：010-88191217　发行部电话：010-88191522
网址：www.esp.com.cn
电子邮箱：esp@esp.com.cn
天猫网店：经济科学出版社旗舰店
网址：http://jjkxcbs.tmall.com
北京季蜂印刷有限公司印装
710×1000　16 开　17.5 印张　280000 字
2023 年 12 月第 1 版　2023 年 12 月第 1 次印刷
ISBN 978-7-5218-5295-0　定价：80.00 元
（图书出现印装问题，本社负责调换。电话：010-88191545）
（版权所有　侵权必究　打击盗版　举报热线：010-88191661
QQ：2242791300　营销中心电话：010-88191537
电子邮箱：dbts@esp.com.cn）

课 题 组

组　长：

贾若祥　国家发展改革委国地所综合室主任　研究员

王继源　国家发展改革委国地所综合室副主任　副研究员

主要成员：

窦红涛　国家发展改革委国地所综合室　助理研究员

张　舰　国家发展改革委国地所战略二室　助理研究员

郑国楠　国家发展改革委国地所战略室副主任　副研究员

汪阳红　国家发展改革委国地所综合室　研究员

刘保奎　国家发展改革委国地所战略二室主任　研究员

郭叶波　国家发展改革委国地所战略二室副主任　副研究员

目 录

总报告　缩小区域发展差距　促进共同富裕
　　……………………… 贾若祥　王继源　窦红涛　张　舰　郑国楠　1

专题报告一　以区域重大战略为引领促进共同富裕研究
　　………………………………………………… 王继源　窦红涛　43

专题报告二　以四大区域板块为基础促进共同富裕研究
　　………………………………………………… 郑国楠　窦红涛　62

专题报告三　以省际交界地区为重点缩小区域发展差距
　　　　　　促进共同富裕研究
　　………………………………………………………… 窦红涛　83

专题报告四　以革命老区为重点缩小区域发展差距
　　　　　　促进共同富裕研究
　　………………………………………………… 王继源　郑国楠　99

专题报告五　以边境地区为重点缩小区域发展差距
　　　　　　促进共同富裕研究
　　………………………………………………………… 窦红涛　123

专题报告六　以资源枯竭型地区为重点缩小区域发展差距
　　　　　　促进共同富裕研究
　　………………………………………………………… 汪阳红　140

专题报告七　发达国家和地区缩小区域发展差距的经验与启示
　　………………………………………………………… 窦红涛　159

专题报告八　缩小区域发展差距的省域范例
　　　　　　——浙江促进共同富裕相关问题研究
………………贾若祥　刘保奎　王继源　郭叶波　张　舰　窦红涛　174
专题报告九　缩小收入差距促进推动共同富裕研究
………………………………………………………………张　舰　210

总报告

缩小区域发展差距　促进共同富裕

贾若祥　王继源　窦红涛　张　舰　郑国楠

内容提要：自觉主动缩小区域发展差距既是共同富裕的必然要求，也是促进共同富裕的重要主攻方向。中华人民共和国成立以来我国区域发展差距从相对均衡，到迅速拉大，再到逐步缩小。当前，持续缩小区域发展差距的任务还很艰巨，东西绝对差距和南北相对差距相互交织，出现了区域分化和极化等新趋势。我国区域发展差距的形成，是多种因素综合作用的结果，自然禀赋的异质性和国家主体功能定位是客观基础，基础设施和公共服务的空间不均衡是重要影响因素，生态产品价值实现、资源价格形成机制尚不健全是制度性障碍。从世界范围来看，区域发展不平衡是一个普遍问题，缩小差距需要漫长的过程，从根本上看还是要靠发展来逐步解决。因此，要立足各地区比较优势，按照宜山则山、宜水则水、宜农则农、宜粮则粮、宜工则工、宜商则商的原则，因地制宜推进区域高质量发展，在发展中促进相对平衡，在高质量发展中促进共同富裕。

我国幅员辽阔，人口众多，长江、黄河横贯东西，秦岭、淮河分异南北，各地区基础条件差别之大在世界上是少有的，自觉主动缩小区域差距是推进共同富裕的重要内容，也是在新发展阶段下深入实施区域协调发展战略的重要内容，要通过深入实施区域重大战略、区域协调发展战略、主体功能区战略，健全区域协调发展体制机制，构建高质量发展的区域经济布局和国土空间支撑体系。

一、缩小区域发展差距与促进共同富裕的关系

共同富裕是马克思主义的一个基本目标,也是自古以来中国人民的一个基本理想;是社会主义的本质要求,也是中国共产党的重要使命。

(一) 共同富裕的提出

中华人民共和国成立之初,《中共中央关于发展农业生产合作社的决议》中提出了"使全体农村人民共同富裕起来"的伟大号召。毛泽东同志指出"这个富,是共同的富,这个强,是共同的强,大家都有份"。邓小平同志在"两个大局"中明确指出,"一个大局,就是东部沿海地区加快对外开放,使之较快地先发展起来,中西部地区要顾全这个大局。另一个大局,就是当发展到一定时期,比如本世纪末全国达到小康水平时,就要拿出更多的力量帮助中西部地区加快发展,东部沿海地区也要服从这个大局"。习近平总书记在关于《中共中央关于制定国民经济和社会发展第十四个五年规划和二〇三五年远景目标的建议》的说明中进一步指出,"共同富裕是社会主义的本质要求,是人民群众的共同期盼。我们推动经济社会发展,归根结底是要实现全体人民共同富裕"。可见,实现共同富裕一直是中国共产党重要的执政理念和持续奋斗的重要目标。

(二) 缩小区域发展差距是共同富裕的必然要求

共同富裕要求消灭剥削,消除两极分化,并逐步消灭工农差别、城乡差别、脑力劳动与体力劳动的三大差别,缩小区域发展差距是共同富裕的必然要求。中华人民共和国成立初期,我国提出中国的人口不平衡,经济发展更不平衡,以后就是要逐步走向平衡,建设强大的社会主义国家必须处理好沿海工业和内地工业的关系,利用和发展沿海的工业的"老底子",从而更有力量发展和支持内地工业。改革开放中,中国共产党从实际出发,让一部分

人、一部分地区先富起来，通过先富带动后富，激发各方面活力，解放和发展社会生产力，为实现共同富裕奠定雄厚物质基础。党的十八大以来，党中央把逐步实现全体人民共同富裕摆在更加重要的位置上，采取有力措施打赢脱贫攻坚战，保障和改善民生，为促进共同富裕创造了良好条件。

（三）缩小区域发展差距是促进共同富裕的重要主攻方向

我国不同地区之间资源禀赋和发展基础不同，区域发展差距较大，不仅有东部、中部和西部地区差距，即便是在同一省份内部，即使是发达省份，也会有区域差距。区域发展差距最主要的表现是经济差距，经济差距又衍生社会差距、文化差距以及其他相关的差距。区域发展差距的成因是综合的，有自然因素、历史因素、政策因素、文化因素，还有其他因素。国家在缩小区域发展差距上采取了多种措施，并取得了积极效果，但区域发展差距缩小的压力仍然很大，距离实现共同富裕目标还有较大差距。不解决区域发展差距问题，就不可能有全国层面的共同富裕。

二、中华人民共和国成立以来我国区域发展差距的演变历程

区域发展差距是在发展中产生的，中华人民共和国成立以来，我国区域发展差距从相对均衡，到迅速拉大，再到逐步缩小，先后经历了计划经济时期的均衡发展阶段、改革开放以后的非均衡发展阶段、2000年后的区域协调发展阶段，党的十八大以来，随着我国一系列区域重大战略的实施，形成了区域协调发展战略、区域重大战略和主体功能区战略联合推进的新阶段。

（一）1952~1978年计划经济时期的均衡发展阶段：服务国家安全开展"三线"建设，区域发展差距相对较小

从中华人民共和国成立到改革开放之前，基于当时特殊的国际国内形势，在优先考虑国防安全和战略备战的时代背景下，中央实施了以内陆地区

为主的均衡发展战略。中华人民共和国成立初期，以156项重点项目工程为主，国家在东北地区及中西部布局了一批重大项目工程和投资，20世纪60年代中期又开展"三线"建设，在很大程度上促进了内陆地区经济发展，缩小了内陆和沿海地区经济差距。这种特殊历史背景下的区域均衡发展战略尽管效率不高，但在客观上促进了我国内地经济社会的快速发展，使内地与沿海之间的发展差距不大，并初步奠定内地经济发展的产业基础。

中华人民共和国成立以后到改革开放前，无论是从沿海和内陆的比较，从东部、中部、西部、东北四大区域板块的比较，还是从具体省份的相互比较来看，我国区域发展都是相对均衡的，区域发展差距总体保持平稳，在部分区域甚至有所缩小。1952年，沿海地区人均地区生产总值是内陆地区的1.37倍，到1971年一度缩小至1.19倍，至1978年也仅为1.45倍，沿海内陆整体处于齐头并进态势[*]。同期，人均地区生产总值最高的东北地区和最低的西部地区相对倍差从2.6倍下降到2.2倍；人均地区生产总值最高与最低的省份（不含直辖市）相对倍差从3.0倍下降到2.9倍（见图总-1）。

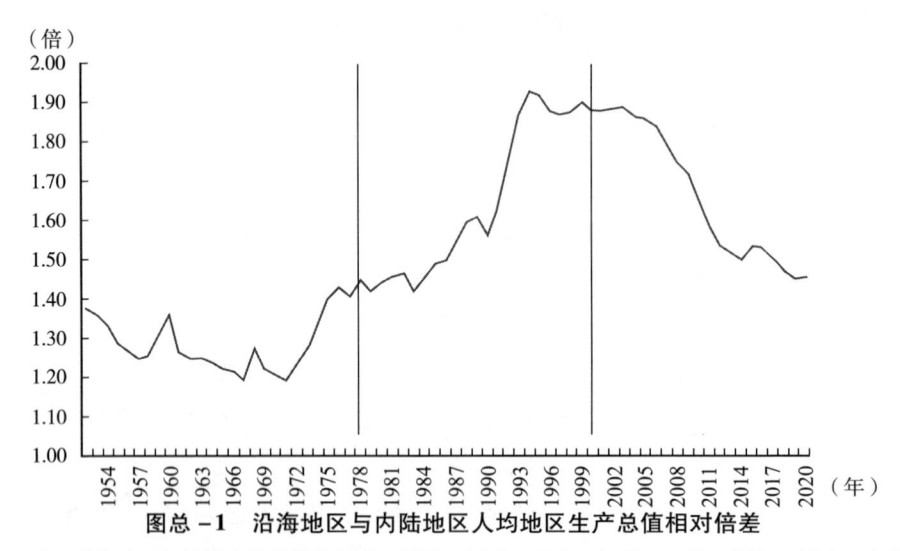

图总-1 沿海地区与内陆地区人均地区生产总值相对倍差

注：沿海地区包括拥有海岸线的辽宁、河北、天津、山东、江苏、上海、浙江、福建、广东、广西、海南11个省份；其余20个省份为内陆地区。

资料来源：国家统计局。

---

[*] 本书数据来源于国家统计局和相关年份统计年鉴，如无特殊说明，下同。

（二）1978～2000年改革开放后的非均衡发展阶段：沿海地区率先发展，以东西差距为主的区域发展差距迅速拉大

20世纪70年代末，随着中美关系开始走向正常化，我国面临的国际环境发生了巨大变化，国家决定实行对内搞活经济、对外经济开放的重大战略方针，开始调整"备战、备荒"优先的生产力布局原则，更加注重"效率优先"的生产力布局原则，重大项目和投资开始由内地向沿海地区转移。在邓小平同志"两个大局"构想中的第一个大局思想指引下，区域发展战略由过去主要强调备战转移到以提高经济效益为中心上，我国逐步形成了"效率优先"的区域非均衡发展战略，东部沿海地区凭借其优越的区位条件、国内巨大的短缺市场需求和国家支持政策获得迅猛发展。"六五"计划明确提出，要积极利用沿海地区的现有基础，充分发挥它们的特长，带动内地经济进一步发展。20世纪80年代初，国家开始实施沿海地区发展战略，在东部沿海地区推动设立特区、开放沿海港口城市、建设沿海经济技术开发区以及沿海经济开放区等，在我国东部沿海地区率先推动实施改革开放政策，利用东部沿海地区对外开放优势，面向国际市场，大力发展开放型经济。

实践证明，改革开放后到20世纪末的效率优先的区域非均衡发展战略，实现了东部沿海地区率先发展的战略目标，但同样是在这一阶段，我国区域差距迅速扩大，特别是东西差距开始明显拉大（见图总-2）。1978年，沿海地区人均地区生产总值是内陆地区的1.45倍，到1994年迅速扩大至1.94倍，至2000年为1.88倍。1991年起，东部人均地区生产总值开始超过东北地区，居四大区域板块之首，与其他板块的差距逐渐拉大，1978～2000年东部人均地区生产总值与西部的倍差从1.76上升到2.45，与中部的倍差从1.68上升到2.21，与东北地区的倍差也从0.83上升到1.37。

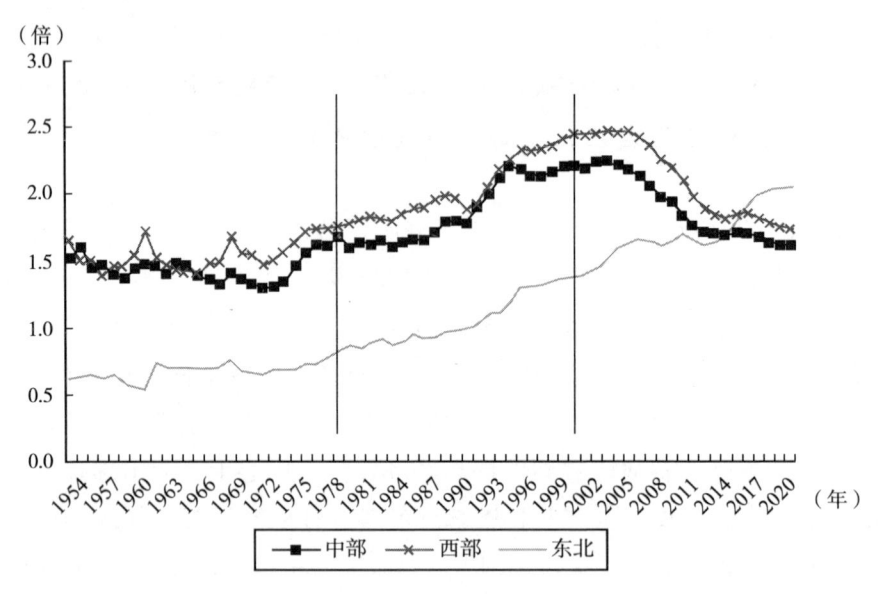

图总-2　东部地区与中部、西部、东北地区人均地区生产总值相对倍差

资料来源：国家统计局。

（三）2000～2012年区域协调发展阶段：实施区域总体战略促进西部地区、东北地区、中部地区发展，区域发展差距开始缩小

20世纪90年代末，国家开始重视区域差距问题，为促进区域经济协调发展，我国制定实施了推进西部大开发、振兴东北地区等老工业基地、促进中部地区崛起以及鼓励东部率先发展的区域发展总体战略，表明我国已经进入区域协调发展阶段。

世纪之交，为扭转东西差距持续扩大趋势，改变西部地区落后现状，党中央做出西部大开发的战略决策，把区域经济发展战略重点从"第一个大局"转向"第二个大局"，1999年党的十五届四中全会正式提出了"国家要实施西部大开发战略"。在西部大开发战略实施的同时，我国东北地区的问题同样引起了国家的高度重视，随着改革开放的不断深入，老工业基地的体制性、结构性矛盾日益显现，经济发展速度逐渐落后于东部沿海地区，进一步加快发展面临着许多困难和问题，尤其是在当时社会保障尚不健全的情况下，东北国有企业兼并重组产生了大量的下岗失业工人，引发了严重的社会问题。鉴于此，2002年，党的十六大报告明确提出，"支持东北地区等老工业基地加快调整和改造，支持以资源开采为主的城市和地区发展接续产业"。面对东部率先、西部大开发和东北振兴，中部地区经济整体发展已经出现了明显的趋缓甚至停滞之势，在发展水平上不如东部，在发展速度上不如西部，"三农"问题越来越严重，产业结构转换滞缓，资源型产业发展增值空间受到挤压，中部经济发展呈现停滞之势（见图总-3、图总-4）。促进中部地区崛起开始引起国家的高度重视，2004年1月，中央经济工作会议首次出现了"促进中部崛起"的提法。

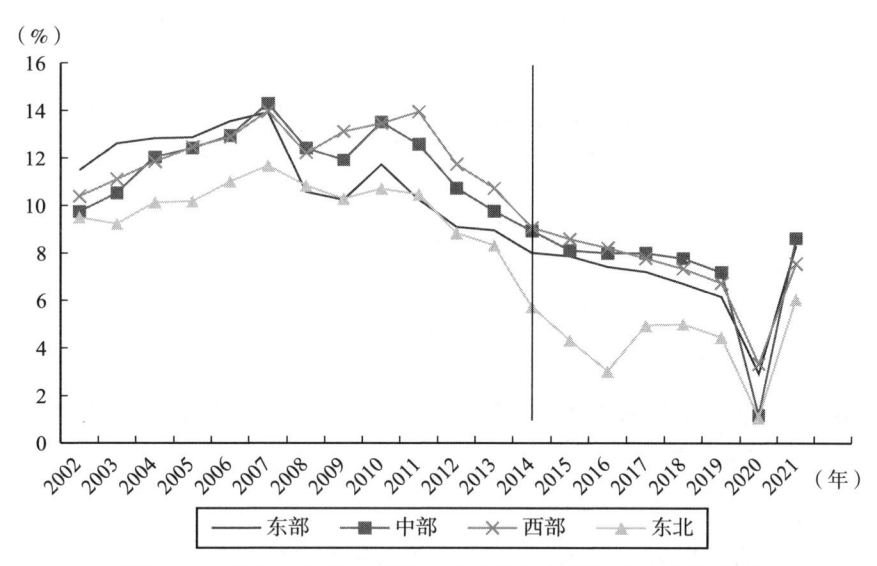

图总-3 东部、中部、西部、东北地区的地区生产总值增速

资料来源：国家统计局。

事实证明，西部大开发、振兴东北地区等老工业基地及促进中部地区崛起战略的实施取得了阶段性成果，很大程度上推动了内陆地区加快发展，促进了我国区域协调发展，区域发展相对差距开始呈现缩小态势。2000~2012年，东部、中部、西部、东北地区生产总值分别年均增长11.5%、11.6%、11.9%和10.0%，中西部地区经济增速反超东部，中部、西部地区占全国

经济总量的比重分别提高了1.8个和1.9个百分点。基于31个省份常住人口加权计算的区域差异系数从0.620下降到0.429，进一步反映了区域差距呈现收敛态势。

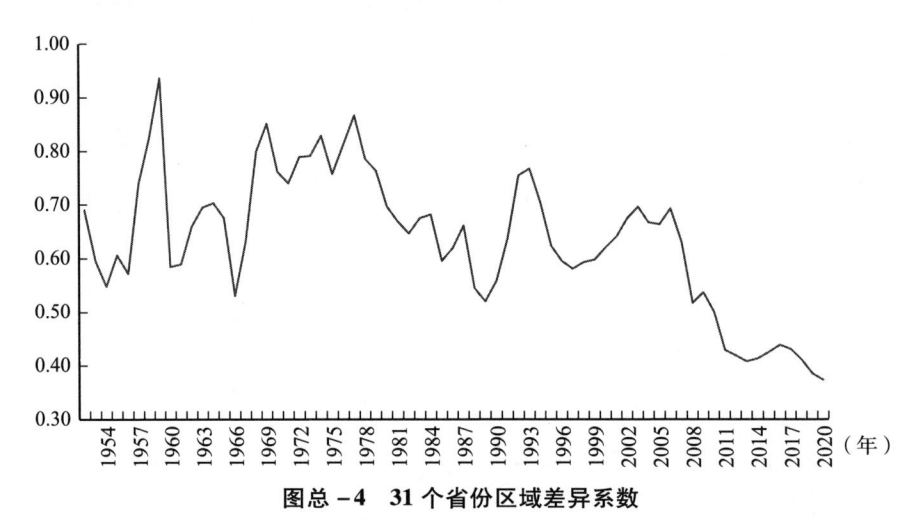

图总-4　31个省份区域差异系数

注：区域差异系数基于31个省份常住人口加权后的人均地区生产总值变异系数得到。
资料来源：国家统计局。

（四）2012年党的十八以来区域协调发展进入新时代：形成以区域重大战略为引领和四大区域板块为基础的协调发展态势，区域发展相对差距继续缩小

党的十八大以来，以习近平同志为核心的党中央审时度势、内外统筹，着眼于实现国内发展与国际合作相统一，实现经济发展与生态保护相统一，实现一体联动和重点突破相统一，初步形成了以重大战略为引领、区域板块为基础的区域战略支撑体系。注重区域重大战略的引领带动作用，在京津冀协同发展、长三角一体化发展、粤港澳大湾区建设、长江经济带发展、黄河流域生态保护和高质量发展为主要内容的区域重大战略引领下，通过以线串点、以点带面，以沿海、沿江、沿线经济带为主的纵向横向经济轴带正在全面形成，促进了区域间的融合互动，区域发展格局日益呈现出连接东中西部、贯通南北方、多中心、网络化、开放式的新格局。注重四大区域板块的基础支撑作用，党的十八大以来，不断深入推动四大区域板块发展并赋予其新内涵，即推进西部大开发形成新格局、推动东北振兴取得新突破、开创中部地区崛起新局面、鼓励东部地区加快推进现代化，以四大区域板块为主体的区域协调发展战略的内涵不断完善，精准性不断提高。注重发挥比较优势因地制宜发展，根据各地区的条件，走合理分工、优化发展的路子，坚持"宜水则水、宜山则山、宜粮则粮、宜农则农，宜工则工、宜商则商"，增强中心城市和城市群等经济发展优势区域的经济和人口承载能力，增强其他地区在保障粮食安全、生态安全、边疆安全等方面的功能。

总体来看，党的十八大以来我国区域协调发展进入新时代，动力源的引领带动作用不断凸显，中、西部对东部的追赶在继续，区域发展相对差距继续缩小。2012~2020年，东部、中部、西部、东北地区生产总值年均分别增长7.1%、7.7%、8.2%和5.1%，中、西部地区经济增速继续领先东部，中部、西部地区占全国经济总量的比重分别提高了0.7个和1.5个百分点。2012~2020年，区域差异系数从0.429下降到0.373。

三、当前我国区域发展差距的主要表现和成因

当前，我国区域发展差距依然较大，东、西部绝对差距和南北相对差距相互交织，出现了区域分化和极化等新趋势，持续缩小区域发展差距的任务还很艰巨。当前区域发展差距的形成，既有自然地理差异、主体功能定位不同、欠发达地区公共服务和基础设施滞后等客观因素，也有创新及新旧动能转换不同步、比较优势尚未充分发挥等主观原因，还包括部分制度尚不健全等制度性因素。

(一) 我国区域发展差距的主要表现

1. 全国区域发展差距依然较大,实现党的十九大提出的2035年区域发展差距显著缩小的目标任务还比较艰巨

党的十九大提出,到2035年城乡区域发展差距显著缩小。但无论是跟历史相比,还是和发达国家相比,我国的区域发展差距都较为明显。从纵向来看,2012~2020年我国东南沿海人均地区生产总值最高与西北地区最低的省份(江苏与甘肃,不含直辖市)相对倍差从3.12倍上升到3.36倍(江苏与甘肃,不含直辖市),部分发达省份和欠发达省份的差距还在拉大。从横向来看,西方发达国家区域差异系数普遍低于0.25,而我国区域差异系数高于0.4,即使在省区中相对均衡的浙江也在0.3以上,我国区域发展差距要明显高于西方发达国家(见表总-1)。

表总-1　　　　我国与部分发达国家区域差异系数比较

项目	美国	德国	西班牙	意大利	英国	韩国	中国
面积(万平方千米)	937	35.74	50.60	30.13	24.4	10.33	960
总人口(亿人)	3.30	0.83	0.47	0.616	0.66	0.516	14
GDP(万亿美元)	20.94	3.85	1.43	1.99	2.84	1.73	14.73
人均GDP(万美元)	6.35	4.63	3.05	3.23	4.31	3.35	1.05
区域差异系数	0.220	0.179	0.225	0.279	0.316	0.231	0.414

资料来源:各国统计局。中国为2020年数据;德国为2019年数据;英国、西班牙、韩国为2018年数据;意大利为2017年数据。

2. 以沿海和内陆为代表的东西发展差距是我国发展不平衡的主要方面,东西部地区处于不同发展阶段,呈现不同发展水平

尽管中、西部地区经济增速已经连续14年超过东部(2020年剔除湖北对中部增速的特殊影响),但东、西部绝对差异依然巨大。2020年,东部地区人均地区生产总值是中部、西部、东北地区的1.6倍、1.7倍、

2.0倍。2018年，我国东部地区率先跨过了世界银行高收入经济体门槛，2020年人均地区生产总值达到1.36万美元，正在向2万美元的发达经济体新目标迈进。而中西部目前仍处于中等收入阶段，人均地区生产总值在8000美元左右，未来5~10年是跨越中等收入陷阱的冲刺期，也是我国高质量发展的战略接续期。2021~2035年，即使中、西部和东北地区继续保持人均地区生产总值年均增速高于东部1个百分点以上，到2035年，东部仍然是其1.4倍、1.5倍和1.8倍，可见，东、西部发展差距仍将长期存在（见图总-5）。

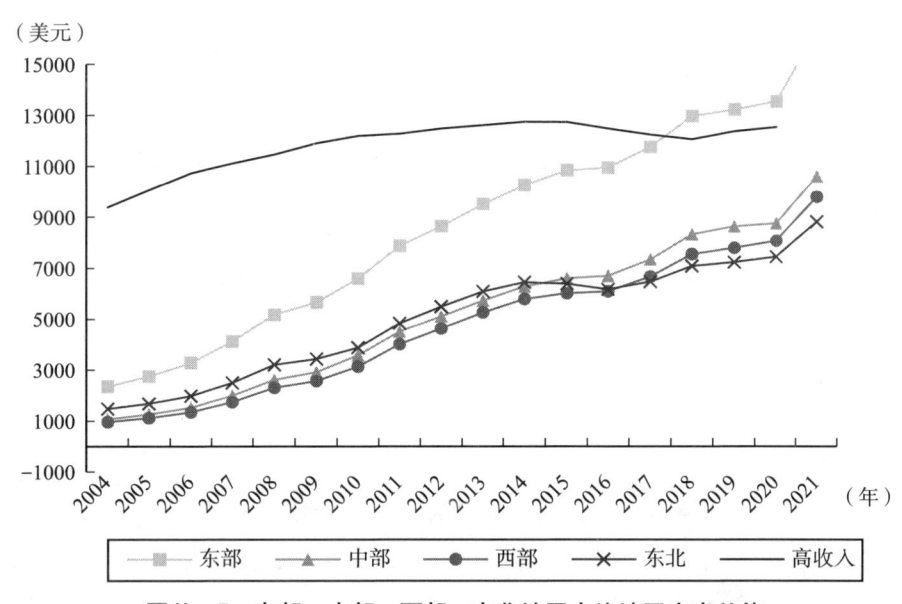

图总-5 东部、中部、西部、东北地区人均地区生产总值

资料来源：国家统计局。

3. 以南方和北方为代表的南北相对差距日益凸显，全国经济重心进一步南移，应对南北分化的任务十分艰巨

2008年以来，我国南北发展差距开始出现，近年来持续深化。南北增速差距连续7年维持在1个百分点以上，2020年南北方地区生产总值同比分别增长2.8%和2.3%，把受疫情影响的湖北从南方剔除后，增速差距则

从 0.5 个百分点扩大至 1.1 个百分点；南北总量差距为 1952 年以来最大，北方地区生产总值占全国经济的比重为 35.2%，比 2019 年又降低了 0.2 个百分点；南北发展水平差距迅速拉开，2020 年北方人均地区生产总值约 9034 美元，明显低于南方地区的 11353 美元。从 2021 年《国务院政府工作报告》来看，经济复苏中的南北差距更为明显，高速增长的省份几乎都在南方地区，目标增速排名前 10 的省份有 9 个来自南方，目标增速 7% 以上的 14 个省份有 11 个来自南方。

南北差距拉大同时出现在不同发展阶段、不同区域板块的沿海发达省份、中部发展中等发达省份和西部相对欠发达省份，意味着南北差距不是一个省或几个省所导致，南北差距具有一定的普遍性。北方经济强省山东和南方经济强省江苏的差距在不断拉大，2000~2020 年山东地区生产总值年均增速落后江苏 1.3 个百分点，人均 GDP 从占比江苏的 78.8% 下降到 59.4%，经济总量从 96.8% 下降到 71.2%，万人发明专利拥有量从 81.6% 下降到 41.6%；与此同时，处于我国发展中等水平的河南和湖北以及相对欠发达的甘肃与贵州的差距也在拉大，2000~2019 年河南人均 GDP 从占比湖北的 84.8% 下降到 70.8%，甘肃人均 GDP 从占比贵州的 152.7% 下降到 77.9%。

进一步从重点城市来看，15 个副省级城市中的北方城市经济位次不断后移，经济占比不断下降，2000~2020 年，西安、济南、青岛、大连、沈阳、长春、哈尔滨经济总量占副省级城市的比重从 36.9% 下降到 26.9%。北方的青岛和南方的深圳创造就业和人口吸纳能力差别巨大，2000 年青岛、深圳的就业人数大体相当，分别是 436 万人和 474 万人，至 2020 年青岛就业人数为 526 万人，深圳为 1240 万人，20 年间青岛增加了 89 万人就业，深圳则增加超过 763 万人。直辖市中的天津表现要明显弱于南方的重庆和上海，2000 年天津经济总量接近重庆的 87.4%，人均 GDP 是重庆的 2.7 倍，到 2020 年天津经济总量仅为重庆的 56.3%，人均 GDP 仅为重庆的 1.1 倍；上海用 10 年时间完成了人均 GDP 从 1 万美元到 2 万美元的跨越，而天津在 1 万美元"徘徊"，9 年后仅为 1.3 万美元。

4. 不同省份和不同城市的内部分化现象越加明显，出现了一批发展滞缓省份和人口净外流城市等区域发展困难地区

长三角、珠三角、成渝转型相对比较成功，初步转轨到创新驱动和高质量发展的轨道上，形成支撑我国高质量发展的动力源地区。同时也出现了一批区域发展困难地区，这些发展困难地区呈现人口净减少、经济发展滞缓甚至衰退，在空间上大多分布在东北和西北地区，适应高质量发展的能力弱，区域发展不平衡不充分在这些区域体现得较为明显，使这些发展困难地区在现代化建设新征程上和共同富裕建设中"跟上队"面临严峻挑战。2012～2017年，我国332个地级市中，人口和经济总量占全国份额同时下降的城市有105个，其中，16个在东部、11个在中部、44个在西部、34个在东北地区，85个在北方地区。5年间，经济份额从27.4%下降到22.2%，人口份额从26.8%下降到26.1%，美元计价人均GDP年均名义增长仅为1.8%。

（二）我国区域发展差距成因分析

当前区域差距的形成，是主客观原因、长短期因素和制度性障碍等多种因素综合作用的结果。

1. 自然禀赋的异质性是区域发展差距产生的自然基础

我国幅员辽阔，自西向东呈现高原、山地盆地、平原丘陵三大阶梯，西部气候干旱，多为高山沙漠，交通运输成本高，很多地区不适宜人口居住，资源环境承载能力弱，发展难度大，致使这些地区长期发展比较滞后。不同地区地理、气候、区位条件的差异具有客观性、稳定性、长期性，所产生的区域发展差距可以一定程度上改造和缩小，但很难从根本上改变和消除。例如，胡焕庸线两侧的发展差距存在了数十年甚至上百年，1952～2020年西北半壁六个省份人口占全国比重长期维持在6%～7%，地区生产总值占全国比重长期维持在5%～6%。中华人民共和国成立以来，西北半壁集聚的全国人口比重有所增长，但创造的地区生产总值比重却下降了，两侧人均地区生产总值差距缓慢拉大，1952年西北半壁人均地区生产总值是东南半壁的133%，到1976年下降为100%，2020年进一步下降至73%（见图总-6）。

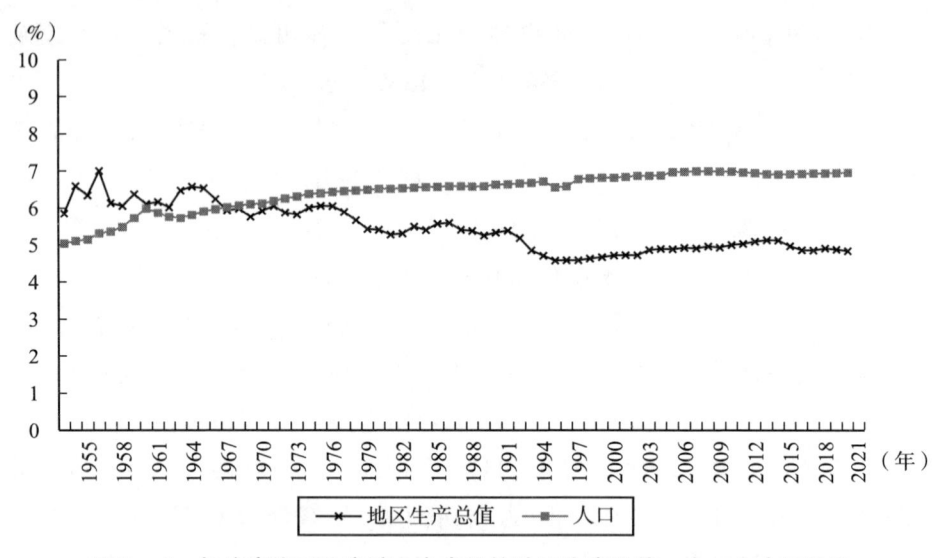

图总–6　胡焕庸线西北半壁六个省份的地区生产总值、人口占全国比重

注：西北半壁六个省份指新疆、西藏、青海、甘肃、宁夏、内蒙古。
资料来源：国家统计局。

2. 国家主体功能定位会影响不同区域的发展权进而影响区域发展差距

"十四五"规划纲要提出，深入实施主体功能区战略，促进区域协调发展。主体功能区战略尊重我国区域差异性特征，根据不同区域的资源环境承载能力、现有开发强度和未来发展潜力，确定不同区域在新型工业化、新型城镇化、农产品供给与保障、生态产品供给、生态安全等领域主体功能。主体功能定位明确了不同地区的发展权，国家重点生态功能区总面积占全国陆地国土面积的50%以上，划定永久基本农田超过100万平方千米，生态功能区、农产品主产区的重点功能是维护国家生态安全和农业安全，限制和开发强度和方式，在经济发展和创造收益等方面客观上受到限制。

3. 基础设施和公共服务的空间不均衡会影响不同区域的发展能力

我国很多偏远、高原高寒地区、人口稀少地区的财力较为有限（见图总–7），基础设施和公共服务建设成本较高，水平还很薄弱，在很大程度上影响其发展能力和后劲。基础设施方面，内蒙古、宁夏、东北等省份直到"十三五"时期末才融入全国高铁网，比很多发达省份晚了5年甚至10年。公共服务方面，西部地区仍是短板区域，与东部和全国的差距依然较大，2020年西部12个省份中有9个省份15岁及以上人口平均受教育年限低于全国平均水平，西藏仅为6.75年，不及全国平均水平的70%。

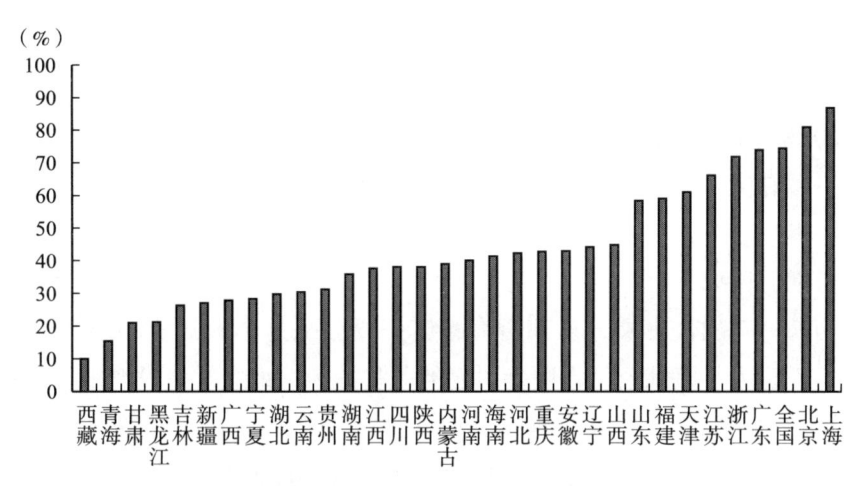

图总-7　31个省份财政自给率

注：财政自给率＝一般预算收入／一般预算支出。
资料来源：国家统计局。

4. 创新驱动和新旧动能转换的不同步

我国已经进入工业化后期，经济增长的动力正在发生深刻的变化，但是西北地区和东北地区的省份产业结构单一、资源重化工业依赖度较高，新动能规模小，创新发展的特征不明显，造成与其他省份差距拉大。例如，甘肃、青海、内蒙古、宁夏、新疆、山西能源石化相关产业占工业的比重超过70%，辽宁、吉林重工业占工业的比重高达70%，产业多元化和新动能培育缓慢，研发投入强度除辽宁外普遍低于1.5%，与全国差距巨大，创新驱动转型滞后。

5. 生态产品价值实现、资源价格形成机制尚不健全会对区域经济发展产生较大影响

我国很多欠发达地区通常拥有丰富的资源要素，如优美的生态环境、高品质的特色农产品、独特的地方文化风情以及丰富的劳动力资源，但由于市场化和多元化的生态产品价值实现机制尚不健全，"绿水青山"转化成"金山银山"的路径还不畅通，致使部分地区能够保护好绿水青山，但是却转换不成金山银山，粮食、煤炭等资源价格形成机制尚不健全，致使部分资源型地区发展相对滞后，总之相应的资源优势未充分发挥，没有真正转化为产业优势、经济优势和发展优势。

6. 先富帮后富的长效机制还不健全

20世纪80年代，我国改革开放之初，邓小平同志就明确提出了"两个大局"的伟大构想：一个大局，就是东部沿海地区加快对外开放，使之较快地先发展起来，中西部地区要顾全这个大局；另一个大局，就是当发展到一定时期，比如21世纪末全国达到小康水平时，就要拿出更多的力量帮助中、西部地区加快发展，东部沿海地区也要服从这个大局。2020年，我国已经全面建成小康社会，也明确对已经脱贫的地区设立5年过渡期，保持扶贫政策的总体稳定，继续完善东、西部扶贫协作和对口支援等区域合作机制，但目前全国层面先富帮后富机制还不完善，面向2035年现代化目标需要法律化、常态化的帮扶合作，形成资金、观念、人才、产业、技术等多维的区域合作机制。

四、国际上有关区域发展差距的经验和启示

从世界范围来看，区域发展不平衡是一个普遍问题，缩小地区差距需要漫长的过程。许多发达国家和发展中国家在缩小区域差距方面，已经有非常丰富的探索，研究这些国家区域差距的发展历程及其缩小区域差距的政策举措，借鉴其有益经验，吸取相关教训，对于研究制定我国缩小区域差距政策、推动共同富裕取得实质性进展具有重要意义。

（一）国际上典型国家缩小区域发展差距的实践历程

本部分重点梳理欧盟、德国、美国、日本等发达国家和地区缩小区域发展差距的实践历程并总结其有益经验和启示。

1. 美国

美国曾经也是城乡区域发展不平衡的国家，为缩小城乡区域发展差距，美国采取一系列战略措施：一是开发农业和落后地区。如1933年美国颁布《农业调整法》，推动南部和西部农业地区生产结构调整，促进农业机械化和现代化，使其成为美国重要的农牧商品供应基地。1933年5月颁布《麻梭浅滩与田纳西河流域开发法》，把田纳西河和密西西比河中下游一带作为开发美国七块集中连片贫困落后地区的试点，加大各方面政策支持力度。1961年颁布《地区再开发法》，在全国范围内促进落后地区的经济的发展。1965年颁布《公共工程和经济开发法》《阿巴拉契亚区域开发法》等一系列法规，成立了阿巴拉契亚区域委员会以及一些其他的州际开发委员会，并在地区再开发管理局的基础上成立了经济开发署，进一步加强对困难地区的经济援助。二是开展问题区域援助。1993年克林顿政府签署《联邦受援区和受援社区法案》，加大对贫困地区的各项援助，批准6个城市受援地区和65个城市受援社区以及3个农村受援地区和30个农村受援社区，从创造就业机会、兴建公共设施、人力资源培训、职业转换培训、居民住房改善、环境保护和加强公共安全等方面给予援助（张力，2010）。三是促进区域协调发展。进入21世纪以来，美国将区域发展上升到国家层面，组织开展"美国2050"区域发展新战略研究（樊杰，2013）。该战略重点关注了三类地区：一是提出建设11个巨型区域，重点推进大都市区治理创新，提升巨型城市内部及与经济发展滞后地区的交通联系；二是重点关注经济发展相对落后的问题区域，包括偏远的农村落后地区、工业萧条区、衰退的中心城市等；三是重点关注大型景观保护区等，包括流域、耕地、森林和沿海地区等的保护修复等。

2. 日本

第二次世界大战后，为快速恢复经济，日本确定21个重点开发地区后又扩大到整个太平洋狭长地带，着重开发东京、大阪、名古屋、北九州"四大工业区"。日本经济恢复之后，沿海地区重工业快速发展促进了人口和产业在特大城市的大量聚集，出现"过疏过密"问题，为了缩小区域经济差距，优化"过疏过密"的国土空间问题，1961年，日本政府启动了第一次全国国土综合开发规划（简称"一全综"，以此类推），致力于缩小日益扩大的城乡区域差距。1969年实施"二全综"，提出在北海道、东北和九州地区建设大型家畜基地，振兴农业，推动产业和人口从核心区向边缘区扩散。1972年制定《冲绳开发计划》，提出要尽快纠正冲绳和本土的经济差距。1977年，发布"三全综"，强调实现大都市与地方的均衡发展（胡彭辉，2008）。1987年启动实施"四全综"，提出形成"多极分散型"国土结构。1998年日本启动实施"五全综"，提出构建多轴型国土结构以分散东京功能和促进国土均衡发展。2008年启动实施"六全综"，旨在发挥规模优势、提高区域魅力和竞争力。2015年制定"七全综"，提出要实现地方与地方之间全方位的独立自主、互助合作、交流创新、共同发展。

3. 欧盟

欧盟通过设立地区发展机构，制定凝聚政策，完善区域立法等促进落后成员方发展，实现区域间均衡协调。一是设立地区发展协调机构。在欧盟委员会内设区域政策事务部；在欧盟理事会内设立地区政策委员会；在欧洲议会设区域政策委员会三个与区域协调密切相关的委员会，成员方和成员方政府也能通过设立相应机构、出席理事会会议等参与区域问题决策。二是实施"凝聚政策"援助落后地区。为促进成员方经济和社会聚合，提出实施"凝聚政策"，至今，欧盟已先后实施了5个规划期的凝聚政策。《1988－1993年欧盟凝聚政策》集中支持经济落后地区、工业衰退地区和落后农业地区。从实施效果来看，欧盟凝聚政策在很大程度上促进了欠发达地区经济的快速增长，发达地区的经济复苏，缩小了欧盟城乡区域间的发展差距，推进了欧洲一体化进程。三是完善区域政策立法。欧盟在实施区域援助的过程中有统一的法律基础，能够保证援助的权威性、长期性、连续性、稳定性，包括

《欧洲经济共同体条约》《欧盟基本法》《申根协定》等都为缩小区域差距，推动区域一体化明确了法律依据和规范。

4. 德国

德国一直十分重视缩小城乡区域差距，特别是其财政平衡制度对增强落后地区发展动力，缩小城乡区域差距发挥了重要作用。一是推动城乡等值化发展。德国开始推行城乡等值化，即遵循农村与城市生活虽不同类但是等值的理念，通过促进社会公平、发展城乡经济、保护自然资源等实现农村与城市的平衡发展。二是支持落后地区开发。1959年，德国政府制定"在经济结构薄弱地区发展中心计划"，对经济落后地区重点资助。1969年颁布《改善区域经济结构的共同任务法》，将经济落后地区划分为不同等级的扶持区域。1990年两德统一后，将区域政策重点转向原东德地区，21世纪初德国根据各地实际情况和需要，动态调整扶持地区，给予落后地区不同比例的企业投资补贴。三是实行财政的横向和纵向平衡政策。财政横向平衡促使各州人均税收均等化；财政纵向平衡促使州与乡镇之间的财政平衡。财政平衡政策促进了发展能力的均等化和公共服务水平的均等化。

5. 英国

英国是实施区域政策最早的国家，"一战"之后开始实施区域援助。1928年成立"工业迁移委员会"，鼓励工人从失业多的地区迁移到发达地区。1934年政府颁布《制定特别地区法》，对4个失业率高的地区进行援助，划定特别区，促进这些地区复兴，但援助力度小，收效甚微，政策实施时间短。1945年《工业分布法》颁布，鼓励企业迁移到发展区，借以增加落后地区就业机会。1960年将原来的发展区改为约165个小发展区，后将小发展区扩大为5个大发展区，1969年将临近发展区的地区指定为新的"中间地区"并给予一定援助。1970年后工业布局控制减弱，区域补贴减少，强调落后地区的自我发展，鼓励其自力更生。1973年加入欧共体，1977年取消区域补贴，1979年取消西北地区和威尔士、苏格兰的区域援助政策。在20世纪70年代后，英国区域政策逐渐消解而欧盟对苏格兰、威尔士和北爱尔兰地区的区域援助逐渐增强，这些地区对英国的归属感进一步下降，特别是英国"脱欧"和新冠疫情暴发以来，在苏格兰和北爱尔兰尤为明显。

6. 巴西

在巴西近 500 年的开发史中，北方在前两个世纪一直领先于南方。1889 年巴西废除奴隶制度为工业发展提供了自有劳动力，加速了社会流动，全国经济重心变化和迁移，原本辉煌的东北地区开始衰退，地区间差距不断加大。20 世纪 30 年代至 60 年代区域差距拉大。土地持续高度集中，无地、少地人口增多，农村贫困人口增加，大量贫困人口大规模流入城市，表面加速城市化进程，同时，巴西的进口替代工业化进程的逐步深入，巴西的经济中心逐渐从东北部地区转移到东南部地区，东北部地区贸易环境进一步恶化，东南部逐渐成为全国重要的工业区及富有的地区。20 世纪 60 年代中期到 70 年代中期，巴西区域差距进一步拉大。进入 20 世纪八九十年代，巴西现代化发展进程最大的特征就是经济发展停滞，通货膨胀严重，区域分化、社会两极分化加剧，90 年代发生南方分立运动。进入 21 世纪，巴西经济社会发展，贫富分化问题也有所缓解，但地区差距和贫富差距依然很大。

（二）国际上缩小区域发展差距的经验和教训

1. 国际上缩小区域发展差距的成功经验

（1）明确区域政策目标。国际上为缩小地区差距，大多制定明确的、有针对性的政策目标。例如，英国主要针对衰退的老工业区实施以减少区域就业差异为主要目标的区域援助；美国的区域政策目标聚焦消除特别问题区域与全国其他地区的收入差异扩大的问题；德国针对统一后东部相对落后问题实施财政平衡政策以平衡地区间的收入差异；日本致力于解决经济发展的"过密"与"过疏"问题实施国土均衡发展政策。

（2）瞄准重点区域。国际上缩小区域差距，大多明确受援区域或重点开发区域。例如，欧盟凝聚政策在 1988~1993 年重点对经济落后地区（人均 GDP 低于欧洲共同体平均水平 75% 的地区）、工业衰退地区（主要关注失业率指标）和落后农业地区（主要关注社会经济发展水平、农业就业率和农业收入水平）进行援助，1994~1998 年拓展支持脆弱的农村地区（高农业就业率、农业收入低、人口密度低或人口有大幅下降趋势）和人口稀少地区（人口密度等于或低于每平方千米8人），自2000年起，重点支持经济落后地区（人均GDP低于欧盟平均水平75%的地区、新加入国家、瑞典、芬兰、偏远区域）和面临结构性困难的地区［工业衰退地区、脆弱的农村地区、城市问题地区（至少满足长期高失业率、高贫困水平、环境问题严重、高犯罪率和低教育程度5个标准中的1个）、渔业依存地区］，2014～2020年，欧盟政策援助区域包括欠发达地区（人均GDP低于欧盟27国平均水平的75%的区域）和过渡地区（人均GDP处于欧盟27国平均水平的75%～90%的区域），援助重点聚焦农村地区、受工业转型影响的地区以及遭受严重和永久性自然或人口障碍的地区。又如英国政府对失业率水平最高、经济社会问题最严重的"特别区"及与其邻近的"中间区"进行区域援助。再如美国不同历史阶段分别对经济再开发地区（高失业率地区）、落后地区和困难地区（美国东部13个州）、支援地区和受援社区、发展相对滞后地区（人口变化、就业变化、工资变化和平均工资水平，四项指标中至少有三项指标排在全国后1/3）开展区域援助。还如日本对北海道地区、冲绳地区、过疏地区、农山村地区、孤岛地区的开发等。

（3）推动区域立法。日本自20世纪50年代起先后制定了《北海道开发法》《冲绳振兴开发特别措施法》《过疏地域振兴活性化特别措施法》等法律126种，推进欠发达地区开发以缩小区域差距。美国针对南部和西部落后的农业地区，颁布了《宅地法》《鼓励西部草原种植法》《沙漠土地法》，促进这些区域农业发展；颁布《麻梭浅滩与田纳西河流域开发法》《地区再开发法》《公共工程和经济开发法》《阿巴拉契亚区域开发法》等一系列法规促进欠发达地区开发。联邦德国制定实施《联邦区域规划法》《投资补贴法》《改善区域经济结构的共同任务法》《财政平衡法》等促进区域经济平衡发展。

（4）中央加强援助资金投入。落后地区地方财力非常有限且这些地区的基础设施建设项目投资量大、见效慢、风险高，难以筹集商业资金，因此交通、水利、能源、信息等重大工程建设主要依赖中央政府投入。为了达到缩小地区差距的目的，各国的中央政府都实施对欠发达地区的转移支付。据统计，转移支付占中央财政收入的比重，日本、韩国、加拿大、丹麦等超过

20%，德国、美国等在 10%～20%，英国地方政府财政支出的 2/3 依靠财政转移支付来安排。

（5）强化区域组织保障。如日本为推动北海道开发设立北海道开发厅、北海道开发局和北海道东北开发金融公库。美国成立地区再开发和经济开发署等专门的开发机构，负责制定开发落后地区所应遵循的基本战略，成立拥有该区域开发较强的权威性的"田纳西流域管理委员会"，负责对落后的田纳西流域进行综合开发。

（6）聚焦基础设施和公共服务短板。美国开发西部时就已经认识到交通运输在区域开发中的巨大作用，西部开发初始即筹措资金修筑横贯大陆东西的铁路，1830～1860 年对铁路的投资达 12.5 亿美元，先后修建了南北太平洋铁路、中央与联邦太平洋铁路等五条铁路，形成了西部铁路网并连通了与东部的交通。美国联邦政府开发阿巴拉契亚地区把全部援助投资的 75% 用于修筑公路和地方公路，其他投资主要用于加强经济增长中心建设、能源和产业开发，以及医疗、卫生、环保、幼儿教育、职业培训等。日本中央和地方的财政支出很大部分是用于交通系统的建设，其高速路网不断向偏远落后地区延伸，加强了经济落后地区与东京等大都市的经济联系，日本的北海道开发事业费预算也基本用于基础设施建设。英国对苏格兰和威尔士等受援区的援助投资，包括建设工业厂房，清理废弃土地，整治环境，以及修建道路等基础设施。

（7）注重运用市场化手段。国际上市场化国家对欠发达地区的援助注重运用市场化政策。如美国实行税收优惠刺激欠发达地区经济发展，对南部、西部和山地诸州等经济落后地区征税低于经济发达地区，加大对欠发达地区的税收豁免。法国在洛林、诺尔—加莱两个重点地区实行"无税特区"（到这两个地区投资设厂创造就业机会者，3 年内不仅可免征地方税、公司税和所得税，还可免征劳工税、各种社会杂税和分摊）。联邦德国重视欠发达地区中小企业发展，对东部落后地区在融资、税收、技术辅导、信息服务等领域加大政府扶持。1967 年巴西在经济落后地区建立自由贸易区等。

2. 国际上区域发展差距拉大的主要教训

（1）中央政府统筹不够。英国是实施区域政策最早的国家，但早期解决区域差距的政策力度小（1933年，英国失业者人数接近300万人，而受到财政援助实行迁移的工人每年仅20万人），政策实施时间短（20世纪50年代区域政策处于冷落期，70年代工业布局控制减弱，区域补贴减少，1977年取消区域补贴，1979年取消西北地区和威尔士、苏格兰的区域援助政策），政策手段单一（主要是对工业布局的短期控制和对企业的补贴补助），"两只手"不协调（20世纪80年代末90年代初，强调落后地区的自我发展，鼓励其自力更生），在20世纪70年代后，英国区域政策逐渐消解而欧盟对苏格兰、威尔士和北爱尔兰地区的区域援助逐渐增强，这些地区对英国的归属感进一步下降，特别是英国"脱欧"和新冠疫情暴发以来，在苏格兰和北爱尔兰尤为明显。

（2）对社会发展重视程度不够。如巴西在推进现代化过程中，单纯追求经济快速增长和城市化水平提高而忽视种族割裂、生产资料过度集中、人口流动性增大、贫困人口增加、基本公共服务和社会保障供给不足等突出问题，最终导致巴西陷入中等收入陷阱。又如英国取消区域援助政策后，北爱尔兰、苏格兰地区主要依靠欧盟援助，其与英格兰的民族和社会融合进展缓慢，归属感弱，社会长期处于不太稳定的状态，影响了这些区域的经济发展。

（3）过度重视对工业企业布局的行政性区位控制或干预。如意大利在开发南部地区时，以指令性计划规定国家参与企业必须把它们工业投资总额的40%和新建工业企业投资的60%投向南方。英国1945年颁布的《工业布局法》规定，新建企业必须取得工业开发许可证书，对工业区位的严格控制促进了欠发达地区工业的发展，但忽视了市场规律和价值法则对企业布局的基础性作用，既可能损害布局效率，又可能放大政府行政干预的误区和错误，尽管这些政策举措后来被调整。

（4）对生态环境保护重视不够。美国在开发欠发达地区过程中，由于对环境保护问题认识不足，大规模开发导致了自然生态环境的严重破坏、留下了许多深刻的教训。例如，19世纪下半叶对西部地区的过度垦殖耕种，导致草原植被遭到大量破坏，沙尘天气加重。进入20世纪60年代，西部地区工业发展造成较为严重的工业污染问题。

（三）国际上缩小区域发展差距的主要政策举措

1. 就业政策

（1）人口流动政策。部分欧美国家和一些发展中国家缩小地区差距利用市场机制，促进人口和劳动力在地区间合理流动从而增加就业。主要包括两种流动形式：一种是人口从落后地区向发达地区顺向流动和迁移，如"二战"后法国落后地区劳动力向发达地区的流动，通过落后地区人口迁出和减少，使人均收入水平相对上升，与发达地区的相对差距缩小；另一种是人口从发达地区向落后地区逆向流动和迁移，如美国历史上解决东南部地区的发展中曾有过这种流动，通过相对富裕阶层迁入带动资本、人才、技术进入欠发达地区，带动产业发展，增加就业。

（2）就业激励政策。英国20世纪60年代对受援区发放就业津贴、实施选择性就业税回扣。20世纪70年代就业援助的范围从制造业扩展到服务业，对于迁入受援区的服务业企业，按其就业人数给予固定补贴，自1984年起对受援区内的公司，每创造一个就业机会补贴3000英镑。联邦德国对到重点开发地区投资使原有劳动岗位增加15%以上，或提供50个以上新的劳动岗位的企业给予投资补贴，补贴通过减免所得税或法人税予以兑现。

2. 产业政策

（1）引导产业结构调整。联邦德国鲁尔区是德国老工业地区，煤炭和钢铁工业具有100多年的历史，对"二战"后德国经济的快速恢复和发展起到过重要的作用，但随着科技发展和国际国内竞争加剧，鲁尔区传统工业生产陷入困境。从20世纪50年代开始，联邦德国便引导鲁尔区朝结构多样化的综合工业区转型，在大力发展煤炭深加工行业的同时，进口石油以发展化工和电气工业。20世纪70年代又增加了电子工业和汽车制造业，扩大了石油化工规模。

（2）支持中小企业发展。德国通过加强中小企业发展培训提升其管理和生产水平，降低生产经营风险，提高产品和服务质量，提高中小企业竞争力，加强对中小企业在融资、税收、技术辅导、信息服务等领域的政府扶持，重视中介组织的功能发挥，推动协会、商会类组织与有关政府机构脱钩，成为依法成立的独立性强的自治协调类组织，切实发挥行业自律、信息共享等功能，重视企业长久发展的信心和能力培养，对东部落后地区提供低息贷款扶植其私人经济发展。

3. 创新政策

（1）支持欠发达地区大力发展高技术产业。"二战"期间，美国政府适时把发展军事工业同促进落后地区经济发展结合起来，有计划地在南部地区发展军事、国防、宇航等前沿军事产业投资研究，吸引大批相关工业企业迁入南部和西南部，航空航天、电子信息、原子能、生物制药等高科技产业加快集聚，加利福尼亚州圣何塞市的圣克拉拉县变成了世界闻名的硅谷，高新技术产业发展推动了落后地区产业变革，快速缩小了区域差距。

（2）支持科技园区建设和发展，促进科技创新成果在欠发达地区转移转化。如硅谷高科技园区对工业创新和科研成果的孵化作用为美国西部乃至整个美国的经济发展做了生动的示范，此后，美国各地相继建立了十余个类似的园区。

（3）支持创新研发。联邦德国政府对参加研究和开发的企业或个人，特别是欠发达地区的企业和个人，发放各种奖励和贷款，刺激企业创新，促进技术企业建厂。

4. 金融政策

（1）建立引导基金。如欧盟的结构和聚合基金，包括欧洲社会基金（ESF）、欧洲农业指导与保证基金（EAGGF）、欧洲区域发展基金（ERDF）和渔业指导性融资基金（FIPRG）。其中，欧洲区域发展基金通过改善基础设施和对企业进行援助，帮助落后地区发展经济，协助落后地区进行结构调整，减少区域差异；欧洲社会基金旨在减少失业率、提高人力资源和鼓励劳动力市场社会整合；欧洲农业指导与保证基金旨在提高农业发展水平，调整农业结构；渔业指导性融资基金旨在改善渔业产业。结构和聚合基金为欧盟国家缩小地区差距提供了主要资金来源。

（2）融资帮扶政策。如冲绳振兴开发金融公库，其业务是将日本开发银行、国民金融公库、住宅金融公库、农林渔业金融公库、中小企业金融公库以及环境卫生金融公库等一银行五公库有关融资业务整合，受理产业开发资金、中小企业资金、住宅资金等融资贷款，以弥补一般金融机构办理的融资与民间投资的不足，同时也对冲绳地区经营产业开发有关的事业设备贷款，提供融资保证。

此外，发达国家缩小区域差距还使用投资拨款、低息贷款、财政担保、风险资本投入等金融政策。例如，联邦德国对企业在重点开发地区投资方面实施投资拨款政策，拨款最高金额为投资总额的15%。联邦德国针对重点开发地区对国民经济关系重大的企业，需贷款时，联邦或州政府予以担保，这类企业无力归还贷款时，政府可以代为支付。联邦德国和州政府共同对落后地区的工商企业、旅游企业提供免税投资补贴、财政担保，对于中小企业和职业培训，尤其是对几个中小企业联合成立用于教育的场所，一般都给予低息贷款。美国、英国和德国的风险资本政策促进了科技型中小企业的发展等。

5. 财税政策

（1）财政平衡政策。1990年两德统一后，东西地区差距很大，为缩小地区差距，德国建立"财政平衡"制度。德国的财政体制分为联邦、州、地方三级。所谓财政平衡政策，就是联邦、州和各级地方政府间通过平衡拨款（横向平衡）和垂直拨款（纵向平衡），达到各州和各地方财政力量的相对平衡，从而达到各地经济发展和生活水平的相对平衡。财政平衡政策中最重要的内容是纵向平衡，主要是指联邦政府对州和地方政府，或州政府对地方政府的财政支持。这种财政支持的对象主要是特定的项目和贫困地区，支持的形式包括按财政收入的一定百分比拨款，或按项目投资的一定比例划拨，还包括对落后地区的减免税。纵向平衡的资金数额较大，而且是变数。横向平衡法，把全国各州或一个州的各个地方政府分成两类：一类是有义务提供援助的州或地方；另一类为有权利得到援助的州或地方。它主要是按各州税收总额和人均占有数量、人均生活水平等因素，确定一个基准，超过这个基准的富裕州向达不到这个基准的贫穷州转移一定比例的支付。

（2）补贴政策。如美国对南部地区和西部地区的农业补贴政策，对玉米、小麦、烟草、稻米、花生等六种"基本商品"的种植者进行补贴。土地休耕计划对自愿休耕的农民进行补贴（全国平均为每位农民5000美元）。农业灾害补贴，主要包括灾害救济、特大灾害保险和多种灾害保险三种政策。德国对重点开发地区企业实施销售特别补助，即对重点资助地区企业产品的外销补贴。德国为缩小东西差距，收取税率为5%的"团结税"，每年给东部新联邦州提供"团结补贴"，一直持续至2019年。这笔补贴一方面用于旧城改造和基础设施修建，以提升城市的生活质量和形象；另一方面为入驻的企业提供土地、税收、贷款等方面的优惠。

（3）税收优惠政策。美国联邦政府从20世纪30年代起根据地区的发展水平实行不同的税制。对经济较发达、人均收入高于全国平均水平的东北部地区和五大湖地区，实行高于经济落后地区的税收政策。20世纪70年代，随着原来落后地区经济的崛起，税收优惠程度有所减缓。

6. 基础设施政策

加大欠发达地区基础设施建设投入力度。国际上缩小地区差距大多注重对欠发达地区基础设施的改善。包括加大高速铁路、普通铁路、高速公路、大型水利设施、通信设施、电力和水力设施等的建设。例如20世纪50年代初，意大利政府加快改善落后的南方地区的铁路、港口、水电等基础设施。又如日本非常重视欠发达地区的基础设施投入，1980年日本全国用于基础设施建设的公共投资占地方政府支出的比例平均为9%，而低收入的北海道地区、东北地区、北陆地区和九州地区分别为17%、14.7%、12.4%和12.0%。再如美国政府20世纪30年代所实施的田纳西河流域开发工程以及其他工程，实际上主要是改善基础设施条件。

7. 行政手段

除了经济手段以外，联邦德国解决地区发展差异还采取了一些行政手段。自1968年以来，联邦德国在州以下的地方政府部分采取重新划分州和地方疆界，把贫困地区和富裕地区组合起来的方法使人均税收潜力和居民生活水平趋于一致。地方政府的这种区域性组合，把贫困社区和富裕社区、中心城市和郊区组合在一起，起到了平衡作用，但在州一级实行这种组合的阻力较大。

五、缩小区域发展差距促进共同富裕的目标思路

缩小区域发展差距是推进共同富裕的主攻方向之一,要尊重自然规律和经济规律,立足各地区发展实际,因地制宜、分类指导,客观看待区域发展差异,不能搞"一样化"发展或"齐步走",要把握大国区域发展的一般规律和我国区域发展的新趋势、新特点,立足各地区比较优势,推进区域高质量发展,在高质量发展中实现高水平的平衡。

(一)主要目标

区域协调发展战略、区域重大战略、主体功能区战略深入推进,重大生产力布局更为合理,东西发展差距持续缩小,南北方发展更加协调,实现地区间人民生活保障水平大体相当、基础设施比较通达、基本公共服务均等化、要素自由流动。力争到2025年区域差异系数降至0.35,到2035年降至0.30,2049年进一步降至0.26。"十四五"时期末,以省份(不含直辖市)为基本空间单元的居民收入倍差降低到2.5、消费支出倍差降低到2.1。2035年,以省份(不含直辖市)为基本空间单元的居民收入倍差降低到2.2、消费支出倍差降低到1.8。21世纪中叶以省份(不含直辖市)为基本空间单元的居民收入倍差降低到2以下,消费支出倍差降低到1.6。目标体系如表总-2所示。

表总-2　　　　缩小区域发展差距促进共同富裕目标体系

一级指标	二级指标	指标必要性
区域间人民生活保障水平相当	人均可支配收入最高最低倍差	反映收入流量
	人均居民储蓄存款最高最低倍差	反映财富存量
	人均消费支出最高最低倍差	反映消费能力

续表

一级指标	二级指标	指标必要性
区域间基础设施通达	铁路密度差异系数	"十四五"综合运输规划主要指标
	高速公路密度差异系数	"十四五"综合运输规划主要指标
区域间基本公共服务均等	人均预期寿命差异系数	"十四五"公共服务规划目标指标
	劳动年龄人口平均受教育年限差异系数	"十四五"公共服务规划目标指标
	人均养老服务床位数差异系数	"十四五"公共服务规划目标指标
区域间要素自由流动	常住人口城镇化率	"十四五"规划纲要目标指标
	统一大市场建设	主观评价

（二）基本思路

1. 以切实改善民生、推动人民生活富裕富足为根本出发点和落脚点

实施区域协调发展战略是全面建成小康社会进而实现全体人民共同富裕的内在要求，要深入贯彻坚持以人民为中心的发展思想，使全体居民能够更好地公平分享经济社会发展成果。我国幅员辽阔、区域差异大、发展不平衡，特别是中西部欠发达地区、广大农村地区、特殊类型地区基础设施和公共服务供给依然较为薄弱。因此，加快建设区域协调发展的落脚点必须是注重民生、保障民生、改善民生，让改革发展成果更多、更公平地惠及广大人民群众，切实增强人民群众的安全感、获得感、幸福感，增强人民群众对共同富裕的认同感。

2. 以推动形成优势互补高质量发展的区域经济布局为重要方向

尊重客观规律，发挥比较优势是构筑高质量区域经济新格局的关键。各地区要以此为目标，从自身实际出发，宜水则水、宜山则山，宜粮则粮、宜农则农，宜工则工、宜商则商，积极探索富有地域特色的高质量发展新路子。支持城市化地区高效集聚经济和人口，支持农产品主产区增强农业生产能力，支持生态功能区把发展重点放到保护生态环境、提供生态产品上，形成主体功能明显、优势互补、高质量发展的国土空间开发保护新格局。推进西部大开发形成新格局，实施一批重大生态工程，强化开放大通道建设。推动东北振兴取得新突破，增强维护国家国防、粮食、生态、能源、产业安全能力，大力发展民营经济。开创中部地区崛起新局面，做大做强先进制造业，积极承接新兴产业布局和转移。推动东部地区率先实现高质量发展，加快培育世界级先进制造业集群，率先建立全方位开放型经济体系，支持浙江高质量发展建设共同富裕示范区。完善先富帮后富的帮扶机制，坚持东西部协作和对口支援，深化东北与东部地区对口合作，完善对革命老区、边境地区、生态退化地区、资源型地区和老工业基地等精准支持政策，更好地促进发达地区和欠发达地区共同发展。

3. 以畅通要素区域间流动、提高发展效率和效益为主要动力

推动区域协调发展，要坚持扩大内需这个战略基点，深化改革畅通国民经济循环，促进生产要素在区域间的顺畅流动和市场化配置。加快建立全国统一的市场制度规则，打破地方保护和市场分割，打通制约经济循环的关键堵点，促进商品要素资源在更大范围内畅通流动，加快建设高效规范、公平竞争、充分开放的全国统一大市场。着力解决突出矛盾和问题，加快清理废除妨碍统一市场和公平竞争的各种规定和做法，破除各种封闭小市场、自我小循环。促进各类生产要素自由流动并向优势地区集中，从而真正提高全要素生产率，为区域经济高质量发展提供强劲动力。打破行政壁垒，推进"行政区经济"向"经济区经济"转变，促进要素自由顺畅流动，高效集聚。

4. 以公共服务均等化、基础设施通达均衡为基本手段

区域协调发展的基本要求是实现基本公共服务均等化，基础设施通达程度比较均衡。由于发展基础、自然条件、区位条件等差异很大，每个区域经济体量、科技发展可能不是完全均衡的，但在公共服务、基础设施配置方面应尽最大努力实现均等化。因此要充分依靠制度优势，去除区域间资源配置不均衡、硬件软件不协调以及服务水平差异较大等短板，缩小基本公共服务和基础设施的差距。促进教育、医疗、养老、育幼等基本公共服务更加普惠均等可及，稳步提高保障标准和服务水平。适应人口城镇化新趋势，促进优质教育资源均衡布局，加快城镇学校扩容增位，改善偏远地区和乡镇学校办学条件和师资队伍。高度重视欠发达地区职业教育，大力培养技能型劳动力。以人口老龄化地区为重点，加快医疗和养老设施建设，逐步提高城乡居

民基础养老金标准。在欠发达地区农村率先实施学龄前儿童营养改善计划,完善农村留守儿童关爱服务体系。健全残疾人帮扶制度,提升残疾人保障发展能力。推动欠发达地区财政支出优先保障基本公共服务补短板。加大中央和省级财政对欠发达地区基层政府提供基本公共服务的财力支持,逐步缩小常住人口人均财政支出差异。

5. 以完善区域利益关系、优化区域调控机制为基础保障

形成优势互补高质量发展的区域经济布局,是推动区域协调发展的必然之举。但同时也要关注过程中可能产生的利益压抑与利益转移,强化中央战略政策的宏观调控作用,建立健全区域政策调控机制,发挥区域利益关系协调基础保障作用,使不同区域合理分享利润,实现贡献与获得的基本对称,切实让后发地区人民能够公平地分享改革发展成果。实施扩大中等收入群体行动计划,以高校和职业院校毕业生、技能型劳动者、农民工等为重点,提高毕业生就业匹配度和劳动参与率,提高技能型人才待遇水平和社会地位,实施高素质农民培育计划,完善小微创业者扶持政策。用好"看得见的手",履行好政府再分配调节职能,加大税收、社保、转移支付等调节力度和精准性,调节过高收入,取缔非法收入。发挥慈善等社会公益事业的第三次分配作用,调动全社会力量济困扶弱。做好社会兜底救助,改进和提高社会保障水平,完善兜底保障标准动态调整机制,增强社会保障待遇和服务的公平性可及性。

六、缩小区域发展差距促进共同富裕的举措建议

坚持实施区域重大战略、区域协调发展战略、主体功能区战略,健全区域协调发展体制机制,推进区域间生产力合理布局和产业分工。

(一)优化国土空间格局,形成优势互补、高质量发展区域经济布局

国土空间是人类生产生活和社会经济活动以及生态文明建设的重要空间

载体，加快国土空间优化、完善空间治理有助于充分释放各地比较优势，实现区域间相互促进整体发展。面向新发展阶段，应以妥善处理空间开发与生态安全、粮食安全、经济安全等的关系，优化经济布局，形成新的经济增长极等为重点，促进形成国土空间高效利用、可持续开发局面。

通过"多规合一"促进国土空间高效利用。加快推进国土空间规划，整合主体功能区规划、土地利用规划、城乡总体规划三大空间性规划，将生态环保、资源开发和交通运输等专项规划纳入国土空间规划，加强重点功能区、战略引领区、开放平台区等区域性规划与国土空间规划的衔接协调，切实推动国土空间的集约高效、合理均衡开发利用。

优化完善生态安全屏障体系。推进青藏高原生态屏障区、黄河重点生态区、长江重点生态区和东北森林带、北方防沙带、南方丘陵山地带、海岸带等生态屏障建设。强化国土空间规划和用途管控，划定载体上覆盖各级自然保护区、自然和文化遗产、森林和地质公园以及风景名胜区等，形态上覆盖森林、草原、湿地、江河湖海等的生态红线区和生态功能区，实施开发强度和保护程度不同的生态管控标准，为全面建设社会主义现代化国家提供基本生态本底保障。

切实保护农业生产空间。将耕地、林地、草地等不同类型农业用地划分为永久性基本农田和一般农业用地，实行差别化的保护标准和征收征用政策。推动农业生产向粮食主产区、重要农产品生产保护区、特色农产品优势区集聚，继续推动优质粮食产业工程、大型商品粮基地建设、农业综合开发等项目。完善农村用地保障机制，保障设施农业和乡村产业发展合理用地需求，为保障粮食和农业安全、实施乡村振兴提供充分农业空间。

提高中心城市和城市群综合承载能力。以京津冀、长三角、粤港澳、成渝等19个城市群为重点，优化交通、能源、市政等基础设施和商贸、教育、卫生等公共资源配置，提升城市群、都市圈、各类产业园区等城市化空间开发利用的质量效益，为承载产业和人口、引领高质量发展以及保障经济安全提供重要空间载体。同时要加快推动相对分散的农村生活空间功能完善，提升农村宅基地、集体经营性和公益性建设用地的开发利用效益，构建集约高效的城乡开发空间格局，为城市化空间高质量发展提供支撑。

（二）完善要素市场化配置机制，加快建设全国统一大市场

推进要素市场制度建设，实现各类生产要素价格市场决定、流动自主有序、配置高效公平，是促进国内大循环畅通、带动国内国际双循环的重要途径。从构建新发展格局出发，要尊重客观经济规律，以建设统一开放、竞争有序的市场体系为目标，消除妨碍要素自由流动的制度性障碍，扩大要素市场化配置范围，加快构建完善区域市场一体化发展机制。

进一步拆除妨碍关键要素自由流动的藩篱。深入实施公平竞争审查制度，消除区域市场壁垒，打破行政性垄断，清理和废除妨碍统一市场和公平竞争的各种规定和做法，加快建立全国统一的市场准入负面清单制度。深化户籍制度改革，探索以经常居住地登记户口，放开放宽除个别超大城市外落户限制，调整完善国家和区域中心城市积分落户政策。在珠三角、长三角等一体化程度较高的城市群试点户籍准入年限同城化累计互认。消除劳动力和人才社会性流动路径障碍，推动形成完备、规范、高效的人力资源市场体系，努力实现各部门劳动力和人才流动政策的协调衔接，坚决杜绝身份歧视现象。完善土地管理体制，探索建设用地、补充耕地指标跨区域交易机制，推动建设用地资源向中心城市和重点城市群倾斜。在国土空间规划、农村土地确权颁证基本完成的前提下，推进省级政府统筹负责城乡建设用地供应指标。

整合搭建要素市场化交易平台。统筹推进区域自然资源资产交易平台建设，完善其使用权转让、租赁、抵押市场规则，健全市场监测监管机制，促进资源资产流转顺畅、利用高效。建立健全用水权、排污权、碳排放权以及用能权初始分配与交易制度，培育发展各类产权交易平台。完善区域性股权市场，促进资本跨区域有序自由流动。引导培育大数据交易平台，覆盖直接产生的数据及通过对数据挖掘和分析产生的统计结果、主体偏好、决策信息等，推进数据依法合规开展交易。加快探索建立国家科技成果共享和交易大数据平台，完善技术成果转化公开交易与监管体系，促进全国创新资源的开放共享和科技成果的跨区域转移转化。

开展要素市场化配置改革试点示范。鼓励各地结合实际，积极开展首创性、差异性的要素市场改革试点探索。选择条件较好的地区建设区域性排污权、碳排放权等交易市场试点，推进水权、电力市场化交易，进一步完善交易机制。深化用能权有偿使用及交易制度试点，在河南省、浙江省、福建省、四川省等用能权试点省份的基础上，逐步扩大试点范围，建立健全用能预算管理制度。

（三）推动基本公共服务均等化，实现各地区共享经济发展成果

基本公共服务直接关系到人民群众的生产成本和生活质量，推进公共服务均等化有利于缩小区域发展差距、缩小居民收入差距，更好更快地走向共同富裕。下一步应坚持以人民为中心，从区域间基本公共服务硬件与软件的不协调、各地财政能力悬殊等基本难点出发，优化财政转移支付制度，强化基本公共服务高位统筹和区域间合作，让发展成果更多更公平地惠及各地人民。

健全公共财政转移支付制度。以缩小地区间人均公共服务财力保障水平差距为出发点，优化转移支付结构，加大对特殊类型地区的均衡性转移支付力度，稳步构建起权责清晰、标准合理、保障有力的基本公共服务保障体系。支持基本公共服务投入向重点人群、薄弱环节倾斜，增强地市级以下财政基本公共服务保障能力。加快构建地方税体系，赋予省级政府一定的税目设置权和税率调整权，逐步缩小市地间、县域间基本公共服务差距。

提高医疗、养老、教育等公共服务统筹层次。推动各种群体基本公共服务的对接，确保各地居民可以在统一制度框架下获取基本公共服务。完善基本医疗保险制度，积极推动在省级层面实现基本医疗保险统筹，推动形成全国统一的医疗保障标准化体系。完善企业职工基本养老保险基金中央调剂制度，着力推动实现养老保险全国统筹。完善义务教育管理体制，探索建立全国统筹、省负总责、市县管理、社会监督的义务教育经费保障机制和基于统一高考的综合评价多元录取制度。

加快构建基本公共服务跨地区衔接体制机制。针对人口流动性不断增

强，加快探索建立医疗卫生、劳动就业等基本公共服务跨地区流转衔接制度，研究制定跨省转移接续具体措施和支持政策，强化跨区域基本公共服务统筹合作。推动在三大动力源等一体化发展水平较高的地区率先构建区域基本公共服务平台，创新跨区域服务机制，推动居民异地享受基本公共服务并便捷结算，努力实现资源均衡分布、合理配置，形成更多可复制、可推广的经验。

（四）促进基础设施通达度基本均衡，更好支撑国内国际大循环畅通

重大基础设施建设是推动区域协调发展战略的重要支撑。加快补齐以交通设施为代表的传统基础设施和以信息网络为代表的新型基础设施的短板及弱项，实现通达度基本均衡，不仅有助于我国应对国内外复杂形势、畅通国内国际双循环、稳定经济增长预期，还能对中西部及东北地区新型城镇化、乡村振兴、高质量发展起到支撑带动作用，提升对外投资吸引力，促进区域发展差距缩小。

构建畅通国民经济循环的立体互联交通"大动脉"。抓住流通领域阻碍国内循环的"堵点"和"痛点"，建设现代综合交通运输体系。加快推进长江沿江高铁、沿海高铁等"八纵八横"高铁骨干通道项目和中西部铁路建设，积极支持京津冀、长三角、粤港澳大湾区等重点城市群、都市圈城际铁路、市域（郊）铁路规划建设。加快公路网骨干线路建设，推进百万公里农村公路建设。进一步发挥水运在综合交通运输体系中的比较优势，更好地服务长江经济带发展、长三角一体化等国家战略实施。优化综合交通枢纽空间布局，分层次打造一批国际性、全国性及区域性综合交通枢纽和口岸枢纽。实施重要客运枢纽的轨道交通引入工程，推进综合客运枢纽零距离换乘。重点建设一批具备多式联运功能以及线上线下结合、干支衔接的货运枢纽，推进重要港区、物流园区等直通铁路，解决"最后一公里"瓶颈制约。

推进与周边毗邻地区及"一带一路"共建国家设施对接。现阶段我国与周边毗邻地区及"一带一路"共建国家基础设施存在技术规范、口岸管理、运输标准等差别较大的问题，制约了贸易便利化水平提升，是国际国内双循环的阻碍之处。应在尊重相关国家主权和安全关切的基础上，加快陆路、水路、航空、能源和通信等方面规划制度、标准体系、人员互联互通，共同推进国际骨干通道建设，建设连接亚洲各次区域以及亚非欧的基础设施网络。西部及东北地区更应借此契机加快开放发展步伐，加快内陆开放型经济试验区建设，提升链接国内国际资源能力。

加快中西部及东北基础设施改造升级。进一步加大对中西部及东北地区交通基础设施项目的资金支持力度，尤其是乡村振兴重点帮扶县。加快西宁至成都、川藏、新藏、滇藏等铁路规划建设，继续完善"一带一路"陆路国际运输通道、中西部连接沿海主要港口运输通道以及城市群之间运输通道，加密西部地区机场，加强边境口岸及其连接线、沿边公路建设。紧抓信息时代带来的"跨越式发展"机遇，组织实施中小城市基础网络完善工程，以省为单位开展相关区域内县城和乡镇驻地城域传输网、IP城域网节点设备新建和扩容，为提升农村地区宽带用户接入速率和普及水平提供支撑。加快落后地区和广大农村信息化、智慧城市和数字乡村建设进程，避免"新基建"造成区域分异进一步加剧。

（五）发挥区域重大战略引领作用，梯次带动区域协调联动发展

从发展规律来看，我国各地资源、区位等差异巨大，不能简单要求各地区在经济发展上达到同一水平，而应在全国范围形成强引领的动力源，在协同发展中促进相对平衡，实现共同富裕。六大区域重大战略正是引领带动区域协同共进的关键，要聚焦区域重大战略目标，分类推动战略取得新突破性进展，发挥战略引领区示范带动功能，促进区域间融合互动、融通互补。

将京津冀、粤港澳大湾区、长三角打造成支撑高质量发展的动力源、促进双循环的主引擎。京津冀加快探索经济和人口密集地区内涵集约发展新路子。加快构建"轨道上的京津冀"，大力推动京津优质教育、医疗资源向河北延伸，研究北京非首都功能疏解政策体系，加快推进雄安新区重点项目建

设，保持北京城市副中心生机勃发良好态势，建设天津智慧绿色港口。粤港澳大湾区要加快打造多元融合、开放包容的现代化国际化湾区经济样板。加强多个经济体经济体系和规则制度的优势互补整合，推进基础设施联通，加快国际科技创新中心建设，促进产业链供应链优化升级，增强联通国内国际双循环的功能。长三角应着重探索工业化、城镇化、市场化和开放化水平较高地区实现同城化的高效模式。以基础设施和公共服务两大领域率先一体化为目标，支持浦东新区、上海自贸试验区临港新片区、长三角一体化绿色发展示范区在更深层次改革创新。在一体化发展中补齐民生短板，促进基本公共服务便利共享。率先探索关键核心技术攻关新型举国体制，在集成电路、生物医药和人工智能等重点领域和关键环节实现突破。

将长江、黄河流域建设为国家生态环境与经济协调发展的试验区。长江经济带要努力探索人与自然和谐共生、流域经济与区域经济耦合的绿色发展路径。加强省市、城乡、园区、企业等不同层面的绿色发展路径模式创新和体制机制创新，集中推动沿江综合运输体系、化工等高污染企业搬迁、岸线高效开发利用等重点工作。强化在东中西协调发展中的轴带引领、要素流动和资源整合配置作用，构筑对内对外开放合作新高地，塑造创新驱动发展新优势，加快产业基础高级化、产业链现代化。黄河流域着力探索资源节约利用、生态环境保护与经济高质量发展的有效路径。重点聚焦水质提升，加大环境污染综合治理力度。抓住水沙关系调节这个"牛鼻子"，加强防洪防凌集中统一调度。实施最严格的水资源保护利用制度，全面实施节水控水行动。高质量、高标准建设沿黄河城市群，建设特色优势现代产业体系。

推动海南形成深化改革的试验田、扩大开放的新窗口、体制机制创新的育苗圃。海南岛应以全球自由贸易与开放新基地为发展导向，加快海南自由贸易港法立法工作，建设国家生态文明试验区（海南）和海洋强省，出台海南离岛免税购物新政策，补齐基础设施和公共服务短板，壮大实体经济，为我国新一轮扩大对外开放积累体制机制改革经验。

（六）充分发挥比较优势，推动四大区域板块因地制宜发展

统筹推进东部、中部、西部、东北四大板块协调发展一直是国家着力解决的重点问题。现阶段，我国四大板块新动能发展具有地区差异较大、不同步的特征，应根据形势变化赋予其新的内涵，精准明确东部、中部、西部、东北地区差异化发展重点，同时支持特殊类型地区加快发展，在发展中促进相对平衡。

促进西部地区形成大开放高质量发展新格局。以中欧班列和西部陆海新通道建设为契机，积极发展口岸经济、通道经济，促进沿边省区开发开放。加强西北和西南板块经济联系，打破行政区分割壁垒。促进国土空间"大分散小集中"开发利用，加快壮大特色优势产业，培育新发展格局内陆战略腹地。全面推动成渝地区双城经济圈建设，在统一标准、加强衔接、提升便利度等方面尽快取得突破，在制度创新和利益分配上加快探索。巩固拓展脱贫攻坚成果，做好广西、贵州、云南等省份易地扶贫搬迁后续帮扶，实现与全面推动乡村振兴战略的有机衔接。持续推动内蒙古、甘肃、宁夏、青海、陕西等倚能、倚重、倚化地区产业转型升级和多元化发展，逐步破解产业结构过度单一的结构性矛盾，为国家碳排放达峰提供重要支撑。

提升东北地区在维护国家安全中的战略地位。继续围绕"五大安全"定位，加强政策统筹，实现重点突破。有效区分周期性和结构性矛盾差别特征，将所有制结构和产业结构作为主要抓手，推进国有企业改革、政府职能转变，营造法治化、包容性创业健康环境，促进民营经济发展。主动调整经济结构，保障好粮食安全，加强传统制造业技术改造，依托良好生态环境大力培育健康养老、文化旅游、冰雪经济等新增长点，促进产业多元化发展。利用与东部沿海对口合作和东北亚国际合作外力倒逼振兴加速提档，建设长吉图开发开放先导区，提升哈尔滨对俄合作开放能级。多吸引跨国企业到东北投资，吸引南方地区居民到东北投资。

加快推动中部地区制造业高质量发展。夯实实体经济根基，提高关键领域自主创新能力，在长江、京广、陇海、京九等沿线建设一批中高端产业集

群，积极承接东部地区产业有序转移，提前做好产业优化布局，加强产业链、创新链、供应链、人才链的合作共建。创新发展区位优势独特的通道经济，积极对接京津冀、粤港澳、长三角城市群，在与三大城市群毗邻地区培育一批畅通国内循环、促进东中部地区联动发展的节点城市。扩大高水平开放，推动优质产能和装备走向国际大市场。进一步优化营商环境，推动省会城市的营商环境向北上广深看齐，普通地级市营商环境向省会城市看齐。

强化东部地区在现代化建设中的示范引领。加强原始创新，推进科技成果产业化，聚焦"卡脖子"问题和关键共性技术开展集中攻坚，加快构建自主可控现代产业体系。加快与国际接轨、全面实现规则和制度开放，抢抓《区域全面经济伙伴关系协定》《中欧双边投资协定》签订机遇，大力优化进出口贸易和双向投资结构，不断提升在国际规则制定和全球经济治理体系中的话语权和影响力。在推动共同富裕上先行探索、率先示范，持续提高劳动生产率和居民收入水平，为全国提供可推广、可复制的经验借鉴。

完善特殊类型地区振兴发展扶持体系。强化革命老区"红色资源"开发、文化创意和"红色基因"建设，加强"红色旅游"、宣传教育和特色产业发展模式创新，让优良革命传统和特色转化为振兴发展、民生改善的内在新动力。生态退化地区坚持保护优先、分类指导、遏制退化，以重点生态功能区、各类各级自然保护地为主体，加强生态空间红线管控，探索政府主导和市场调控相结合的多样化生态补偿方式和机制，保障生态功能和服务的有效改善。资源型地区从历史贡献、枯竭程度、转型潜力出发，注重培育接续性和替代性产业，扭转要素流失和城市收缩态势，实现产业转型和城市转型协同、经济转型和社会转型并进。老工业基地以再造城市宜业宜居宜游活力为目标，加快传统产业改造提升，培育壮大新兴产业体系和业态模式，带动投资、就业、技术、人才结构优化升级，加大新技术、新模式在生产生活方式中的应用提升。支持边境地区依托重要口岸和城镇完善交通、通信等通边和抵边设施的建设，促进边境贸易创新发展。优化布局边境乡村、哨所公共服务设施，稳步提高分类型差别化财政补助标准，促进边疆人口就业安居，提升固土守边责任担当。

（七）高质量推进区域互助合作，构建新时代先富帮后富和先富带后富发展新格局

东西部协作、对口支援、对口协作（合作）等区域互助合作方式是在我国政治环境中产生的具有中国特色的政策"工具"，起初主要是面向扶贫开发等。开启现代化新征程后，推动共同富裕成为后脱贫时代工作的核心之一，国家仍需要对相对贫困地区或者欠发达地区给予政策扶持，塑造先富帮后富新格局，促进区域高质量协调发展。

调整优化东西部协作方式。创新帮扶机制，在发挥政府在东西部协作中主导作用、明确协作关系的同时，强化产业合作和劳务协作，积极引导社会力量广泛参与，为东西部协作注入新活力。支持东西部地区国有企业加强合作，开展协作合作项目，提高西部地区国有企业自生能力。鼓励东部地区民营企业拓宽业务范围、拓展经营空间，发挥技术和灵活性优势，把更多资源转向西部地区。依托互联网搭建东西部选才用才平台，强化协作双方党政干部和专业技术人员交流，推动人才技术向西部地区流动。健全东西部地区劳务输出的精准对接机制，实现西部地区劳动力的跨区域有效就业。

推进对口支援机制优化升级。聚焦新疆、西藏和青海、四川、云南、甘肃四省藏区，推动对口支援向更深层次、更高质量、更可持续方向发展，促进民族交往交流交融。进一步完善和规范对口支援规划的编制实施和评估调整机制，加强资金和项目管理，科学开展绩效综合考核评价。探索建立异地转移安置机制，通过对受援地区剩余劳动力的定向定岗精准培训，吸纳受援地区人口到援助地区落户，实现受援地区人口持续稳定"走出来"。研究设立专项奖励资金，根据实际吸纳人口规模及基本公共服务提供情况给予资金支持。

创新开展对口协作（合作）。针对转型升级困难地区，创新构建政府、企业和社会力量共同参与的对口协作（合作）体系。强化东北三省与京津冀、长三角、粤港澳大湾区等战略联动，支持北京依托北京技术、人才优势在东北地区建立科技成果转移转化基地，支持上海、广州、深圳依托经营、管理优势，与东北三省加强产业园区合作，实现利益共享。继续协助南水北调中线工程水源区在水质保护、产业转型、民生保障等方面取得新突破，促进水源区绿色发展。继续对口支援三峡库区，提高库区生态农业、旅游业、商贸物流业等产业发展水平，提升库区基本公共服务供给能力，保障库区社会和谐稳定。

（八）健全区际利益补偿机制，为欠发达地区在共同富裕道路上"跟上队"注入新动力

健全区际利益补偿机制是主动缩小区域差距、促进区域协调发展的应有之义。区域经济布局是基于地区条件的"强制分工"，承担不同功能的地区所获经济利益差异显著，有些区域在因生态或资源优势承担某一功能的同时，其他产业发展受到了抑制。区域经济布局不能忽视客观经济规律，也必须建立针对区际利益冲突的完善利益补偿机制。

完善多元化横向生态补偿机制。按照区际公平、权责对等、试点先行、分步推进的原则，不断完善横向生态补偿机制。支持在具备重要饮用水功能及生态服务价值、受益主体明确以及上下游补偿意愿强烈的跨省流域开展省际横向生态补偿。加大重点生态功能区、重要水系源头地区、自然保护地转移支付力度，鼓励受益地区和保护地区、流域上下游通过资金补偿、产业扶持、人才培训、共建园区等多种形式开展横向生态补偿。完善市场化多元化生态补偿，鼓励各类社会资本参与生态保护修复。积极稳妥推动长江、黄河等重要流域建立全流域生态补偿机制。在长江流域和三江源国家公园等开展生态产品价值实现机制试点。

建立粮食主产区与主销区间利益补偿机制。将一般性农业支持保护制度与有针对性的区域政策结合起来，构建新型农业补贴政策体系。加大针对粮食主产区的转移支付力度，完善粮食最低收购价政策，实行针对粮食主产区差别化的税收政策，扩大粮食主产区自身财力，化解粮食主产区稳定生产与实现增长的矛盾。深化供销合作社改革，努力实现粮食产销区利益联动，鼓励粮食主销区采取对口帮扶方式，帮助粮食主产区开展农田水利基本建设、中低产田改造、农村公路建设、农民科技培训等。

支持资源输出地和输入地间利益补偿形式多样化。坚持市场导向和政府调控相结合，针对煤炭、石油、天然气、水能、风能、太阳能以及其他矿产等重要资源，健全有利于资源集约和高效利用的价格形成机制，使其能够有效覆盖开采成本以及生态修复和环境治理等成本，促进资源开发收益向输出地倾斜。构建资源输出地转型发展长效机制，支持输入地以产业和科技合作、飞地经济等方式帮助输出地发展接续产业和替代产业，推动资源输出地高质量发展。

主要参考文献

[1] 樊杰，赵艳楠．面向现代化的中国区域发展格局：科学内涵与战略重点[J]．经济地理，2021，41（1）．

[2] 范恒山．推进城乡协调发展的五大着力点[J]．经济纵横，2020（2）．

[3] 王红霞．现代化城乡区域发展体系研究[J]．上海经济研究，2020（4）．

[4] 张海鹏．中国城乡关系演变70年：从分割到融合[J]．中国农村经济，2019（3）．

[5] 张可云．新时代的中国区域经济新常态与区域协调发展[J]．国家行政学院学报，2018（3）．

[6] 周江燕，白永秀．中国城乡发展一体化水平的时序变化与地区差异分析[J]．中国工业经济，2014（2）．

[7] 程恩富，刘伟．社会主义共同富裕的理论解读与实践剖析[J]．马克思主义研究，2012（6）：41-47，159．

[8] 覃成林，杨霞．先富地区带动了其他地区共同富裕吗——基于空间外溢效应的分析[J]．中国工业经济，2017（10）：44-61．

[9] 张来明，李建伟．促进共同富裕的内涵、战略目标与政策措施[J]．改革，2021（9）：16-33．

[10] 江亚洲，郁建兴．第三次分配推动共同富裕的作用与机制[J]．浙江社会科学，2021（9）：76-83，157-158．

专题报告一

以区域重大战略为引领促进共同富裕研究

王继源　窦红涛

内容提要：我国幅员辽阔，区域资源禀赋异质性强，区域发展差距大。为了促进区域协调发展，缩小区域发展差距，我国初步构建起以京津冀协同发展、粤港湾大湾区建设、长江三角洲区域一体化发展、长江经济带发展以及黄河流域生态保护和高质量发展"五大"国家战略为核心引领的区域发展格局，形成以点带面、因地制宜的区域发展模式。区域重大战略是承载国家重大发展战略、落实国家战略目标的重要载体。推进共同富裕，要深入实施区域重大战略，发挥区域重大战略在推进共同富裕进程中的示范引领作用，推动东、中、西部联动和南、北方协调发展，促进区域协调发展向更高水平和高质量迈进。

京津冀协同发展、粤港湾大湾区建设、长江三角洲区域一体化发展、长江经济带发展、黄河流域生态保护和高质量发展，是习近平总书记亲自谋划、亲自部署、亲自推动的区域重大战略。这"五大"战略横跨东中西，连接南北方，涵盖了我国 24 个省份和香港特别行政区、澳门特别行政区，国土面积为 480 万平方千米，占总国土面积的 50%，常住人口和地区生产总值占全国的 80% 以上，共同承担优化新时代我国改革开放空间布局、建立优势互补高质量发展的区域协调发展格局的重要使命。面向共同富裕，京津冀、长三角、粤港澳大湾区要发挥先行区、引领区和示范区的"头雁"效应，在高质量发展上做引领，在高品质生活上做标杆，在共富型制度建设

— 43 —

上做示范。长江、黄河两大流域要以绿色发展为基、协调联动为要、精神富足为魂,努力实现人与自然和谐共生、流域上中下游协调平衡、文化繁荣昌盛,打造造福人民的幸福河。

一、区域重大战略对于推动共同富裕具有重要的引领作用

《中华人民共和国国民经济和社会发展第十四个五年规划和2035年远景目标纲要》提出,深入实施区域重大战略,聚焦实现战略目标和提升引领带动能力,推动区域重大战略取得新的突破性进展,促进区域间融合互动、融通补充。区域重大战略是承载国家重大发展战略、落实国家战略目标的重要载体,在推进全体人民共同富裕上发挥引领带动作用。要引导先进生产要素向优势地区集中,提高资源配置效率和发展效益,优化重大生产力布局,增强创新发展动力,通过区域重大战略引领带动,促进区域发展实现更高水平的平衡和协调。

(一)京津冀、长三角、粤港澳三大动力源地区在推进共同富裕过程中具有重要引领战略地位

京津冀协同发展战略涵盖北京、天津、河北三个省份,面积为21.6万平方千米,2020年底常住人口为1.1亿人,地区生产总值为8.6万亿元,是我国经济充满活力、开放程度高、创新能力强、吸纳人口多的地区之一。粤港澳大湾区建设包括香港特别行政区、澳门特别行政区和珠三角9市,面积为5.6万平方千米,2020年常住人口为0.71亿人,其中,珠三角9市实现地区生产总值8.9万亿元,占全国经济总量的8.8%,是我国开放程度较高、经济活力较强的区域之一,在国家发展大局中具有重要战略地位。长江三角洲区域一体化发展包括上海、江苏、浙江、安徽三省一市,面积为35.8万平方千米,常住人口为2.3亿人,2020年地区生产总值为24.5万亿元,占全国经济总量的24.3%,是我国经济发展较活跃、开放程度较高、

创新能力较强的区域之一，在全国经济中具有举足轻重的地位。"三大动力源"地区以全国 6.6% 的陆地面积，承载全国 30.6% 的人口，贡献了全国 43.5% 的国内生产总值，是我国经济发展水平最高、科技创新和产业支撑能力最强、改革开放推进最深、人民富裕水平最高的区域。

（二）长江、黄河两大流域是全体人民共同富裕的"主战场"

长江经济带涵盖我国 11 个省份，横跨东、中、西三大板块，面积为 205 万平方千米，常住人口为 6.0 亿人，地区生产总值为 47 万亿元，人口规模和经济总量均占据全国半壁江山，是我国经济重心所在、活力所在。黄河流域横跨我国四大地貌单元和地势三大台阶，流经 8 个省份（为避免与长江流域重叠，四川省不计算在内），以全国 30% 的陆地面积，承载全国 24% 的人口，贡献了全国 20% 的国内生产总值，是我国重要的生态安全屏障，也是人口活动和经济发展的重要区域。两大流域占我国陆地面积的 52.7%，人口总量的 66.9%，经济总量的 66.8%，是我国生态优先绿色发展的"主战场"。

二、我国区域重大战略的重要进展

我国初步构建起以京津冀协同发展、粤港湾大湾区建设、长江三角洲区域一体化发展、长江经济带发展、黄河流域生态保护和高质量发展五大国家战略为核心引领的区域发展格局，形成以点带面、因地制宜的区域发展模式。

（一）京津冀协同发展进入滚石上山、爬坡过坎、攻坚克难的关键阶段

京津冀协同发展重点是解决北京"大城市病"问题，以疏解北京非首

都功能为关键点,高质量推进河北雄安新区和北京城市副中心作为北京新的"两翼"建设,探索超大城市、特大城市等人口经济密集地区有序疏解功能、有效治理"大城市病"的优化开发模式,把北京建设成为国际一流的和谐宜居之都。

2014年以来,习近平总书记多次到京津冀三地考察并主持召开京津冀协同发展座谈会,强调京津冀协同发展进入到滚石上山、爬坡过坎、攻坚克难的关键阶段,需要下更大气力推进工作。2020年9月,习近平总书记在中国国际服务贸易交易会全球服务贸易峰会上致辞,强调构建京津冀协同发展的高水平开放平台,更好发挥北京在中国服务业开放中的引领作用,支持北京打造国家服务业扩大开放综合示范区,设立以科技创新、服务业开放、数字经济为主要特征的自由贸易试验区。

2020年9月,国务院批复《深化北京新一轮服务业扩大开放综合试点建设国家服务业扩大开放综合示范区工作方案》,印发《中国(北京)自由贸易试验区总体方案》。目前,首都规划体系的"四梁八柱"已初步形成,中共中央、国务院批复《首都功能核心区控制性详细规划(街区层面)(2018年—2035年)》。加快构建雄安新区、北京城市副中心"两翼"联动发展格局,雄安新区已经进入大规模开发建设阶段,固定资产投资增长6.6倍,京雄城际全线开通运营,北京到雄安仅需50分钟。北京城市副中心高水平规划建设,市级行政中心已正式迁入,城市绿心森林公园开园,环球主题公园一期主体工程竣工,《北京市通州区与河北省三河、大厂、香河三县市协同发展规划》印发实施。京津冀区域产业链创新链加快构建,北京累计疏解一般制造业企业累计近3000家,疏解提升区域性批发市场和物流中心累计约1000个;中关村企业在天津、河北两地设立的分支机构累计超过8300家;北京流向津冀的技术合同成交额累计超过1200亿元。京津冀核心区1小时交通圈、相邻城市间1.5小时交通圈基本形成,天津港2020年海铁联运吞吐量突破80万标准箱,增长超过40%。区域大气污染协同治理成效显著,北京空气质量取得标志性、历史性突破,2020年$PM_{2.5}$累计浓度为38微克/立方米,创下2013年监测以来最低值,京津冀地区$PM_{2.5}$平均浓度为44微克/立方米,比2014年下降51%。

京津冀协同发展，要紧紧抓住疏解北京非首都功能这个关键点，以服务京津冀协同发展为重大历史使命，在深化交通一体化、生态环境保护、产业升级转移等重点领域合作成果的基础上，解放思想、大胆探索，在科技创新、实体经济、要素市场一体化、体制机制创新等领域不断取得新突破，加快推进统一市场建设，充分发挥市场配置资源的决定性作用，进一步激发市场活力，更好地发挥政府引导作用，不断提高发展质量，为深化京津冀互利合作不断注入新动能新支撑。要加快推进京津冀城际铁路建设，构建"轨道上的京津冀"，大力推动公共服务共建共享，促进京津优质教育、医疗资源向河北延伸，研究北京非首都功能疏解政策体系，加快推进雄安新区重点项目建设，保持北京城市副中心生机勃发良好态势，建设天津智慧绿色港口，以创新驱动和改革开放为两个"轮子"，努力走出一条内涵集约发展的新路子。

（二）粤港澳大湾区打造全国扩大开放、实现高质量发展的标杆

建设粤港澳大湾区，既是新时代推动形成全面开放新格局的新尝试，也是深入推动"一国两制"事业发展的新实践。粤港澳大湾区与其他国际一流湾区的最大不同就是"一国两制"，其中涉及三个关税区、三种货币、三种法律制度。必须全面准确贯彻"一国两制"方针，坚持新发展理念，充分发挥粤港澳综合优势，建设富有活力和国际竞争力的一流湾区和世界级城市群，打造高质量发展的典范。

2020年10月，习近平总书记在深圳经济特区建立40周年庆祝大会上发表重要讲话，要求深入推进粤港澳大湾区建设，推动三地经济运行的规则衔接、机制对接，促进人员、货物等各类要素高效便捷流动，吸引更多港、澳地区青少年来内地学习、就业、生活，增强对祖国的向心力。"一国两制"行稳致远，2020年6月，《中华人民共和国香港特别行政区维护国家安全法》生效施行，有力维护了国家主权、安全、发展利益，维护了香港地区的长治久安和长期繁荣稳定。深圳经济特区在更高起点上推进改革开放，2020年10月，中共中央办公厅、国务院办公厅印发《深圳建设中国特色社

会主义先行示范区综合改革试点实施方案（2020—2025 年）》，一揽子推出 27 条改革措施和 40 条首批授权事项。全年深圳实现外贸出口总额为 1.7 万亿元，逆势增长 1.5%。粤港澳国际科技创新中心建设扎实推进，国务院批复《中新广州知识城总体发展规划（2020—2035 年）》，着力汇聚知识型人才、发展知识型经济，打造知识创新高地，大力吸引国际创新人才。国际一流湾区和世界级城市群建设取得重要阶段性成效，加快前海、南沙、横琴等粤港澳合作平台建设，前海注册港资企业超过 1.13 万家，《粤港澳大湾区文化和旅游发展规划》印发实施，宜居、宜业、宜游生活圈正在形成。

通过推进建设粤港澳大湾区，深化了内地和港澳地区的交流合作，对港澳地区参与国家发展战略、提升竞争力、保持长期繁荣稳定发挥了重要作用。要推进粤港澳基础设施"硬联通"和规则机制"软联通"，加快推动形成国际一流湾区和世界级城市群框架，推进国际科技创新中心建设，促进产业链供应链优化升级，增强联通国内国际双循环的功能，深化民生领域合作，便利港澳同胞到广东学习就业生活。

（三）长三角一体化发展战略实施成果已经显现，在各扬所长中率先构建新发展格局

长三角一体化发展紧扣"一体化"和"高质量"两个关键，目标是建设最具影响力和带动力的强劲活跃增长极，带动整个长江经济带和华东地区发展，形成高质量发展的区域集群。

2020 年，习近平总书记先后在浙江、安徽、上海、江苏三省一市考察调研，并在合肥、上海两次发表重要讲话（见表 1-1）。8 月，习近平总书记在合肥主持召开扎实推进长三角一体化发展座谈会，赋予长三角更高使命定位，要求率先形成新发展格局、勇当我国科技和产业创新的开路先锋、加快打造改革开放新高地。11 月，习近平总书记在上海出席浦东开发开放 30 周年庆祝大会并发表重要讲话，深刻指明新时代浦东发展的战略使命。长三角正紧扣"一体化"和"高质量"两个关键词，打破行政壁垒、提高政策协同，凝聚更强大的合力，促进高质量发展。

表1-1　　　　　习近平总书记对"三省一市"的重要指示

省份	主要指示	何时何地提出	调研足迹
上海	三大任务（增设上海自由贸易试验区新片区、在上海证券交易所设立科创板并试点注册制、实施长江三角洲区域一体化发展国家战略）、一大平台（服务保障中国国际进口博览会）	2018年11月，习近平总书记在首届进博会开幕式主旨演讲提出	2014年5月、2017年10月、2018年11月、2019年11月、2020年11月，5次调研上海
江苏	经济强、百姓富、环境美、社会文明程度高	2014年12月，习近平总书记在考察江苏时提出	2014年12月、2017年12月、2020年11月，3次调研江苏
浙江	新时代全面展示中国特色社会主义制度优越性的"重要窗口"	2020年3月，习近平总书记在考察浙江时提出	2015年5月、2020年3月，2次调研浙江
安徽	在构建新发展格局中实现更大作为	2020年8月，习近平总书记在考察安徽时提出	2016年4月、2020年8月，2次调研安徽

目前，长三角一体化发展已进入密集施工的新阶段，重点区域建设如火如荼。长三角生态绿色一体化发展示范区制度创新成果丰硕，揭牌一年来，已经形成32项具有开创性的制度创新成果，在全国首次实现跨省级行政区域执行统一的产业发展指导目录和产业项目准入，发布国内首个跨省级行政主体共同编制的国土空间规划。中国（上海）自由贸易试验区临港新片区成为吸引外资的"强磁场"，印发《临港新片区创新型产业规划》，正在积极构建集成电路、人工智能、生物医药、航空航天等前沿产业体系，前11月实际吸引外资76亿美元，同比增长19.2%，占上海全市的40%。中国国际进口博览会分享市场机遇，第三届进博会累计意向成交726.2亿美元，较上届增长2.1%。科创板产业集聚效应凸显，中国人民银行等五部门印发《关于进一步加快推进上海国际金融中心建设和金融支持长三角一体化发展的意见》，科创板开市一年多来募集资金总额突破2900亿元，总市值超过3.3万亿元，集成电路、人工智能等新一代信息技术行业和生物医药行业领域企业合计占比约55%。加快打造"轨道上的长三角"，沪通、商合杭、盐通铁路开通运营，沪苏湖铁路开工建设，安徽、江苏实现市市通高铁，《长

江三角洲地区交通运输更高质量一体化发展规划》印发实施。协同开展科技创新策源，上海张江、安徽合肥综合性国家科学中心"两心共创"，《长三角科技创新共同体建设发展规划》《长三角G60科创走廊建设方案》印发实施。聚力发展新兴产业，2020年长三角集成电路产量增长29.2%，占全国比重为49.6%，提高了3.8个百分点。上海制造业投资同比增长19.3%，工业投资连续33个月保持两位数增幅。江苏高技术产业投资增长14.7%，占全省规上工业总产值达到46.8%。浙江规模以上数字经济核心产业制造业增加值增长16.5%，《浙江省数字经济促进条例》由浙江省人大常委会表决通过。安徽战略性新兴产业产值增长17.6%，占规模以上工业比重达到40.1%，对规模以上工业增长的贡献率达到134.2%。

要充分发挥经济基础好、市场空间大、产业链供应链完备、对外开放程度高的优势，进一步扩大高水平开放，支持浦东新区、上海自贸试验区临港新片区、长三角一体化绿色发展示范区在更深层次改革创新。率先探索关键核心技术攻关新型举国体制，在集成电路、生物医药、人工智能等重点领域和关键环节实现突破。大力提升城市发展水平，在一体化发展中补齐民生短板，深化长三角地区合作机制，促进基本公共服务便利共享。

（四）长江经济带生态环境保护发生了转折性变化，经济社会发展取得历史性成就

长江经济带以生态优先、绿色发展为引领，以共抓大保护、不搞大开发为导向，从生态系统整体性和长江流域系统性着眼，把修复长江生态环境摆在绝对性位置，着力建设沿江绿色生态廊道，构建高质量综合立体交通走廊，优化沿江城镇和产业布局，推动长江上中下游地区协调发展和沿江地区高质量发展。长江经济带积极探索在不破坏生态环境的前提下，实现经济社会高质量发展的新路子，努力成为引领我国经济高质量发展的生力军。

2016年1月、2018年4月、2020年11月，习近平总书记先后在长江上游的重庆、中游的武汉、下游的南京三次主持召开推动长江经济带发展座谈会。在南京座谈会上，习近平总书记在新阶段赋予长江经济带成为我国生态优先绿色发展主战场、畅通国内国际双循环主动脉、引领经济高质量发展主力军的新历史使命（见表1-2）。

表1-2　习近平总书记对沿江省市的重要指示

省份	主要指示	何时何地提出	调研足迹
上海	三大任务（增设上海自由贸易试验区新片区、在上海证券交易所设立科创板并试点注册制、实施长江三角洲区域一体化发展国家战略）、一大平台（服务保障中国国际进口博览会）	2018年11月，习近平总书记在首届进博会开幕式主旨演讲提出	2014年5月、2017年10月、2018年11月、2019年11月、2020年11月，5次调研上海
江苏	经济强、百姓富、环境美、社会文明程度高	2014年12月，习近平总书记在考察江苏时提出	2014年12月、2017年12月、2020年11月，3次调研江苏
浙江	新时代全面展示中国特色社会主义制度优越性的"重要窗口"	2020年3月，习近平总书记在考察浙江时提出	2015年5月、2020年3月，2次调研浙江
安徽	在构建新发展格局中实现更大作为	2020年8月，习近平总书记在考察安徽时提出	2016年4月、2020年8月，2次调研安徽
湖北	建成支点、走在前列、谱写新篇	2013年7月，习近平总书记在考察湖北时提出	2013年7月、2018年4月、2020年3月，3次调研湖北
湖南	"三高四新"	2020年9月，习近平总书记在考察湖南时提出	2013年11月、2018年4月、2020年9月，3次调研湖南
江西	做示范、勇争先	2019年5月，习近平总书记在考察江西时提出	2016年2月、2019年5月，2次调研江西
重庆	"两点""两地""两高""三个作用"	2016年1月，习近平总书记视察重庆时提出	2016年1月、2019年4月，2次调研重庆
四川	推动治蜀兴川再上新台阶，"五个着力"	2018年2月，习近平总书记视察四川时提出	2013年5月、2018年2月，2次调研四川
贵州	闯新路、开新局、抢新机、出新绩	2021年2月，习近平总书记视察贵州时提出	2015年6月、2021年2月，2次调研贵州

续表

省份	主要指示	何时何地提出	调研足迹
云南	"一个跨越""三个定位"	2015年1月，习近平总书记考察云南时提出	2015年1月、2020年1月，2次调研云南

资料来源：新华社。

长江流域生态环境发生显著变化，2020年，长江流域水质优良断面（Ⅰ~Ⅲ类）比例为96.7%，较2015年提高14.9个百分点，干流首次全线达到Ⅱ类水质，《长江保护修复攻坚战行动计划》明确的劣Ⅴ类国控断面已实现动态清零。三部门建立长江河道采砂管理合作机制，长江流域全面禁捕开启"十年禁渔"，《中华人民共和国长江保护法》通过十三届全国人大常委会审议，从2021年3月1日起施行。综合运输大通道加速形成，《长江干线过江通道布局规划（2020—2035年）》印发实施，长江经济带高等级航道里程将达到约1万千米，长江干线货物通过量首次突破30亿吨，增长4.4%，再创历史新高。绿色发展试点示范走在全国前列，上海崇明、湖北武汉、重庆广阳岛、江西九江、湖南岳阳探索生态优先绿色发展新路子，浙江丽水、江西抚州深入推进生态产品价值实现机制试点。经济保持持续健康发展，2020年，长江经济带累计确诊新冠病例占全国九成，沿江省份克服疫情和汛情影响，全年实现地区生产总值47.2万亿元，同比增长2.7%，高于全国0.4个百分点，占全国经济总量的46.5%，为全国经济稳步增长、强劲复苏发挥了有力的支撑作用。

长江经济带要把保护修复长江生态环境摆在绝对性位置，持续开展生态修复和环境污染治理工程，推动绿色低碳发展，努力建设人与自然和谐共生的绿色发展示范带，加快构建新发展格局，推进畅通国内大循环，构筑高水平对外开放新高地，塑造创新驱动发展新优势，加快产业基础高级化、产业链现代化，保护传承弘扬长江文化。

（五）黄河流域生态保护和高质量发展规划纲要印发实施，坚定走绿色、可持续的高质量发展之路

黄河流域从西到东横跨青藏高原、内蒙古高原、黄土高原和黄淮海平原四个地貌单元，流经青海、四川、甘肃、宁夏、内蒙古、陕西、山西、河南、山东九个省份。保护黄河是事关中华民族伟大复兴和永续发展的千秋大计。加强黄河治理保护，推动黄河流域高质量发展，解决好流域人民群众特别是少数民族群众关心的防洪安全、饮水安全、生态安全等问题，对维护社会稳定、促进民族团结具有重要意义。治理黄河，重在保护，要在治理。要坚持山水林田湖草综合治理、系统治理、源头治理，共抓生态大保护，协同推进大治理，统筹推进各项工作，加强协同配合，推动黄河流域高质量发展。

2019年9月，习近平总书记指出，黄河流域是我国重要的生态屏障和重要的经济地带，是打赢脱贫攻坚战的重要区域，在我国经济社会发展和生态安全方面具有十分重要的地位。2020年8月，习近平总书记主持中央政治局会议审议《黄河流域生态保护和高质量发展规划纲要》，指出黄河是中华民族的母亲河，要贯彻新发展理念，遵循自然规律和客观规律，统筹推进山水林田湖草沙综合治理、系统治理、源头治理，改善黄河流域生态环境，优化水资源配置，促进全流域高质量发展，改善人民群众生活，保护传承弘扬黄河文化，让黄河成为造福人民的幸福河。

2020年12月，推动黄河流域生态保护和高质量发展领导小组全体会议召开，明确把水资源作为最大的刚性约束，坚持以水定城、以水定地、以水定人、以水定产，合理规划人口、城市和产业发展，坚定走绿色、可持续的高质量发展之路。财政部等四部门印发《支持引导黄河全流域建立横向生态补偿机制试点实施方案》，2020~2022年开展试点，探索建立流域生态补偿标准核算体系，完善目标考核体系、改进补偿资金分配办法，规范补偿资金使用。

黄河流域要统筹推进山水林田湖草沙综合治理、系统治理、源头治理。聚焦提升水质，加大环境污染综合治理力度。抓住水沙关系调节这个关键点，加强防洪防凌集中统一调度，增强抵御洪涝灾害能力。实施严格的水资源保护利用制度，全面实施节水控水行动。高质量、高标准建设沿黄河城市群，建设特色优势现代产业体系。

三、"三大动力源"区域要在高质量发展上做引领，在高品质生活上做标杆，在共富型制度建设上做示范

京津冀、长三角、粤港澳大湾区最有条件率先实现共同富裕，也最有能力带动其他区域逐步实现区域富裕。要注重发挥三大动力源区域在引领高质量发展、创造高品质生活以及改革先行、制度创新等方面的先天条件和综合优势，实现高质量发展与高水平均衡、社会财富量的积累与居民生活品质的提高、自身富裕与试点示范带动相统一。

（一）增强高质量发展引领力

一是勇当科技自立自强的开路先锋，不断提升物质财富和精神财富的创新创造能力，为高质量发展提供强劲持续的动力源泉，为中华文明取得新发展实现新跨越，谱写新的璀璨篇章。二是打造新兴产业未来产业集聚集群发展高地，持续做大做优社会财富"蛋糕"。着力培育一批战略性新兴产业和先导性未来产业，打造一批国家级、世界级产业集群，带动经济质量变革、效率变革和动力变革，持续提高全要素生产率。三是打造高水平制度型开放先行地，更好地利用国内和国际两个市场、两种资源促进共同富裕。加快规则、规制、管理、标准等制度型开放，率先建立开放型经济新体制，吸引更多国际资本、技术、企业、人才、资源等向国内流动，扩大国际优质产品和服务进口，推动更多企业在全球布局，更多商品进入国际市场，不断拓展国际经贸合作新空间，以更加包容开放的发展推动高质量发展，实现高品质生活。

（二）提升高品质生活创造力

一是以都市圈建设为抓手，建设高品质生活圈。推动中心城市的基础设施、就业机会和优质公共服务向更大范围延伸、扩散和辐射，外围和边缘区域的人口向都市圈区域集聚，促进优质公共服务更加公平可及。二是全面改善城乡人居环境，打造居民安居乐业的美好家园。深入实施城市更新行动，持续提升城市功能品质，建设以社区为中心的品质生活单元，构建住有所居、居有所安的多层次、广覆盖的住房保障体系，持续改善环境质量，增强清洁水源、清新空气、安全食品等的供应保障能力，创建绿色低碳生活，持续提升城市人文艺术品位，打造具有历史厚重感、现代时尚感、未来科技感的魅力城市。深入推进农村人居环境整治提升行动，构建山水、田园、村落、民居融合、相得益彰的美丽乡村形态，打造居民住得舒心、吃得放心、行得省心、收入称心的宜居家园。三是推动资源要素更多投向社会民生领域，率先实现经济发展主要靠市场，民生保障主要靠政府。进一步规范政府在经济领域的投资，把财政资金更多用在给企业减负和解决民生问题上。

（三）率先形成共富型制度示范效应

"三大动力源"地区富裕程度高，有条件、有能力率先探索共富型制度建设，要更加注重民生与社会保障，更加注重公平与正义，加快建设有利于高质量发展实现共同富裕的制度体系，为其他地区推进共同富裕提供政策制度示范。一是探索政府加大社会领域投入的财政税收制度改革，引导政府投资更多投向社会领域基础薄弱环节，织密扎牢社会保障网，提升公共服务供给质量、保障范围和均等化水平。二是要加快探索有利于扩中和提低的收入分配制度改革，提高劳动报酬在初次分配中的比重，同时加快完善按要素分配制度，提高多种分配方式的有效激励，多渠道增加居民财产性收入，加快探索个人所得税制度改革优化举措，既有效增加低收入群体收入，又保护合法收入、调节过高收入。三是探索有利于缩小城乡差距的农村经济体制改革，激发投资农村发展的积极性，激活农村"沉睡"资源，发展壮大农村集体经济，带动农民加快增收致富。四是完善缩小区域差距的区域协调机制，创新探索先富帮后富、先富带后富的有效路径。五是探索消除社会流动的制度性障碍，打通向上流动的通道，推进全国统一大市场建设，建立机会公平的高流动性社会。

四、两大流域要以绿色发展为基、协调联动为要、精神富足为魂，打造造福人民的幸福河

长江、黄河两大流域推进共同富裕建设中要把握好保护和发展的关系，平衡好集聚提升与协调发展的关系，处理好物质富裕和精神富有的关系，努力实现人与自然和谐共生，流域上中下游协调平衡，文化繁荣昌盛，物质精神富裕富有的共同富裕。

（一）以"生态美"推动"共同富"，打造人与自然和谐共生的美丽江河画卷

一是共抓大保护，构建以国家公园为主体的自然保护地体系，推进生态保护修复，提升生态系统功能，还自然以宁静和谐美丽，为迈向共同富裕筑牢生态安全屏障。二是协同大治理，系统开展环境综合整治，打好蓝天、碧水、净土"保卫战"，持续改善空气质量，有力维护江河湖库健康生命，强化土壤污染和水土流失治理，倡导资源集约节约循环利用，推动生产生活方式绿色低碳转型，使绿色成为推进高质量发展促进共同富裕的普遍形态。三是价值大转化，不断拓宽"两山"转化通道，大力发展生态经济绿色产业，美丽经济幸福产业，推进用能权、排污权、碳排放权、林权等的市场化交易流转，创新开展流域上中下游横向生态补偿，加大对生态保护地区的财政转移支付，使生态惠民、富民、为民效益加速放大。

（二）实施极点带动、梯级联动发展战略，增强流域上中下游发展的平衡性协调性

一是相对均衡布局带动上中下游高质量发展的重要增长极。长江经济带下游以上海为中心，引领长江三角洲城市群，带动长江三角洲区域一体化发展；中游以武汉为中心，引领长江中游城市群，带动湘鄂赣区域加快发展；上游以重庆、成都为中心，引领成渝地区双城经济圈，带动川渝云贵地区跨越发展。黄河流域下游以济南为中心，带动山东半岛城市群发展，以郑州为中心，带动中原城市群发展；中游以西安为中心，带动关中平原城市群发展，以太原为中心，带动山西中部城市群发展；上游以黄河"几"字形区域为重点，带动宁蒙区域能源经济转型发展，以兰州为中心，带动兰西城市群发展。二是促进流域上中下游协调互动发展。长江经济带要突出流域上中下游的互动发展，依托长江航道和沿江综合运输通道，促进下游产业溢出向中上游地区梯度转移，科技、人才、资本向中上游地区输出，推进市场的统一开放共享，拓展行业企业发展的市场空间。黄河流域要突出上中下游区域的功能分工，下游地区要进一步提升发展能级，培育支撑全流域做大财富"蛋糕"的"动力源"；中游地区人口经济要进一步向关中平原、山西中部等城市群集聚，减轻黄土高原生态脆弱地区的生态压力，缓解人—水—地系统矛盾，以点上的高质量发展带动面上的高水平保护；上游地区突出生态保护修复，涵养高山高原、江河源区生态，促进人口向兰西城市群等区域集聚，引导农村牧区人口适度集中居住，因地制宜发展生态旅游、新能源、大数据、生态农牧业等生态绿色低碳产业，国家要加大上游地区的转移支付力度，中下游地区要通过流域横向生态补偿机制给予上游地区合理补偿，探索流域生态产品价值实现新机制。

（三）保护传承弘扬优秀文化，打造文化繁荣昌盛的精神文明共富高地

一是保护长江、黄河文化遗产资源，延续千年历史文脉。实施长江、黄

河历史文化遗产系统保护工程，提升遗产、遗迹、遗存保护修复力度，推进非物质文化遗产保护传承，守护好前人留给我们的宝贵财富。二是促进文化遗产物化活化利用，更好地满足人民精神文化生活需求。深入研究长江文化和黄河文化内涵，系统阐释长江、黄河文化的当代价值和时代精神，结合人民群众的精神文化生活需要，推动优秀传统文化创造性转化、创新性发展，不断提升高质量公共文化产品和服务供给能力。三是学习传播优秀文化，传承弘扬伟大精神，让精神生活富起来。深入开展长江、黄河文化研学交流宣传推广，以文化人，以文育人，不断提升长江、黄河流域人民的文化素养和社会文明程度，大力弘扬长江、黄河流域积淀铸就的伟大精神，从千百年的历史长河中汲取精神食粮，为实现中华民族伟大复兴凝聚起磅礴力量。

五、对策建议

推进共同富裕，要深入实施区域重大战略，发挥区域重大战略在推进共同富裕进程中的示范引领作用，推动东中西联动和南北方协调发展，促进区域协调发展向更高水平更高质量迈进。

（一）建立共同富裕的工作机制

建议中央成立促进共同富裕工作领导小组，负责共同富裕的总体设计、统筹协调、整体推进、督促落实，研究制定共同富裕制度改革的重大原则、方针政策、总体方案，统筹协调处理推进共同富裕过程中的战略性、全局性、根本性重大问题，指导业务部门出台促进共同富裕的相关政策，建立工作专班及时推进相关工作。建议省（区、市）层面参照组建本省（区、市）促进共同富裕的领导机构和实施机构，推动经济建设和社会建设平衡发展，完善省以下转移支付等制度，建立省内发达地区对欠发达地区帮扶等机制，自觉主动缩小区域差距、城乡差距和收入差距，探索实现共同富裕的有效路径。

（二）接续推进共同富裕相关试验试点

结合重大战略区域特点及共同富裕试验试点需要，在浙江高质量发展建设共同富裕示范区之后，选择战略区域、跨省、省域、市域等多个尺度开展共同富裕相关试验试点。一是研究在人口规模和农民工群体规模庞大、要素流动和集聚水平较高的京津冀、长三角、粤港大湾区区域层面，开展扩大中等收入群体试点，探索农民工向新市民转化路径，按生产要素参与分配机制，工资决定、合理增长和支付保障机制，增加低收入群体收入、扩大中等收入群体比重。二是研究在长江经济带、黄河流域的跨省交界地区，选择一批发达型与欠发达型地区组合，经济人文联系紧密区域、开展区域共同富裕示范，支持探索先富带后富、先富帮后富的有效路径，更好地发挥区域重大战略的引领带动功能。三是研究在江苏、山东、福建等富裕程度高、共同水平强的省域接续开展省域共同富裕示范区建设。四是选择一批城乡融合发展水平较高的市域开展城乡共同富裕试点，探索推进农村"三块地"改革、城乡要素双向自由流动、多渠道增加农村居民收入的相关经验。

（三）加强推进共同富裕的监测评估

从全国一盘棋出发，紧扣共同富裕内涵特征，坚持公平效率相结合、定性定量相结合，围绕"富裕"和"共同"两大维度，科学构建符合国情的衡量共同富裕的标准和评价指标体系。引导社会智库加强共同富裕评价评估研究，在发展中不断迭代优化共同富裕的评价评估体系。加强共同富裕进展的监测评估，建立动态追溯、系统监测和跨区域跨部门联动的共同富裕数据库和动态监测平台，客观及时、准确全面反映共同富裕的推进情况。用好监测评估结果，对推进中暴露的突出问题及时做出响应和优化调整。

（四）部门协同解决重大问题，推进共同富裕

建立央地协同机制，对推进共同富裕过程中出现的重大问题，加强沟通会商，做好预期管理和风险研判，在法律允许的范围内对地方推进共同富裕相关改革创新举措给予最大的包容支持，特别是对试验试点地区要给予充分授权，形成改革集成授权清单，加强重大问题的制度创新力度。对跨领域、跨区域的重大问题加强多部门、多主体横向协同，畅通沟通交流渠道，建立信息共享、沟通协商、协同推进等相关机制，形成工作合力。对共同富裕推进情况进行定期调度、定期发布，做好相关宣传阐释工作，旗帜鲜明地鼓励勤劳致富、率先致富，旗帜鲜明地鼓励先富带后富、先富帮后富，凝聚全社会共同关注、全体人民共同参与、广泛认可的共同富裕建设良好氛围。

（五）复制推广共同富裕试点示范成果

及时总结共同富裕试点示范经验和制度建设成果，围绕居民收入财富增长和精神自信自强，缩小地区差距、城乡差距和收入差距，促进公共服务优质共享等共同富裕重点领域，遴选一批普适性强、群众评价度高、效果明显，可持续强的政策举措向全国其他地区复制推广，不断提升城乡区域发展平衡性协调性，促进全体人民共同富裕。

主要参考文献

［1］林善浪．在新发展格局下推进长三角一体化高质量发展［J］．人民论坛，2020（32）：56－61．

［2］邓丽，陈喜强．政府主导型区域经济一体化水平差异影响因素初探［J］．区域金融研究，2018（6）：71－77．

［3］陈友华，苗国．隔离的城市际性与都市圈一体化［J］．探索与争鸣，2020（5）：89－95，158－159．

［4］于迎，唐亚林．长三角区域公共服务一体化的实践探索与创新模

式建构 [J]. 改革, 2018 (12): 92-102.

[5] 王振. 长三角地区共建世界级产业集群的推进路径研究 [J]. 安徽大学学报（哲学社会科学版）, 2020, 44 (3): 114-121.

[6] 陆大道. 建设经济带是经济发展布局的最佳选择——长江经济带经济发展的巨大潜力 [J]. 地理科学, 2014, 34 (7): 769-772.

[7] 长江流域发展研究院课题组. 长江经济带发展战略研究 [J]. 华东师范大学学报（哲学社会科学版）, 1998 (4): 49-55.

[8] 沈玉芳, 罗余红. 长江经济带东中西部地区经济发展不平衡的现状、问题及对策研究 [J]. 世界地理研究, 2000 (2): 23-30.

[9] 方创琳, 周成虎, 王振波. 长江经济带城市群可持续发展战略问题与分级梯度发展重点 [J]. 地理科学进展, 2015, 34 (11): 1398-1408.

[10] 段进军. 长江经济带联动发展的战略思考 [J]. 地域研究与开发, 2005 (1): 27-31.

专题报告二

以四大区域板块为基础促进共同富裕研究

郑国楠　窦红涛

内容提要： 新时代以来，我国区域协调发展战略深入实施，推动区域发展平衡性协调性不断增强，为推进共同富裕奠定了扎实基础，但以四大区域板块为基础的东西发展差距仍然是我国区域差距的主要方面。开启社会主义现代化建设新征程，扎实推进共同富裕，必须充分认识四大区域板块的基础性地位，发挥东部地区率先发展对共同富裕的牵引示范作用，中部地区高质量崛起的接续"扩中"作用，西部地区的提低促稳筑屏作用和东北地区的安全保障作用，完善区域互助等先富帮后富带后富的有效机制，逐步推进全体人民共同富裕。

一、新时代以四大板块为基础推动区域协调发展，为扎实推进共同富裕奠定了坚实基础

改革开放以后，我国实施了设立经济特区、开放沿海城市等一系列重大举措。20世纪90年代中后期以来，在继续鼓励东部地区率先发展的同时，相继做出实施西部大开发、振兴东北地区等老工业基地、促进中部地区崛起等重大战略决策，逐步形成"四大板块"各有侧重点的区域协调发展总体战略。新时代以来，以习近平同志为核心的党中央高度重视区域协调发展问题，深入实施区域协调发展战略，优化完善支持西部大开发、东北振兴、中

部崛起、东部率先发展的政策体系,加快补齐区域发展短板,放大拉长区域长板,全面打赢脱贫攻坚战,推动西部大开发形成新格局、东北全面振兴全方位振兴、中部加快高质量崛起、鼓励东部地区加快推进现代化,建立更加有效的区域协调发展新机制,不断推动区域经济迈向更高质量的协调发展,为扎实推进共同富裕奠定了坚实基础。

(一) 多措并举开创西部大开发新格局

西部地区包括重庆、四川、贵州、云南、西藏、陕西、甘肃、青海、宁夏、新疆、内蒙古和广西12省(区、市),总面积约为621.3万平方千米,占全国陆地总面积的64.7%,2020年常住人口为3.8亿人,地区生产总值为21.3万亿元,分别占全国的27.1和21.1%。西部地区在维护国家国防安全、生态安全、能源安全、边疆稳定、民族团结等方面具有十分重要的战略地位。实施西部大开发20余年来,特别是党的十八大以来,在以习近平同志为核心的党中央坚强领导下,西部地区广大干部群众艰苦奋斗,全国人民大力支持,西部地区经济社会发展取得了历史性成就,为决胜全面建成小康社会奠定了比较坚实的基础,也扩展了国家发展的战略回旋空间。

一是人民生活水平明显提高。西部地区曾经是脱贫攻坚战的主战场,14个集中连片特殊困难地区有12个在西部,中央重点支持的深度贫困地区"三区三州"全部位于西部。在党中央的坚强领导下,2012年以来,西部地区5086万贫困人口全面脱贫,568个贫困县全部"摘帽",圆满交出脱贫攻坚"西部答卷",与全国人民一道迈进小康。2020年,西部地区居民人均可支配收入为2.5万元。2020年底西部地区常住人口城镇化率超过57%,较2015年提高8.7个百分点。国家对西部地区教育事业的支持不断加大,农村三级卫生机构建设稳步推进,新型农村合作医疗制度参合率显著提高,覆盖城乡的社会保障体系初步建立。

二是基础设施加快完善。党的十八大以来,西部地区交通运输网络不断拓展加密,空间可达性大幅提升。截至2019年底,西部地区铁路营业里程5.6万千米,占全国铁路营业里程的40%,其中,高速铁路营业里程9630

千米,占全国高铁营业里程的27%;高速公路里程总计5.8万千米,占全国高速公路总里程的38%。7个西部省份里程突破5000千米;建成民用机场124个,占全国的51.5%,成都、昆明、重庆、西安等机场客运吞吐量稳居全国前十名;西气东输、西电东送等重大能源工程相继竣工。

三是生态环境质量明显提升。西部地区把生态环境保护放到突出重要位置,深入实施退耕还林、退牧还草、天然林保护、三北防护林等重点生态工程。截至2020年底,西部地区累计实施退耕还林还草超过1.37亿亩,森林覆盖率超过19.3%。青海三江源"中华水塔"得到有效保护,三江源草地退化趋势得到遏制,长江干流首次全线达到Ⅱ类水质,黄河干流水质为优。

四是对外开放实现新突破。党的十八大以来,西部地区各省(区、市)积极参与和融入"一带一路"建设,为我国形成陆海内外联动、东西双向互济的对外开放新格局发挥了重要支撑作用。2020年西部地区进出口总额2.95万亿元,是1999年的26倍,年均增长15.5%。西部陆海新通道加快建设,推动形成陆海内外联动、东西双向互济的开放格局。中老铁路、中俄天然气管道东线等跨境重大项目建设稳步推进,经济开发区、自贸试验区、综合保税区等开放平台持续发力。

(二) 深化改革推动东北全面振兴、全方位振兴

东北地区包括东北三省(黑龙江省、吉林省、辽宁省)和内蒙古自治区东部五盟市(呼伦贝尔市、兴安盟、通辽市、赤峰市和锡林郭勒盟,以下简称"蒙东地区"),总面积约147.2万平方千米,占全国陆地面积的15.3%,2020年常住人口近1.0亿人,地区生产总值5.1万亿元,分别占全国的7.0%和5.0%。是我国重要的工业和农业基地,对维护国家国防安全、粮食安全、生态安全、能源安全、产业安全的战略地位十分重要,关乎国家发展大局。党的十八大以来,东北全面振兴取得了积极进展,经济运行逐步企稳,营商环境进一步优化,结构调整扎实推进,粮食综合生产能力显著提高,基础设施不断完善,社会事业蓬勃发展,人民生活水平不断提高。

一是巩固国家粮食"压舱石"地位。东北地区牢记习近平总书记"中

国粮食、中国饭碗"的殷殷嘱托,深入实施"藏粮于地、藏粮于技"战略,着力保护黑土地,粮食综合生产能力不断提高。近年来,东北三省粮食产量占全国的1/5以上,商品粮量约占1/4,粮食调出量约占1/3。2020年,东北三省粮食总产量达2737亿斤,占全国的20.4%。其中,黑龙江省粮食产量达1508亿斤,实现"十七连丰",连续十年领跑全国。农业现代化建设加快推进,东北三省农业机械化水平均达到65%以上,明显高于全国平均水平,其中,黑龙江省综合机械化程度达87.7%,居全国首位。

二是夯实大国重器的产业根基。持续做好产业结构调整"三篇大文章",改造升级"老字号",加快推进装备制造业等升级提质,打造国产首艘航母、30万吨超大智能原油船、跨音速风洞主压缩机、"华龙一号"核反应堆压力容器、"复兴号"中国标准动车组等一批大国重器。深度开发"原字号",推动石化、冶金、农产品深加工等行业补链延链强链,石化行业从炼油向乙烯、PX、PTA等下游延伸,提高资源精深加工比重,向产业链价值链中高端迈进。培育壮大"新字号",科技成果转化取得新进展,新兴产业加快发展。

三是巩固北方生态安全屏障。贯彻落实"绿水青山就是金山银山"理念,加强生态建设,强化森林、湿地、草原等重要生态功能区保护,山水林田湖草治理成效显著,空气质量持续改善,辽河流域水质达到良好水平,辽宁近岸海域优良水质比例达91%。高质量推动大小兴安岭林区生态保护和经济转型,东北虎豹国家公园成为全国首批5个国家公园之一,虎豹定居数量稳定增加,北方生态安全屏障持续巩固,蓝天白云、绿水青山、林草丰茂成为东北地区的生态标识。

四是扎实推进面向东北亚开放。积极搭建开放合作平台,大连金普、长春、哈尔滨国家级新区加快建设,中德(沈阳)高端装备制造产业园、中韩(长春)国际合作示范区、中日(大连)地方发展合作示范区先后批复设立,沈抚改革创新示范区主要经济指标基本实现"三年再造",成为新的区域增长点。辽宁自贸区123项试点任务全面实施,黑龙江自贸试验区2020年新设立企业6000余家。大连英特尔、一汽大众奥迪Q工厂等一批重大外资项目建成投产。黑河公路大桥、同江铁路大桥相继合龙,内贸外运航线开通运营,通道服务水平持续提升。

五是深入推进重点领域改革。营商环境持续优化,大力推进"最多跑一次",推行告知承诺制,实行"双随机、一公开"监管。开展工程建设审批制度改革,吉林省总体实现审批时间压缩到 81 个工作日以内。深入推进国企改革,部分国企改革成效显著,一重集团营业收入从 2016 年的 32 亿元增长到 2020 年的 390 亿元,经营效益实现扭亏为盈。国有企业"三供一业"分离移交、厂办大集体改革任务基本完成,国有林场、林区改革全面完成。

六是提升民生保障水平。东北地区脱贫攻坚取得决定性胜利,截至 2020 年,建档立卡贫困人口的 158.2 万户 427.7 万人全部脱贫,50 个国家级贫困县全部"摘帽"。老旧小区改造、棚户区改造等保障性安居工程顺利推进,就业、社保、教育、医疗等社会事业全面发展,人民生活水平不断提高,东北三省居民人均可支配收入由 2013 年的 1.7 万元提高到 2020 年的 3 万元左右,年均增长 7.0%,让广大人民群众更好地共享振兴发展成果。

(三)发挥优势推动中部地区高质量崛起

中部地区包括山西、安徽、江西、河南、湖北、湖南六个省份,国土面积为 102.8 万平方千米,占全国陆地总面积的 10.7%,2020 年常住人口为 3.6 亿人,地区生产总值为 22.2 万亿元,分别占全国的 25.8% 和 22.0%。中部地区连南接北、承东启西,是我国重要的粮食生产基地、能源原材料基地、现代装备制造及高技术产业基地和综合交通运输枢纽,全国经济发展中处于非常重要的枢纽地位。促进中部地区崛起战略实施以来特别是党的十八大以来,中部地区发展速度明显加快,经济总量占全国的比重进一步提高,粮食生产基地、能源原材料基地、现代装备制造及高技术产业基地和综合交通运输枢纽地位更加巩固,科教实力显著增强,基础设施明显改善,社会事业全面发展,在国家经济社会发展中发挥了重要支撑作用。

一是推动经济实现中高速增长。"十三五"期间,中部地区总体经济实力稳步提升,发展质量和效益明显提高。2016~2020 年,中部地区生产总值从 160646 亿元提高到 222246 亿元，年均增长 8.6%，超过同期全国平均增速 2.8 个百分点，居"四大板块"首位，实现了从"跟跑"到"领跑"的转变，为支撑全国经济稳定增长做出重要贡献。

二是打造高能级创新平台。武汉、长沙、合肥跻身 2019 年世界区域创新集群百强，合肥综合性国家科学中心启动建设，武汉国家先进存储器产业创新中心和武汉信息光电子、株洲先进轨道交通装备、洛阳农机装备等一批国家制造业创新中心在中部地区布局，涌现出一批重大源头创新成果。创新要素加快集聚，一批优质科教创新资源落户中部，合肥综合性国家科学中心获批成为全国三大综合性国家科学中心之一，成功创建国家信息光电子创新中心、国家数字化设计与制造创新中心等一批国家级创新平台。

三是建设现代装备制造及高技术产业基地。高技术产业和战略性新兴产业增速保持在两位数，形成一批国家重要的能源基地、原材料深加工基地、装备制造业基地、战略性新兴产业基地。安徽智能语音、江西 LED 技术、河南智能终端、湖北光通信、湖南轨道交通等新兴产业加快发展，培育形成了一批产业基地和产业集群。承接产业转移示范园区建设进一步加快，皖江城市带、晋陕豫黄河金三角、湖北荆州、赣南、湘南湘西承接产业转移示范区和皖北承接产业转移集聚区借助中部地区承东启西、连南接北的优势地位，成为海内外投资者看好的投资热点地区之一。农业发展核心区的定位更加突出，粮食产量占全国的 30.1%，棉花、油料等农产品产量占全国的 37.5%，为保障全国粮食安全和农产品供给做出重大贡献。

四是构建中心引领、轴带支撑、圈群协同的城镇化格局。中部地区城镇化率由 2012 年的 46.3% 上升至 2019 年的 56.8%。武汉、郑州国家中心城市和长沙、合肥、南昌、太原等区域中心城市辐射带动能力显著增强，一批节点城市和中小城市培育壮大。城市群和都市圈加快建设，长江中游、中原城市群等在基础设施互联互通、公共服务共享方面合作深化，皖江城市带、太原城市圈加快发展。"三纵四横"轴带成为支撑中部地区全面崛起的"主骨架"，沿长江、京广、陇海、京九经济带的人口、产业、城市布局趋于协调，沿沪昆、大湛、石太—太中银等新兴经济轴带实力进一步壮大。

五是打造我国对外贸易的重要增长点和支撑点。2012～2020 年，中部地区对外贸易总额年均增速高于全国平均水平，2020年进出口额达到3872.7亿美元，占全国比重提高到8.3%，实际吸收外资增长到79.4亿美元，逐渐成为我国对外贸易的重要增长点和支撑点。中国（河南）、中国（湖北）自由贸易试验区、郑州航空港经济综合实验区、长沙临空经济示范区以及跨境电子商务综合试验区等高水平开放平台加快布局建设，中欧班列开行数量快速增长，质量效益明显提高。

（四）创新引领推动东部地区率先迈上新台阶

东部地区包括北京市、河北省、天津市、山东省、江苏省、上海市、浙江省、福建省、广东省、海南省10个省份，国土面积为91.6万平方千米，占全国陆地面积的9.5%，2020年常住人口为5.6亿人，地区生产总值为52.6万亿元，分别占全国的40.0%和51.9%。东部地区改革开放历程早，经济发展水平高、创新要素集聚、制造业先进，是我国经济发展的"发动机"和"稳定器"。党的十八大以来，东部地区在经济发展动力转换、新型产业结构构建、开放型经济发展、空间发展格局变化等方面，率先取得了显著成效，对全国和中西部、东北地区的引领作用进一步显现。

一是率先推进创新驱动发展。随着新一轮科技革命和产业变革的深入推进和劳动力、能源资源要素价格的不断走高，东部地区率先加快了经济增长方式的转型步伐，通过加大科技创新投入、集聚科技创新资源，推动产学研协同创新等方式，加快创新驱动发展步伐，不断夯实经济高质量发展的基础。率先建成一批双一流大学，打造了长三角"G60"科创走廊、"广州—深圳—香港—澳门"科技创新走廊等具有全球竞争力的创新发展带，逐步构建起以企业为主体、市场为导向、产学研用相结合的创新体系，推动科技创新体制机制改革，激发创新创造活力。2019年东部科学研究与试验发展（R&D）投入规模达到12878.1亿元，投资强度为2.52%，较全国水平高0.27个百分点，远高于中部、东北、西部地区的1.78%、1.60%和1.39%。

二是率先建设现代产业体系。东部地区通过"淘汰落后产能"等举措，加快低附加值产业转移退出，在构建以先进制造业、高技术制造业和生产性服务业为主体的新型产业结构方面走在了全国前列。经济服务化趋势向稳，2020年东部地区服务业增加值占国内生产总值（GDP）比重为57.5%，较2006年上升14.9个百分点，服务业已成为东部地区的第一大产业。制造业高质量发展成效显著，东部地区的战略性新兴产业、先进制造业和高新技术产业在工业产业中的比重提升明显，极大促进了产业结构的合理化和高级化。数字经济、跨境电商、智能产业等新经济新产业新业态新模式处于领跑地位，形成了产业竞争新优势。

三是率先推进高水平开放。东部地区一直是我国对外开放的前沿，开放水平和开放力度均明显领先于中西部内陆地区。2020年东部地区进出口总额占全国的比重虽有回落但依然保持在80%左右。在制度型开放方面，东部10个省份实现了自由贸易试验区全覆盖，中国（上海）自由贸易试验区临港新片区、北京服务业扩大开放综合示范区、前海深港现代服务业合作区、横琴粤澳深度合作区等成为制度型开放新高地，在制度集成创新、投资贸易便利化自由化、营商环境国际化法治化等方面的大胆探索为其他地区迈向更高水平开放提供有益的经验借鉴。

从重点地区来看，京津冀协同发展持续深化，长三角一体化高标准推进、粤港澳大湾区建设成效显著，三大动力源的引擎带动功能充分发挥，对全国科技创新、产业发展、改革开放的助推作用不断加强。山东新旧动能转换加快推进，新旧动能转换先行区建设开局良好。福建21世纪海上丝绸之路核心区加快建设，成为深化我国与东盟等海上丝绸之路共建国家和地区区域合作的重要支点。

（五）四大板块发展平衡性协调性明显增强

区域发展相对差距逐步缩小。2020年，中部和西部地区生产总值分别为22.2万亿元、21.3万亿元，较2012年增加10.6万亿元、9.9万亿元，占全国的比重由2012年的20.2%、19.8%提高到2020年的22.0%、21.1%。中、西部地区经济增速连续多年高于东部地区。东部与中、西部人均地区生产总值差距不断缩小。

基本公共服务均等化水平不断提高。各地义务教育资源基本均衡，控辍保学实现动态清零，东、中、西部地区义务教育生师比基本持平，生均用房面积差距明显缩小。基本医疗保障实现全覆盖，中、西部地区每千人口医疗卫生机构床位数超过东部地区。参加城乡居民基本养老保险人数超过5.4亿人，参加基本医疗保险人数超过13.6亿人。

基础设施通达均衡程度明显改善。中西部地区铁路营业总里程达到9万千米，占全国比重近60%，交通可达性与东部差距明显缩小；西部地区在建高速公路、国省干线公路规模超过东、中部总和，有的省份已实现各县通高速。航空运输服务已覆盖全国92%的地级行政单元和88%的人口。西气东输、西电东送等一批重大能源基础设施相继竣工，最后一批无电人口用电问题得到有效解决。西部农村边远地区信息网络覆盖水平进一步提高。

人民生活水平跃上新台阶。东部、东北、中部与西部地区居民人均可支配收入比分别从2012年的1.7、1.29、1.1下降至2020年的1.63、1.12、1.07。中、西部地区人均社会消费品零售总额增速快于东部地区，东部产业持续向中西部转移，中西部地区就业机会和吸引力不断增加，农民工跨省迁移数量明显减少。

二、四大区域板块在推进共同富裕中具有基础性地位

（一）从我国自然地理格局看四大区域板块在推进共同富裕中的基础性

我国幅员辽阔，但区域分异明显，山地多、平地少，约60%的陆地国土面积为山地和高原，适宜工业化城镇化开发的平原面积少，而且我国是典型的大陆性季风气候，东南部区域降水多，西北部区域降水少，我国高原高寒、戈壁沙漠等自然条件严酷的区域主要分布在西部区域，而平原盆地、低山丘陵主要分布在东部区域，自然地理的巨大区域分异使我国人口和经济活

动大部分集中在资源环境承载力较高的胡焕庸线（400毫米降水线）东侧区域，这是造成我国区域发展不平衡的重要自然基础。四大区域板块的划分一定程度上兼顾了自然地理条件的分异，如西部地区省份大多位于胡焕庸线以西，均为山地多、平原少、人口规模相对偏少的区域，东部地区均位于东部沿海，地形平坦，资源环境承载力较高，人口密集，中部地区位于我国内陆中心，连南接北、承东启西，是全国交通要地、客货集散地和中转中心。缩小区域差距，推动共同富裕，有些因素是可以改变的，而有些因素，特别是自然地理条件等较长一段时期内是无法改变的，对此，要有清醒认识，要尊重客观规律，适应自然规律、经济规律，切忌脱离实际盲目追求区域间经济发展上的绝对平衡。

（二）从区域发展差距看四大区域板块的长期性

尽管随着区域经济政策的不断完善、区域协调机制的不断健全，我国区域社会经济增长格局产生了明显变化，特别是中部地区发展势头好，崛起速度快，近十年中部地区年均经济增速位于四大板块之首，占全国经济比重提高0.8个百分点。但受区位和资源禀赋差异等因素影响，区域发展不平衡问题始终存在，东西差距仍然存在，中、西部与东部地区之间在经济规模、发展水平、创新活力、对外开放等关键方面的差距仍然较大。从经济规模来看，2020年东部地区经济总量分别是西部、中部地区的2.42倍和2.33倍；从发展水平来看，东部地区的人均GDP已接近高收入国家，2020年东部地区的人均GDP达到9.32万元，而西部地区仅为5.59万元，最低的东北地区仅为5.15万元；从居民收入来看，东部地区居民人均可支配收入水平是西部、中部地区的1.62倍和1.46倍；从创新活力来看，东部地区牢牢把握我国创新策源地的地位，企业创新研发投入规模优势持续扩大；从对外开放水平来看，中部、西部地区货物进出口额增长迅速，但总额规模与东部地区差距仍呈现扩大态势。因此，东、西部差距仍然是我国区域发展不平衡问题的主要方面，缩小东、西部差距仍有较长的路要走，必须持之以恒、久久为功，以四大板块为基础推动区域协调发展不断深化，逐步实现区域共同富裕。

（三）从区域发展功能定位看四大区域板块的合理性

在推进共同富裕进程中，东、中、西部和东北地区分别发挥差异化功能。东部地区是我国经济最发达的区域板块，2020年东部地区生产总值达52.58万亿元，占国内生产总值的一半以上，人均地区生产总值是中部、西部、东北的1.6倍、1.7倍、2.0倍，是我国经济的"压舱石"、转型发展的"排头兵"，改革开放的"试验田"，在共同富裕建设中，东部地区既要走好"富裕路"，持续做大财富"蛋糕"基本盘，更要走好"共同路"，努力缩小内部发展差距和带动中、西部地区走向共同富裕。中部地区具有承东启西、连南接北的区位优势和资源要素丰富、市场潜力巨大、文化底蕴深厚等比较优势，最有条件率先缩小与东部地区的发展差距，是推进区域共同富裕的中坚力量。西部地区国土面积广阔，其中较多位于胡焕庸线西北半壁，维护生态安全、边疆安全的地位突出，同时人口经济承载能力较低，经济社会发展相对滞后，通过自身努力推进共同富裕的难度较大，需要国家和发达地区倾斜支持和帮扶。东北地区是我国重要的工业和农业基地，维护国家国防安全、粮食安全、生态安全、能源安全、产业安全的战略地位十分重要，是推进共同富裕的"稳定器"。

三、发挥东部地区率先发展对共同富裕的牵引示范作用

东部地区要继续发挥高质量发展引力场、现代化建设"排头兵"作用，持续做大做优财富"蛋糕"，同时缩小区域内部差距，增强可持续发展动力，增强对中西部地区辐射和示范带动作用，率先实现共同富裕。

（一）持续提升人口经济集聚和承载能力

通过创造高质量就业岗位，营造高成长创业环境，打造高品质生活环境，吸引中西部地区人口持续向东部地区集聚，使更多人口更好地参与创造社会财富和共享社会财富。强化创新驱动发展，促进动力源地区的科技创新成果广泛应用，不断催生培育经济新动能，重塑制造业竞争优势，提升现代服务业层次水平，推进产业基础高级化和产业链现代化，不断提升财富创造能力和质量。

（二）持续缩小区域内部发展差距

聚力缩小东部地区内部的南北差距。推动京津冀协同发展开新局出新绩，加快破除体制机制障碍，促进京、津等高能级城市势能加速释放，持续增强对冀、鲁等环渤海地区的辐射带动能力。加快缩小东部地区相邻省（区、市）发展差距。促进跨省域城市群、都市圈区域一体化、同城化发展，加速要素双向流动扩散，增强发展协同性；促进省际交界毗邻地区合作发展，推动共建一批省际交界区域性中心城市和承接产业转移基地，推动东部发达省经济向邻省延伸拓展。增强省域内部发展平衡性。加快海南中部、广东粤西粤北地区、闽西地区、浙江金衢丽温地区、江苏苏北地区、鲁西南地区、冀南冀北等地区高质量发展，因地制宜建设省域副中心城市、区域性中心城市，打造服务省内或周边的交通物流枢纽，农产品供应、生态产品服务基地，不断提升省域发展平衡性协调性。

（三）持续增强对中西部地区的引领带动作用

在科技创新上做引领。发挥东部地区科技创新策源优势，加快适用科学技术创新成果在中、西部地区的转移转化和产业化，服务提升中、西部地区产业发展能力。在制度创新上做引领，发挥东部地区改革先行，经济开放水平高的优势，推动东部地区先行示范的相关经验做法，改革试点的相对成熟政策加快向中、西部地区复制推广。在产业发展上发挥带动作用。支持东部地区在产业转型升级中主动加强与中、西部地区合作，引导产业溢出合理有序向中、西部地区转移。在人才资金上发挥帮扶作用。鼓励东部地区发挥人才资金优势，加大对中西部地区投资，加强人才干部挂职交流，设立专门服务中、西部地区发展的人才资源平台并提供柔性人才支援服务。

四、发挥中部高质量崛起对推进区域共同富裕的接续"扩中"作用

中部地区要发挥毗邻东部发达地区、资源禀赋良好、以制造业为主的实体经济基础扎实等优势条件，以东中一体发展为路径，以实体经济为根基、以农业农村为重点补短板，加快高质量崛起步伐，接力推进共同富裕。

（一）以"东中一体"发展促进共同富裕

对接融入三大动力源区域发展，支持山西融入京津冀协同发展，安徽加快推进长三角区域一体化发展，江西融入粤港澳大湾区建设，打造动力源区域经济向外辐射的桥头堡，提升区域发展位势。加强流域经济合作，支持山东、河南共同打造黄河流域高质量发展先行区，提升对黄河流域的引领带动作用；支持江苏、安徽、河南共建淮河生态经济带，共同打造淮河流域中、东部合作发展先行区；支持长江中游城市群强化与长三角地区的联动发展，打造东、中区域协调发展新样板。

（二）以扎根实体经济促进共同富裕

大力推进承接产业转移示范区建设，积极承接东部地区新兴产业优化布局和传统产业有序转移，支持与东部地区共建产业转移合作园区。加强电子

信息、装备制造、新能源、新材料等重点产业集群（基地）建设，推进煤炭、化工、冶金、建材、轻纺、食品等传统产业向智能化、绿色化、服务化发展。加强制造业专精特新企业培育发展，营造企业扎根实体经济深挖精研，创新发展的产业发展环境。加大产业技术工人培养供给，推动普职融通、产教融合发展，持续为制造业输送大批优秀人才。合理提高产业技术工人工资水平，加强产业技术工人公共服务保障，营造职业平等的社会氛围。

（三）以农业农村现代化推进共同富裕

推动农业现代化发展。大力发展粮食生产，确保粮食种植面积和产量保持稳定，加强高标准农田建设，加强种质资源保护、利用和研发，推进农业种植机械化智慧化、农业产业链绿色化标准化，持续提升农业质量效益。加快农村一二三产业融合发展，培育农民合作社、家庭农场等新兴农业经营主体，培育高素质农民，壮大农村集体经济，促进农民增收致富。加强农村基础设施建设，增强基本公共服务提供保障能力，改善农村人居环境，建设居民安居乐业，生产生活兴旺的美丽乡村。

五、发挥西部大开发对共同富裕的提低促稳筑屏作用

西部地区在推进共同富裕中难度较大，要紧紧围绕大保护、大开放、大安全，着力发展特色生态经济，激活开放优势，巩固边疆安全，维护民族团结，实现特色化发展，同时，为推进共同富裕提供安全稳定环境。

（一）推进生态环境保护治理和价值转化，探索共同富裕的绿色发展路径

坚持生态优先，绿色发展，保障好长江、黄河上游生态安全，保护好冰川、湿地、森林、草原等生态资源，推进生态环境治理修复，实施好国家重

点生态工程，开展水土气综合治理，不断提升生态环境质量，筑牢国家生态安全屏障。促进生态产品价值转化，支持西部地区大力发展生态旅游、新能源和节能环保、健康养生、绿色金融等产业，壮大生态绿色产业规模。国家加大对西部地区的生态保护补偿转移支付，流域下游中、东部省（市）通过流域横向生态补偿等机制加强对西部地区的帮扶支持。

（二）拓展外向型经济发展新空间，增强西部地区发展动力活力

激发内陆沿边开放新优势，以中欧班列和西部陆海新通道建设为契机，积极发展枢纽经济、口岸经济、通道经济，带动资源要素更多流入西部地区，增强成渝地区双城经济圈、关中平原城市群、北部湾城市群和天山北坡城市群等西部优势地区的开发开放能级，带动新亚欧大陆桥、西部陆海新通道沿线地区产品和服务加快"走出去"拓展国际市场，不断提升西部地区经济发展的内生动力活力，为西部地区社会民生发展提供一定的物质保障。

（三）维护边疆安全民族团结，为推进共同富裕提供安全稳定环境

统筹发展与安全两件大事，更好发挥西部地区国家安全屏障作用。增强边境地区人口和经济支撑力，加强西部人口稀少边境地区的抵边村镇建设，促进人口适度集中和抵边居住。完善边境基础设施建设，提升公共服务保障水平，改善边民生产生活条件。加强技防、物防、人防设施建设，提升边防安全保障能力。巩固和发展平等、团结、互助、和谐的社会主义民族关系，促进各民族共同团结奋斗和共同繁荣发展。深入推进立体化社会治安防控，构建坚实可靠的社会安全体系。

（四）加大帮扶支持力度，确保西部地区在推进共同富裕中"跟上队"

鼓励西南西北区域板块合作互动发展，加快扭转西北地区经济社会发展严重滞后局面。在西部地区选择一批经济社会发展滞后的欠发达地市，加大财政转移支付力度，强化东西协作、对口支援、对口协作等的帮扶支持。加大对西部地区乡村振兴重点帮扶县的政策倾斜，支持巩固拓展脱贫攻坚成果，实现与全面推动乡村振兴战略的有效衔接。促进低收入群体增收致富，在低收入人口较多区域积极发展劳动密集型产业，与东、中、部地区加强劳务输转合作，不断提高居民收入水平。率先推进西部地区省级以下财政平衡，增强欠发达地区基本公共服务财政保障能力，完善社会兜底保障体系，确保各地区、各群体在实现共同富裕过程中"跟上队"。

六、发挥东北振兴对实现共同富裕的安全保障作用

坚持扬长避短、扬长克短、扬长补短，发挥东北地区比较优势，提升维护国家国防安全、粮食安全、生态安全、能源安全、产业安全等重要功能，推动东北振兴取得新突破，为推进共同富裕提供安全保障。

（一）打造保障国家粮食安全"压舱石"

以三江平原、松嫩平原、辽河平原等农产品主产区为主体，加强粮食生产功能区和重要农产品生产保护区保护建设，推动建设国家战略性粮食生产基地。加强高标准农田建设，加快盐碱地土壤改造。建立黑土地消耗补偿长效机制，实施黑土地保护示范项目。畅通"北粮南运"大通道，完善哈尔滨、长春、通辽等国家粮食交易中心功能，构建完善粮食生产、储备、流通及粮食应急保障能力体系。全面落实强农惠农政策，保障农民种粮收入。完善均衡性转移支付机制，健全粮食主产区利益补偿机制，逐步提高产粮大县人均财力保障水平。

（二）筑牢北方生态安全屏障

科学划定森林、草原、湿地、耕地、海洋等各类生态红线，严格落实管制要求，坚守自然生态安全边界。以大小兴安岭和长白山重点森林生态功能区、沿海防护林带为主体，加强沿海沿边森林生态保护修复。支持设立东北虎豹等一批国家公园，大兴安岭国家森林公园、长白山国家公园。以三江平原、松嫩平原等重要湿地分布区域为主体，兴凯湖、向海、洪河、扎龙等重点湿地生态保护区及周边区域为重点，设立三江平原国家湿地公园，加强湿地保护修复。推进科尔沁、呼伦贝尔退化草原、沙地综合治理工程。积极开展生态产品价值转化试点。支持发展绿色金融，建设全国碳汇交易中心。支持建设大小兴安岭生态价值转换试验区。

（三）提升能源安全保障能力

加大煤炭资源地质勘察找矿力度，增加煤炭接续资源储备。支持黑龙江、吉林西部、辽西北、蒙东等地区建设一批大型风电基地、新能源基地和其他可再生能源基地，打造一批天然气化工产业园和全产业链基地，实施一批低成本制氢项目。安全发展核电工程，建设红沿河核电二期工程、徐大堡核电一期和二期工程、庄河核电一期工程。推进跨省特高压外送通道建设和省域骨干网架建设，推进分布式能源网络、新能源微电网、终端电源点建设，促进电力供需动态平衡。加强与俄罗斯等油气、煤炭资源国家的能源合作。持续提升重大能源装备的研发、制造能力和水平。

（四）稳定东北边境人口

加强东北边境城市和村镇建设，提升城镇功能和综合承载力，打造边民安居乐业的美好家园，留住和吸引人口、产业集聚。提高基本公共服务统筹层次，加大东北边境地区的民生兜底保障力度，实现应保尽保、兜底救助，建设全面覆盖、更加公平、可持续的社会保障制度，让边民有更多获得感、共享发展成果。农业是东北边境边民就业的主要形式，是边民增收致富的根基、底盘。应巩固农业基础优势，大力发展特色种植业、特色林果业、绿色畜牧业、特色渔业，建设一批绿色化、标准化、规模化优质农林牧渔产品生产基地，培育一批农业龙头企业、家庭农牧场等新型经营主体，打造一批区域特色明显、市场知名度高、发展潜力大、带动能力强的绿色农林牧渔产品区域公用品牌，加快发展农副产品加工、中药材加工、乳品加工、皮制品加工等出口加工业，拓展韩国、日本、俄罗斯、蒙古国等周边国家农产品市场，不断提升农业产业化发展水平，提高农业质量效益，促进边民增收致富。工业是吸纳边境剩余劳动力，促进边民增收致富的重要支撑。应依托东北老工业基地的工业基础，更好地发挥"边"的优势，因地制宜地在边境地区布局发展出口加工业，拓展工业就业规模。做强边贸物流、边境旅游等特色服务业，拓展提升就业渠道和层次。

（五）维护国家重大产业安全

支持东北地区打造具有国际竞争力的先进装备制造基地和重大技术装备战略基地，重点发展轨道交通装备、航空装备制造、海洋工程装备、能源装备、机器人和智能制造装备、农机装备、精密仪器与装备和"专精特新"装备等重大装备产品。支持推进资源精深加工，改造提升煤化工、钢铁和有色金属冶金、石油化工、建材、精细化工等资源加工产业，建设国家新型原材料基地。围绕汽车轻量化、电动化、智能化发展方向，推动整车、零部件互动发展，提高本地配套率，打造具有国际竞争力的汽车产业综合基地。积极发展农产品加工业，聚焦初加工、主食加工、精深加工、副产物综合利用等领域，构建从农田到餐桌全链条现代食品工业链条，建设全国重要的绿色农产品加工基地。积极促进"军转民""民参军"，大力发展航空航天装备及配套、船舶及海洋工程配套、小卫星制造和卫星应用、军民两用材料及制品等重点产业，提升高科技企业和产品技术服务军队备战打仗能力。

七、通过区域互助探索先富帮后富机制

东西部协作、对口支援、对口协作（合作）等区域互助合作方式是在我国政治环境中产生的政策工具，起初主要面向扶贫开发等。开启现代化新征程后，推动共同富裕成为后脱贫时代工作的核心之一，国家仍需要对相对贫困地区或者欠发达地区给予政策扶持，塑造先富帮后富新格局，促进区域高质量协调发展。

（一）通过东、西部协作推动共同富裕

创新帮扶机制，在发挥政府在东、西部协作中主导作用、明确协作关系的同时，强化产业合作和劳务协作，积极引导社会力量广泛参与，为东、西部协作注入新活力。支持东西部地区国有企业加强合作，开展协作合作项目，提高西部地区国有企业自生能力。鼓励东部地区民营企业拓宽业务范围、拓展经营空间，发挥技术和灵活性优势，把更多资源转向西部地区。依托互联网搭建东、西部选才用才平台，强化协作双方党政干部和专业技术人员交流，推动人才技术向西部地区流动。健全东、西部地区劳务输出的精准对接机制，实现西部地区低收入人口跨区域有效就业。

（二）通过对口支援推动共同富裕

聚焦新疆、西藏和青海、四川、云南、甘肃四省藏区，推动对口支援向更深层次、更高质量、更可持续方向发展，促进民族交往交流交融。进一步完善和规范对口支援规划的编制实施和评估调整机制，加强资金和项目管理，科学开展绩效综合考核评价。探索建立异地转移安置机制，通过对受援地区剩余劳动力的定向定岗精准培训，吸纳受援地区人口到援助地区落户，实现受援地区人口持续稳定"走出来"。研究设立专项奖励资金，根据实际

吸纳人口规模及基本公共服务提供情况给予资金支持。

（三）通过对口协作（合作）推动共同富裕

针对转型升级困难地区，创新构建政府、企业和社会力量共同参与的对口协作（合作）体系。强化东北三省与京津冀、长三角、粤港澳大湾区等战略联动，支持北京依托北京技术、人才优势在东北地区建立科技成果转移转化基地，支持上海、广州、深圳依托经营、管理优势，与东北三省加强产业园区合作，实现利益共享。继续协助南水北调中线工程水源区在水质保护、产业转型、民生保障等方面取得新突破，促进水源区绿色发展。继续对口支援三峡库区，提高库区生态农业、旅游业、商贸物流业等产业发展水平，提升库区基本公共服务供给能力，保障库区社会和谐稳定。

主要参考文献

［1］魏后凯，年猛，李玏."十四五"时期中国区域发展战略与政策［J］.中国工业经济，2020（5）：5-22.

［2］肖金成，安树伟.从区域非均衡发展到区域协调发展——中国区域发展40年［J］.区域经济评论，2019（1）：13-24.

［3］孙久文.区域协调发展与全面建成小康社会和全面建设社会主义现代化国家［J］.党的文献，2021（1）：18-25.

［4］周毅仁.加强完善宏观管理 促进区域协调发展［J］.宏观经济管理，2014（1）：26-27.

［5］贾若祥.如何在新时代推进西部大开发加快形成新格局［J］.中国发展观察，2019（8）：5-8.

［6］林丽钦.促进区域协调发展的财税利益分享机制研究［D］.济南：山东大学，2020.

［7］董雪兵.以更平衡更充分的区域协调发展推动共同富裕［J］.国家治理，2021（30）：19-22.

［8］周毅仁.加快构建更加有效的区域协调发展新机制［J］.中国经贸

导刊（中），2020（7）：7-10.

  [9] 高国力. 新时代背景下我国实施区域协调发展战略的重大问题研究［J］. 国家行政学院学报，2018（3）：109-115，156.

  [10] 贾若祥，张燕，王继源，等. 我国实施区域协调发展战略的总体思路［J］. 中国发展观察，2019（9）：24-27.

专题报告三

以省际交界地区为重点缩小区域发展差距促进共同富裕研究

窦红涛

内容提要：省际交界地区大多处在各省经济体系外围和末梢，远离国家各层级"经济中心"，欠发达性持久且深刻，是缩小区域差距、推进共同富裕的重点难点区域。同时，省际交界地区在畅通要素的区域流通、维护生态安全、粮食安全等方面发挥重要作用，为推进共同富裕提供基本保障。要深刻认识省际交界地区在缩小区域差距、促进共同富裕中的重要地位作用，加快补齐区域基础设施、公共服务短板，发挥"省际交界"的区域比较优势，促进跨省协同互动，强化省内协作融入，不断提升省际交界地区发展水平，提高区域发展平衡性协调性，促进共同富裕。

一、省际交界地区的概念及范围

省际交界地区是区域发展中比较特殊的一类区域，因其处于省际交界而呈现明显的边缘性。阐明省际交界地区概念，科学识别省际交界地区范围，是推动省际交界地区发展的重要基础性工作。

（一）省际交界地区概念

"交界"是指"相连的地区有共同的边界"，省际交界地区是两个及以上的省级行政区在交界处所构成的特定地理空间,空间形态通常表现为窄带型区域,在省界相对密集、省域形态相对狭长或行政区单元面积较广阔的区域,也可能构成"块状区域"。我国34个省级行政区共有88条陆地分界线(交会点断开),沿分界线两侧分布的地区可称为省际交界地区。

(二) 省际交界地区空间范围

省际交界处的县域是省际交界地区的基本空间单元,边缘特征明显。以县域为单元,我国省际交界地区共包括887个县(区、市、旗),面积共计445.35万平方千米,约占我国陆地面积的46.40%。其中,属于2省交界地区的县域单元有749个,面积344.06万平方千米,属于3省交界地区的县域单元有131个,面积73.79万平方千米,属于4省交界地区的县域单元有7个,面积27.50万平方千米,分别占省际交界地区数量的84.45%、14.76%和0.79%,面积的77.26%、16.57%和6.17%。

二、省际交界地区发展特征和问题

省际交界地区地理区位特殊,功能地位重要,同时发展相对滞后,客观审视其发展特征和存在问题,是谋划省际交界地区跨越发展思路的重要前提。

(一) 客观存在地理阻隔,区位偏远交通闭塞

我国古代将"山川行便、犬牙相入"作为行政区划的主要原则,流传千古的"州郡有时而更,山川千古不易"就是说山川是行政区划的基础。至今,我国的行政区划虽经不断调整完善,但仍保持这一特点。特别是省际交界大多处于大江大河天堑或高山大川阻隔地带,自古以来受自然地理分割影响严重,属于"难进难出"区域,与平原地区的经济往来、人文交流相

对较少，形成了相对闭塞、独立的经济和文化单元。中华人民共和国成立至今，我国持续推进跨区域重大基础设施的布局建设，省际交界地区的交通区位条件得到明显改善，与中心城市时空距离大幅压缩。但与省域其他地区相比，仍是省域内区位较为偏远，交通发展明显滞后的区域，对外交通不便、城乡衔接不畅、运输通道偏少且建设标准较低，服务水平落后。西部的省际交界地区交通基础设施建设更是不足，省际交界地区短缺的交通基础设施供给和远离中心城市的区位条件严重限制了省际交界地区经济发展。

（二）处于省域经济末梢，发展水平长期滞后

对于省域经济来说，省会城市及其周边地区是发展战略的重点区或核心区，而广泛的省际交界区大多处在各省经济体系外围和末梢，远离国家各层级"经济中心"，是经济发展中最容易被忽视和被边缘化的区域。经济社会发展的长期滞后使省际交界地区的"欠发达性"持久且深刻。特别是受行政区经济等的限制影响，省际交界地区并不能有效发挥省际合作前沿地带优势，而且通常形成互相分割的状态，引发资源环境相争、产业结构重叠等一系列问题。2020年省际交界地区常住人口约为3.92亿人，GDP约为21.11万亿元，人均GDP为5.39万元，仅为全国平均水平的3/4，是我国区域发展不平衡不充分的集中体现，是促进区域协调发展的突出短板和薄弱环节，也是推动共同富裕的重点难点区域。

（三）行政区经济尚未打破，省际合作亟待加强

近年来，省际交界地区合作发展取得了较好成效，但也存在一些需要解决的问题。一是受行政区经济等的影响，省际交界地区生产要素的跨省流动存在诸多障碍，区域经济一体化发展受到限制；二是生态环境跨区域联防联控机制尚未真正形成，重大环境污染问题在省际交界地区时有发生，跨省域环境违法行为频发；三是资源的无序开发和产业的低水平重复建设仍较为突出，产业结构趋同，很多产业合作项目停留在"会议合作""口号合作"层

面;四是跨省合作的机制和平台相对欠缺,规划层面相互之间缺乏统筹衔接和整体谋划,执行层面对话、协商、联席会议等协调机制相对松散,平台抓手方面缺乏标志性合作载体,合作共建的园区数量少、级别低,缺乏政策统筹,在制度保障方面深层次的利益共享机制有待建立完善。

(四)生态、农业地位突出,安全保障功能重要

省际交界地区大多处于大江大河天堑或高山大川阻隔地带,多属于国家重点生态功能区,具有涵养水源、防风固沙、保持水土、维护生物多样性等重要生态功能,发挥生态屏障作用,对维护国家生态安全具有重要地位,如黑蒙交界地区部分属于大小兴安岭森林生态功能区,鄂豫皖交界地区部分属于大别山水土保持生态功能区,甘青交界地区部分属于祁连山冰川与水源涵养生态功能区,赣湘粤桂部分省际交界地区属于南岭山地森林及生物多样性生态功能区等。部分省际交界地区处于粮食生产功能区或重要农产品生产保护区,对于保障粮食安全具有重要地位,如东北平原、黄淮海平原、长江中下游平原、汾渭平原等农产品主产区的部分省际交界地区粮食生产功能突出。总的来看,60%以上的省际交界地区具有保障国家生态安全、粮食安全的重要功能,其中数量的38%、面积的61%生态安全屏障功能突出,数量的23.9%、面积的9.4%维护粮食安全功能突出(见表3-1)。

表3-1　　　　不同类型省际交界地区基本情况统计

功能分类	县级单元 数量(个)	占比(%)	面积 总量(万平方千米)	占比(%)	人口 总量(万人)	占比(%)	GDP 总量(万亿元)	占比(%)
生态安全屏障型	337	38.0	271.8	61.0	8599.9	21.9	3.2	15.1
粮食安全保障型	212	23.9	41.8	9.4	12785.1	32.6	5.8	27.4
合计	549	61.9	313.6	70.4	21385	54.5	9	42.5

三、以省际交界地区为重点缩小区域发展差距促进共同富裕的战略思路

以习近平新时代中国特色社会主义思想为指导,全面贯彻党的二十大精神,立足新发展阶段,贯彻新发展理念,构建新发展格局,因地制宜推动省际交界地区合作发展,不断打破区域壁垒和行政分割,增强省际交界地区在新发展格局中的战略位势,增强省际交界地区维护国家生态安全、粮食安全等特殊功能,为缩小区域差距,推动共同富裕提供基本保障。

(一) 战略思路

一是突出省际交界地区的跨省合作前沿地位,推动省际交界地区更好地服务和融入新发展格局。省际交界地区最大的特点是"交界",最大的潜力是"省际合作",但受行政区经济等的限制影响,省际交界地区的"交界"优势长期得不到有效发挥,发展不平衡不充分问题仍然突出,政策标准不统一、合作机制不健全等制约因素依然存在,已成为促进我国区域协调发展的突出短板和薄弱环节。通过促进省际交界地区合作发展,将省际交界地区由原来的要素流动的堵点打造成为畅通要素流动的通道甚至是枢纽,从全国层面打通国内循环的堵点,贯通生产、流通、分配、消费各环节,进一步畅通国内大循环,并以强大国内市场为依托,使省际交界地区更好地服务和融入以国内大循环为主体、国内国际双循环相互促进的新发展格局,在循环中重塑区域发展新优势,形成合作发展新局面。

二是突出省际交界地区生态、农业以及能源资源等的优势地位,更好地统筹发展与安全,为推进共同富裕提供基础保障。如果粮食安全、生态安全、能源资源安全无法得到有效保障,共同富裕就无从谈起。大部分省际交界地区是生态地区、农业地区,部分省际交界地区能源资源富集,要进一步突出省际交界地区粮食安全、生态安全、能源资源安全的保障功能,支持省

际交界地区生态保护修复、高标准农田建设和能源资源可持续开发利用。

三是突出城镇和产业建设发展的带动作用，为缩小省际交界地区与其他区域差距、促进共同富裕提供强劲动力。省际交界地区发展普遍比较落后，居民收入水平普遍偏低。要在有条件的省际交界地区培育打造一批具有较强经济支撑功能的区域性中心城市和重点产业园区，带动省际交界地区高质量发展，不断改善民生福祉，不断提高发展的平衡性和协调性，增强人民群众的获得感、幸福感、安全感，扎实推动共同富裕。

（二）战略原则

一是坚持问题导向和目标导向相结合。要逐步化解行政分割、联通不畅、低效竞争等关键瓶颈和突出问题，完善省际合作发展机制。瞄准省际交界地区现代化建设战略目标，充分发挥省际交界地区比较优势，通过更高水平的合作激发省际交界地区内生发展动力。

二是坚持自上而下和自下而上相结合。国家层面应加强对省际交界地区合作发展的顶层设计，地方政府应充分调动地方推动省际交界地区合作发展的主动性和积极性，形成"国家层面统筹指导、有条件积极推进"的工作推进机制。

三是坚持政府引导和市场主导相结合。要更好地发挥政府引导作用，建立健全跨省合作机制，加强跨行政区政策衔接。同时，尊重市场经济规律，充分调动市场主体积极性，提升相关领域合作事项的市场化和专业化水平。

四是坚持发挥优势和合作共赢相结合。要充分发挥生态地区、农业地区、城镇化地区等不同省际交界地区的比较优势，实现"1+1>2"的合作效益，加快构建优势互补高质量发展的区域经济布局，为省际交界地区高质量发展拓展新空间、注入新动力。

（三）战略路径

一是落实区域协调发展新要求。加强顶层设计，研究推动省际交界地区合作发展，明确和深化省际交界地区合作发展机制框架，支持晋陕豫黄河金三角、粤桂、湘赣、川渝等省际交界地区合作发展。补强省际交界地区发展短板，增强区域内互联互通能力，以促进教育、培训等为切入点，改善医疗、卫生等公共服务条件，提升省际交界地区人力资本存量，提高内生发展能力。

二是拓展经济发展新空间。促进省际交界地区中心城市发展，支持建设一批区域性中心城市，增强城市功能，提升对周边的辐射带动能力。培育一批有一定产业基础、支撑能力较强的中小城市，推动城乡融合发展，形成分工合作、协调发展的城镇体系。因地制宜发展生态农业、文化旅游、商贸物流等特色产业，增强对本地劳动力的吸纳能力。

三是探索生态优先绿色高质量发展新模式。建立完善区域间生态环境保护联防联控机制，实施系统治理、源头治理。完善跨省生态保护补偿机制，探索生态功能向生态经济发展延伸的新路径。合理利用交界地区的自然人文资源，避免无序开发和低水平重复建设，探索自然人文资源综合开发利用，构建合作共赢、互惠互利的绿色发展模式。

四是创新区域合作新机制。坚持资源共享、优势互补，在行政区划不变的情况下，通过构建合理的成本分担和利益共享机制，探索建立统一规划、统一管理、合作共建、利益共享，促进产业、人口及生产要素高效集聚和合理流动。加强省际交界地区城市间交流合作，建立健全跨省城市政府间联席会议制度，完善省际会商机制，鼓励建设一批合作发展示范区。

（四）战略目标

到2025年，初步建立促进省际交界地区合作发展的统一规划、统一管理、合作共建、利益共享的体制机制，基本破除影响省际交界地区发展的行政藩篱。省际交界地区经济发展速度不低于所在省份平均发展水平，与所在省份的平均发展水平差距进一步缩小。省际交界地区居民收入增长高于所在省份平均增长速度，与所在省份居民收入水平差距进一步缩小。省际交界地区的社会保障水平得到较大幅度提高，与所在省份社会保障水平的差距进一步缩小。

到 2035 年，建立比较完善的促进省际交界地区合作发展的体制机制，彻底消除影响省际交界地区合作发展的行政壁垒。省际交界地区与所在省份的发展差距、居民收入差距和社会保障差距缩小到合理区间，省际交界地区合作呈现高质量发展的新局面。

（五）战略载体

省际交界地区边缘性强，发展基础薄弱，提升发展能力必须注重发挥区域比较优势，促进区域间互补合作，协同发展，通过合作激发发展动能、提升发展势能、增强发展效能。要立足不同省际交界地区主体功能和特色优势，分类打造一批主体功能重要、带动效应明显的省际交界合作区。

对位于同一重要生态系统或流域的省际交界地区，支持承担重要生态功能、保障区域生态安全的若干毗邻县级行政单元，联合建设生态保护省际合作区，合作筑牢生态安全屏障，推进生态价值转化，打造生态富民惠民高地。

对农业生产条件较好、承担农产品供给安全保障功能的省际交界地区，支持农业空间相对集中连片、农产品具有较强竞争力的若干毗邻县级行政单元，联合建设以乡村振兴为主的省际合作区，大力发展现代农业产业，合力推进乡村振兴示范带建设，促进农业农村共同富裕。

对资源环境承载能力较强、人口和经济集聚条件较好、有一定产业基础以及经济联系较为密切的省际交界地区，支持建设产城协同主导型省际合作区，培育壮大区域性中心城市，辐射带动周边地区协同发展，优化产业分工布局，共建产业合作平台，支持承接国内产业转移，走以城促产、以产兴城、产城协同的发展道路，打造协同发展高质量发展的重要增长极，带动省际交界地区经济社会跨越式发展，加快缩小与其他区域发展差距，促进共同富裕。

四、加快生态产品价值转化，促进生态利民富民惠民

共同筑牢区域生态安全屏障，协同建立生态产品价值实现机制，共同探索生态优先绿色发展新路径。

（一）共筑区域生态安全屏障

理顺国家公园为主体的跨省自然保护地管理体系。加快整合归并优化各类跨省自然保护地，建立跨行政区共建共管的保护地管理体系，制定统一的自然保护地政策、制度和标准规范，建立统一调查监测体系，探索建立以生态产品价值为核心的考核评估体系，实行全过程全领域统一管理，推动国家公园管理体制改革落地落实。加强重要生态系统保护修复合作。依据生态系统重要性、整体性、完整性，推动生态保护省际合作区生态红线优化调整，加强重要生态空间科学保护，持续推进跨省重要生态系统共保共建。协同推动重点流域综合治理，促进跨行政区流域生态系统共同规划、共同建设，共同构筑综合生态廊带系统，共筑美丽岸线。推动环境协同治理。推动跨界水体环境协同治理和大气污染联防联控，提升重大生态环境风险跨省联合处置能力。加大省际交界地区重污染治理力度。对重大环境敏感性项目环评等规划环评实施区域会商。加强区域环境统一监测和执法联动。

（二）健全市场化多元化生态保护补偿机制

按照"谁开发谁保护、谁受益谁补偿"的基本原则，以流域横向生态补偿为重点，鼓励生态保护省际合作区加快建立横向生态保护补偿机制，支持开展对口协作、产业转移、人才培训等多元化生态补偿方式，促进受益地区与生态保护地区良性互动。共同推动实施适度生态移民搬迁，着力做好安置补偿工作。加快创新自然保护地特许经营利益分享模式，推动生态公益岗

位指标在跨省自然保护地的平衡协调。

(三) 整合提升活化区域生态资源和生态资产

鼓励生态保护省际合作区联合注册成立区域生态资源资产综合服务平台公司，对区域内的山、水、林、田、湖、草、古镇、古村、集体经营性用地、农村宅基地、闲置民居、废弃矿山、林业碳汇等目标资源资产的经营权、使用权开展收储、流转、运营、服务等，助力自然资源资产的可持续经营开发。充分发挥林业碳汇的规模效益，支持生态保护省际合作区共同开发林业碳汇项目，加强国家核证自愿减排量（CCER）项目储备，鼓励省内其他地区大型会议、赛事、论坛、展览、演出等活动优先购买生态保护省际合作区碳汇抵消碳排放。支持生态保护省际合作区建立水权收储机制，促进区域水权交易、取水权交易、灌溉用水户水权交易等。

(四) 创新生态产品经营开发模式

坚持"绿水青山就是金山银山"的理念，促进生态产品向下游生态产业链延伸，实现生态产品向生态经济转化。鼓励生态保护省际合作区在区域生态环境保护修复中共同探索前端生态修复与后端生态产品经营开发相结合的模式，提高社会资本参与的积极性。制定区域生态产品经营开发标准，探索人放天养、自繁自养等原生态种养模式。推动省际交界地区协同拓展生态产品产业链和价值链，形成分工明确、优势互补的区域生态产品产业集群。支持省际交界地区以共同守护的名山大川、湖泊水域作为特色和亮点，协同打造生态产品区域公用品牌，加强品牌管理和质量追溯体系建设，有效提升生态产品溢价价值。

五、激活农业农村优势，推进强农富农兴农

我国东中部地区大量省际交界地区属于农产品主产区，如黑吉交界、吉

辽交界处于东北平原农产品主产区、冀鲁豫皖交界处于黄淮海平原农产品主产区、湘鄂赣交界处于长江中下游平原、晋陕交界处于汾渭平原等，这些省际交界地区粮食生产功能突出，对于夯实共同富裕的粮食安全保障具有重要作用，推动乡村振兴的任务重，要着力强化农业农村现代化合作，加快推进高标准农田建设，共同推进农业科技攻关，加强农村制度改革探索，合力破解农业农村发展难题，激活农业农村优势，推动强农富农兴农。

（一）提升粮食和重要农产品供给保障能力

坚持严格的耕地保护制度和严格的节约用地制度，落实耕地保护措施，牢牢守住耕地红线，遏止耕地"非农化"、防止"非粮化"，稳住粮食种植面积、主攻单产、力争多增产。加强高标准农田建设，推进农田水利基础设施建设，提升农田配套设施水平，加强物流、仓储等配套设施建设，改善农业生产经营条件。推动农业适度规模化经营，引导资金、技术、劳动力等生产要素自由流动和集约高效利用。完善耕地保护利益补偿机制，稳定种粮农民补贴，提升农民种粮积极性。

（二）大力发展现代乡村产业

鼓励农业龙头企业在交界地区跨区域经营，开展统一招商、统一开发、统一建设，提高规模效应。加强农业特色优势产业合作，支持交界县（市、区）联合申报、共同建设一批现代农业产业园、农村产业融合发展示范园。支持交界地区加强区域性农产品产地市场、田头市场建设，联合举办展销会、推介会以及电子商务网上交易，加强农产品产销对接，保障市场供应，维护价格稳定。依托特色农产品，联合打造一批区域公用品牌、农业企业品牌和农产品品牌，共同推进特色农产品电商发展。联合开发休闲农业和乡村旅游精品线路，促进农业与休闲、旅游、康养、生态、文化、养老等产业深度融合，丰富乡村产业类型，提升乡村经济价值。选择脱贫县相对集中、产业基础好的交界地区，建设特色产业高质量发展引领区，推进全域规划、全链开发，打造脱贫地区典型样板。

（三）建设宜居宜业和美乡村

完善交界地区农村水电路网等基础设施建设，提升农村道路、供水、用电、网络、住房安全等重点领域基础设施发展水平，加快数字乡村建设，强化教育、医疗、养老、就业、文化、体育等基本公共服务供给保障，便捷农村居民生产生活，打造农民安居乐业的幸福和美乡村。支持省际交界地区推进全域土地综合整治，积极盘活存量集体建设用地，保障省际交界农民居住、乡村基础设施、公共服务空间和产业用地等需求。推进易地扶贫搬迁大中型集中安置区新型城镇化建设。支持交界地区创建美丽宜居村庄，实施统一规划、统一建设、统一管护，塑造乡村特色风貌，开展传统村落保护利用试点示范。联合开展农村人居环境整治提升行动，协同解决"垃圾围村"和乡村黑臭水体等突出环境问题。

（四）促进农民增收致富

建立健全农民收入持续增长机制，拓宽农民增收渠道。推动农业标准化、品牌化发展，推动农产品增值溢价。促进农民就业增收。加大对中小微企业稳岗倾斜力度，稳定农民工就业岗位。开展"万企兴万村"行动。大力发展县域经济、乡镇经济和农村集体经济，壮大农业产业化龙头企业、合作社等新型经营主体，培育一批家庭工场、手工作坊等，增加更多的农村就业岗位。在政府投资重点工程和农业农村基础设施建设项目中推广以工代赈，适当提高劳务报酬发放比例。促进农业经营增效。大力发展代耕代种、代管代收、烘干收储、全程托管等社会化服务，推动建设区域性综合服务平台，促进农业节本增效、提质增效、营销增效。引导土地经营权有序流转，发展农业适度规模经营。提高农民财产性收入。深入推进"农村资源变资产、资金变股金、农民变股东"改革，加快探索资源发包、物业出租、居间服务、资产参股等新型农村集体经济，进一步释放改革、政策红利，增加农民转移性收入和财产性收入。

六、聚力城镇产业高质量发展，打造带动区域发展先锋

坚持把城镇建设和产业发展作为推动省际交界地区加快发展，促进区域协调的关键抓手，发挥区域比较优势，促进产业分工协作，合力打造一批有较强带动力的区域中心城市和高能级的产业发展平台，带动省际交界地区加速发展。

（一）培育壮大区域性中心城市

遴选培育一批省际交界区域中心城市。根据区位条件、人口和经济规模、产业基础和资源环境承载能力，遴选一批具有较大规模能级和增长潜力、对省际交界地区带动能力强的省际交界城市，培育建设省际交界区域性中心城市。完善面向常住人口的城市服务功能供给，吸引省际交界地区人口跨省就近就业和相对集中居住，增强人口和产业支撑力。强化省际交界区域性中心城市与国家综合运输通道、省域中心城市的交通衔接，推动省际交界区域性中心城市融入国省发展大局。

（二）提升县域经济发展水平

优化资源配置增强县域高质量发展内生动力。结合实际深化放权赋能强县改革，探索"省直管县""市县同权"，提升县域资源配置能力，扭转省际交界县域生产要素外流现象，加强财政、金融政策支持，夯实产业发展基础。推进以县城为重要载体的城镇化建设。因地制宜地补短板、强弱项，增强县城综合承载能力，积极吸纳农业转移人口就地就近城镇化。促进县城产业配套、市政公用、公共服务和环境基础设施提级扩能。积极发展壮大特色优势产业，强化县城产业支撑，稳定扩大就业岗位，吸引和留住人才，推进

生产要素向县城集聚。深化户籍制度改革，推动毗邻省际交界地区户籍互认、公共服务同城化公平共享，减少劳动力跨省流动的无形壁垒。

（三）促进产业协同发展

在省际交界地区打造一批产业合作平台载体，在有条件的省际交界地区布局建设或提级打造一批国家级经济技术开发区或高新技术产业园区，鼓励省际交界地区采取"一区多园""共建园区"等方式开展合作，促进土地、技术、管理等资源优化配置，建立合理的成本分担和利益共享机制，围绕招商引资、产业联盟、承接产业转移、科技成果转移转化和产业化等方面加强合作，共同提升园区发展档次和水平。

（四）强化交通基础设施体系支撑

加快对外通道建设，打通省际瓶颈路段，提升省际交界县市与邻近省会城市、副省级城市、区域性中心城市联通程度。加强与域外干线铁路衔接互通，实现与周边省会城市高铁直达、与相邻地级城市城际互联、与国家铁路通道横纵贯通，优化民航和通用航空布局，推动空铁、公铁联程发展。优化综合客运枢纽场站布局，加强与跨省毗邻地区公路、铁路客运站一体衔接。完善各县与毗邻省县乡道路联通和公共交通班线互通共营。完善货运枢纽场站集疏运和衔接设施，推进园区、工厂铁路专用线布局建设。完善城乡物流配送网络，优化邮政快递、电商物流网络节点布局，规划建设物流园区和农产品供应链。

七、加强政策供给支持和机制保障

聚焦缩小区域差距和发挥区域比较优势，不断完善省际交界地区发展的支持政策体系，创新合作发展机制，确保省际交界地区在现代化进程中

"跟上队"，缩小与其他地区的发展差距，促进共同富裕。

（一）聚焦缩小差距完善支持政策

第一，资金支持。加大对省际交界地区的财政支持力度，中央加大对省际交界地区的转移支付，省级财政提高针对省际交界地区的一般性转移支付规模，中央和省级预算内投资向省际交界地区适度倾斜，对符合条件的重大项目加大中央预算内投资和地方政府专项债券支持。第二，项目支持。推动承接产业转移重点项目、山水林田湖草生态保护修复工程、乡村振兴重点项目向省际交界地区倾斜。第三，要素支持。鼓励金融机构加大信贷投放，支持相关企业开展市场化融资。建设用地指标向有条件的省际交界地区适度倾斜，保障重大项目建设用地指标，允许城乡建设用地增减挂钩节余指标跨省调剂。鼓励省际交界毗邻地区开展干部双向挂职。

（二）聚焦跨省协同理顺体制机制

建立省际会商机制。积极构建各级政府间的协作机制，推动建立交界地区省级政府高层领导机制，建立城市政府间联席会议制度，构建合作办事机构和重大问题专项合作机制，定期就交界地区重大合作发展问题开展前期研究、规划编制和推动实施。构建规划衔接机制。积极开展省际交界地区规划编制工作的衔接，支持省际交界地区探索建立区域发展规划的统一编制、联合审批、共同实施机制，推进交界地区产业、城镇、设施等优化布局和重大政策协同。推进毗邻接壤地区、合作平台、跨界重大项目等共同开展规划编制，合作推动项目落地实施。完善管理协同机制。加快推进政务服务"跨省通办"。围绕产业园区、重大平台、重大项目等合作共建，探索建立税收分成、经济绩效等统计分算机制，探索建立合作招商引资、申报项目、市场监管等机制。建立跨界地区发展风险识别和预警预案制度。创新市场化推进机制。以市场化为原则、资本为纽带、平台为载体，推动产业发展、科技创新、基础设施、公共服务、生态环保等领域企业采取共同出资、互相持股等方式，促进资源整合和高效运营。建立跨行政区财政协同投入机制，允许合作园区内企业自由选择注册地。破除行政壁垒，推进区域性劳动力、土地、资本、技术、数据等要素市场建设。

主要参考文献

[1] 曾冰，张朝，龚征旗，章成帅．从行政区和经济区关系演化探析我国省际交界地区发展 [J]．经济地理，2016，36（1）：27－32，52．

[2] 滕飞，申红艳．基于多区域中心城市的省际交界地区区域合作研究 [J]．中国软科学，2017（6）：81－88．

[3] 黄征学，于源．加快中西部省际交界地区发展的建议 [J]．经济研究参考，2015（32）：43－54．

[4] 马燕坤，王喆．中国省际交界区域高质量合作发展研究 [J]．区域经济评论，2021（2）：63－69．

[5] 王一婕．中国省际交界地区差异的多尺度时空特征及协调发展研究 [D]．兰州：兰州大学，2020．

[6] 杜光华．省际交界地区区域中心城市建设路径探析 [J]．边疆经济与文化，2023（1）：22－25．

[7] 刘敏，常非凡，毕小硕．推动省际交界地区经济合作发展 [J]．宏观经济管理，2022（9）：54－61．

[8] 安树伟，黄艳，王慧英．中国省际交界区域合作与发展的新态势和新特点 [J]．区域经济评论，2022（1）：82－91．

专题报告四

以革命老区为重点缩小区域发展差距促进共同富裕研究

王继源　郑国楠

内容提要： 实现共同富裕，不仅要发挥发达地区的示范带动作用，更要着力解决欠发达地区的自我发展能力不足、地区差距拉大问题。革命老区是党和人民军队的"根"，是曾经脱贫攻坚的"主战场"和当前欠发达地区的典型代表，也是实现全国共同富裕的重点和难点，应加强已脱贫低收入人口的精准扶持，突出"红""绿"两大核心资源利用，构建新型工农城乡关系，完善区域互助合作机制，推动形成共同富裕新局面。

革命老区是党和人民军队的"根"，是中国人民选择中国共产党的历史见证。习近平总书记对革命老区充满感情，深刻指出"要把革命老区建设得更好，让老区人民过上更好生活"。"十三五"时期，在党中央的坚强领导下，革命老区脱贫攻坚取得全面胜利，经济社会面貌发生巨大变化，老区人民同全国人民一道进入全面小康社会。但对标共同富裕的更高目标，受自然、历史等多方面因素的影响，一些老区发展相对滞后、人民收入水平不高、基础设施薄弱的矛盾依然存在，巩固拓展脱贫攻坚成果的任务还很艰巨。2021年是中国共产党建党100周年和"十四五"规划开局之年，《中华人民共和国国民经济和社会发展第十四个五年规划和2035年远景目标纲要》明确提出统筹推进革命老区振兴，国务院专门出台了《国务院关于新时代支持革命老区振兴发展的意见》。应站在保护传承红色文化传统、守牢党的初心使命、推动区域协调发展战略高度,将革命老区共同富裕摆到更加突出的位置,给予高度重视。"十四五"时期,立足新发展阶段、贯彻新发展理念、构建新发展格局,推进革命老区共同富裕,增强老区在基础设施支撑、产业体系构建、公共服务保障等方面的功能,有利于促进我国区域协调发展,为扎实推动共同富裕奠定物质基础;有利于保护传承弘扬红色文化传统,筑牢中国共产党人守初心、担使命的思想根基。

一、取得脱贫攻坚全面胜利,革命老区发展已站在面向共同富裕的新历史起点上

"十三五"时期,各部门各地方紧紧围绕目标定位,扎实推动老区振兴发展,老区综合实力稳步增强,脱贫攻坚取得历史性成果,特色产业不断壮大,生态文明建设成效显著,红色文化大力弘扬传承,呈现出不断向好的发展态势。

(一)脱贫攻坚取得历史性成就,为推进共同富裕打下了重要基础

革命老区广泛分布于国家集中连片特殊困难地区,大多集老区、山区、生态功能区、多省交界地区为一体,人口多、底子薄,是易地扶贫搬迁的重点区域,更是全国脱贫攻坚"主战场",脱贫人口数量约占全国的50%以上。"十三五"时期,革命老区坚持精准扶贫精准脱贫基本方略,紧扣"两不愁三保障"目标,赣南等原中央苏区和陕甘宁、左右江、大别山、川陕5个重点片区的1871万建档立卡贫困人口全部脱贫,181个贫困县全部脱贫"摘帽",脱贫人口超过同期全国的30%和世界的20%,区域性整体贫困得到解决,完成了消除绝对贫困的艰巨任务。针对革命老区山多地少、自然条件恶劣的特点,因地制宜实施易地扶贫搬迁,5个重点片区累计搬迁群众超过300万人,占全国的30%以上,有效解决了各项难题,左右江革命老区

的黔西南州晴隆县三宝乡整乡迁入县城后，搬迁家庭子女学习成绩平均提高了60%，川陕革命老区的安康市平利县建立社区工厂助力移民搬迁贫困户脱贫，入选了"全球减贫案例"。

（二）经济综合实力显著增强，特色产业明显壮大

"十三五"时期，革命老区紧紧抓住国家政策机遇，加快培育壮大特色产业，不断夯实实体经济基础，呈现出经济增速整体高于全国的良好态势。2020年，五个重点片区实现地区生产总值7.4万亿元，比2015年增长51.2%，占全国经济的比重从7.1%提高至7.3%，其中，川陕和大别山革命老区分别增长55.3%、53.0%。伴随经济总量的扩大，革命老区产业结构也在不断优化，一批产业集群初步形成，信阳毛尖、赣南脐橙、田东香芒、洛川苹果等区域特色农业快速壮大，赣州南康家具、吉安电子信息等迈入千亿元级产业集群行列，巴马大健康产业体系初见轮廓。2015～2019年，五个重点片区三次产业结构从16∶48∶36调整为14∶44∶43，非农产业占比提高了2个百分点，商贸物流、文化创意等服务业发展迅速，旅游业已经成为促进当地发展和居民增收的重要支柱产业。

（三）新型城镇化稳步推进，乡村振兴取得积极进展

"十三五"以来，革命老区统筹推动新型城镇化和乡村振兴战略，积极促进农业转移人口就近就地市民化，着力建设美丽乡村，城乡面貌焕然一新。2019年底，5个重点片区常住人口城镇化率达到49.1%，其中川陕、陕甘宁革命老区城镇化率分别比2015年提高10.1个和6.1个百分点。积极构建符合老区特色的新型城镇化空间布局，支持赣州、信阳、延安、巴中、百色等省际区域中心城市建设，打造了六安市独山镇、龙岩市古田镇、黄冈市七里坪镇等一批红色特色小镇。推动脱贫发展与城镇化相互联动、相互促进，左右江革命老区的黔西南州册亨县，实施易地扶贫搬迁城镇化安置8.75万人，直接推动全县常住人口城镇化率从28.35%提高到57%。乡村

振兴取得积极成效，乡村风貌提升迅速，农村道路等基础设施得到较大改善，实现所有乡镇、行政村通硬化路，农村饮水安全巩固提升，集中供水率达90%以上，农村电网全面升级，光纤网络实现乡村全覆盖。公共服务设施日益改善，农村诊所、农家书屋、文化广场基本覆盖，快递综合服务平台实现全覆盖。农村一二三产业融合加快，生态农业发展势头较好，乡间民宿等新业态发展迅速。

（四）生态环境质量持续改善，为共同富裕筑牢绿色基底

革命老区位涉及多个自然保护区和重点生态功能县，对建设国家重要生态安全屏障，保障我国生态安全发挥重要作用。"十三五"时期以来，老区把保护生态环境摆在优先位置，加强跨流域、跨区域协同保护力度，统筹山水林田湖草系统性保护修复，持续开展退耕还林、水土保持、石漠化治理等重大生态修复工程，黄土高原水土流失、左右江流域石漠化、大别山区域水土流失等生态问题得到初步缓解，黄河、淮河、左右江、赣江、闽江、东江、抚河等流域水质明显改善，革命老区所在城市平均$PM_{2.5}$浓度由2015年的46.9微克/立方米下降至2019年的35.7微克/立方米。坚持生态优先的同时，积极推动绿色发展，5个重点片区114个区县共接收重点生态功能区转移支付约590亿元，第一轮东江流域上下游横向生态补偿机制试点任务顺利完成，三明通过实践走出了一条不以牺牲环境为代价的发展新路，2019年森林覆盖率达78.7%，打造了"绿色三明"品牌；赣州市利用治理修复后的废弃矿山土地种植经济林果3000余亩，累计吸纳1.2万名贫困人口就业，生态扶贫成效显著。

（五）基础设施建设步伐加快，支撑作用明显增强

"十三五"时期，革命老区围绕交通、能源、水利、信息网络等重点领域，实施了一批重大项目，有效缓解了基础设施瓶颈制约。综合交通体系不断完善，积极构建"空铁公水"多维度、立体式交通网络，南昌至赣州、

郑州至阜阳、银川至中卫、西安至银川等铁路建成通车，兴国至泉州、赣州至深圳、西安至十堰等铁路加快建设，G1517 广昌至吉安、G65E 绥德至延川等高速公路建成通车，巴中机场、井冈山机场、信阳明港机场建成通航，左江、右江航道自崇左、百色以下可实现 1000 吨级货轮直达粤港澳地区。能源保障能力不断提高，电网改造加快推进，绿色清洁能源供给能力显著提升，安徽金寨、陕西镇安、广东五华、福建云霄抽水蓄能电站、漳州核电等有序推进，一批重点电网工程和煤矿项目核准建设。水利基础设施建设稳步推进，一批大型灌区续建配套与节水改造项目加快建设。信息基础设施建设全面加强，实现 4G 和宽带网络城乡全覆盖。

（六）公共服务保障能力明显提升，民生福祉持续改善

"十三五"时期，围绕基本公共服务均等化、保障和改善民生、促进社会发展事业，国家持续加大对革命老区的财政支持力度，中央革命老区转移支付规模达到 641 亿元，其中，2020 年转移支付规模为 180.6 亿元，比 2016 年增长了 107%。教育事业加快发展，教育基础薄弱县普通高中建设项目和普通高中改造计划大力推进，乡村小规模学校和乡镇寄宿制学校办学条件持续改善，黄冈、驻马店、梅州、三明等城市实现"国家义务教育发展基本均衡县"全覆盖。医疗卫生服务体系不断完善，公立医院和县乡村卫生一体化改革深入推进，重点革命老区所在省份卫生健康项目建设取得积极进展，赣州实现市县乡村四级医疗卫生服务机构全覆盖，三明医改和费县医改经验在全国推广。社会保障水平和能力明显提升，基本医疗保险和养老保险对低收入人口的兜底保障能力显著增强，赣南苏区率先在全省构筑起健康扶贫"四道保障线"，延安在全省率先实现城乡居民养老保险、医疗保险制度一体化。"三红"人员优抚待遇水平不断提高，在乡退伍红军老战士、在乡西路军红军老战士和红军失散人员生活补助标准，分别提高到每人每年 67240 元、67240 元和 30340 元。

（七）红色资源保护利用不断加强，富民效应逐步显现

"十三五"时期，革命老区加强红色文化资源的保护、挖掘和整理，出台了《大别山区革命文物保护利用战略规划》《广东省红色革命资源保护利用三年提升行动计划（2019—2021）》等保护规划，开展了红色革命遗址普查、红色革命遗址修缮保护、红色革命遗址连片打造等系列保护工程，对红色遗址进行保护性修复，红色文化资源保护力度不断提升。围绕脱贫攻坚目标，革命老区不断延长红色产业链条，大力发展红色文化旅游及相关产业，涌现出《延安颂》《井冈山》《沂蒙儿女》等一批红色文艺作品，延安红色旅游、红色教育培训井喷式发展，并带动了红色消费的快速增长，赣州红色旅游的产业集群效应显现，2019年赣州市红色旅游收入达到564.8亿元，同比增长62.45%，红色旅游占全市旅游收入上升到40%。

二、对标共同富裕更高目标，革命老区发展仍存在薄弱环节

受历史因素和客观原因制约，革命老区目前还属于多省交界地区的发展"洼地"，面向共同富裕的更高目标，老区整体经济实力弱、巩固拓展脱贫攻坚成果支撑不足、产业发展质量不高、城镇化水平低，农村基础设施欠账多、红绿资源优势尚未充分转化的问题逐步凸显，接续推进共同富裕面临许多现实挑战和薄弱环节。

（一）发展基础不牢，致贫返贫风险依然较大

巩固拓展脱贫攻坚成果是实现共同富裕的前提和基础。"行百里者半九十"，虽然革命老区如期完成了脱贫攻坚目标任务，经济社会发展和群众生产生活条件比以往有了很大改善，但总体发展基础仍然薄弱。革命老区作为我国原贫困县和原贫困人口分布最密集的区域，脱贫人口基数大、返贫压力

大，其发展事关我国巩固拓展脱贫攻坚成果的战略全局，也使其与其他地区相比，实现共同富裕的起点更低、难度更大、任务更艰巨。受疫情影响，农民和进城务工人员持续增收的不确定因素增多，因疫致贫、因疫返贫的风险加大，巩固拓展脱贫攻坚成果还存在诸多困难。

（二）"造血"功能低下，共同富裕的物质基础薄弱

革命老区虽然已基本解决了区域性整体贫困问题，但是目前经济发展总体水平仍然不高，与全国平均水平有着很大差距。2019年，5个重点片区集聚了全国约11%的常住人口，但仅创造了7%的地区生产总值，人均GDP仅为全国的65%左右，片区中87%的区县市人均GDP低于全国平均水平，1/2的区县市尚不足全国水平的50%。经济发展的实力有限，质量不高，自我发展能力不足，是革命老区共同富裕面临的最突出问题。一是部分革命老区产业结构仍然相对单一，接续替代产业和新经济发展慢，如陕甘宁革命老区对石油煤炭等资源依赖度高，延安能源产业占工业增加值的比重超过60%。二是具有"造血"功能的可持续发展项目不多，重点龙头企业少，即使是发展较好的福建省三明市，农业龙头企业中从事精深加工的也不足20%，从事农产品研发的更是不足5%。三是大部分区县财政较为困难，长期依赖财政转移支付，2019年川陕、左右江革命老区人均一般公共预算收入仅为全国平均水平的22%和28%。2019年，川陕革命老区、左右江革命老区人均一般公共预算收入仅为全国的22%和28%。

（三）部分老区与全国发展差距仍在拉大，已成为共同富裕的掣肘地区

革命老区总体属于区域发展"洼地"，随着近年来国内区域板块重组加快、区域分化加剧，一些老区经济转型遇到困难，与全国发展差距拉大。例如，陕甘宁革命老区的延安市受资源价格波动等因素影响，2014~2020年一般公共预算收入、工业总产值呈现"不增反降"态势；左右江革命老区

的百色市受电解铝主导产业调整影响,2020年工业增加值与2017年的峰值相比更是下降了近30%。部分老区"后发优势"和"追赶效应"弱化,不仅不利于区域协调发展,而且对共同富裕产生制约作用。

(四)城镇化和城乡融合发展不足并存,二元结构仍待破解

革命老区仍处于快速城镇化阶段,农业脱贫人口数量多且农业转移人口市民化难度大,城镇化率还明显低于全国,2019年区域常住人口城镇化率为48.03%,低于全国11.5个百分点。革命老区中心城市规模小、带动能力弱,5个重点片区中大多数城市为Ⅰ型小城市,只有六安、安庆等少数城市进入中等城市,信阳、驻马店、赣州迈入Ⅱ型大城市行列。与全国地级及以上城市市区的平均GDP规模差距大。城乡建设滞后,城市治理现代技术应用和普及不够,产业园区、产业集聚区等城市功能平台集聚能力较弱,产业发展层次不高。公共服务水平低,人均公共教育、医疗卫生、文化、就业和社会保障支出等公共服务支出与全国平均水平相比仍有较大差距。县城基础设施和公共服务设施等滞后,县域经济不发达,农业转移人口就近就地城镇化能力弱。革命老区大多是脱贫地区,脱贫人口众多且集中分布在农村地区,城乡基础设施、基本公共服务水平差距还很大。

(五)居民收入整体偏低,民生保障水平亟待提升

革命老区居民收入与全国特别是东部发达地区差距较大。2019年,5个重点片区全体居民人均可支配收入不足全国的80%,陕甘宁、左右江革命老区农村居民人均可支配收入仅为全国的70%左右。受宏观经济增长放缓影响,农民和进城务工人员持续增收的不确定因素增多,因病、因灾返贫风险大。此外,老区社会事业发展仍然相对滞后,公共服务欠缺,社保、教育、文化、医疗、养老等方面的短板仍需补齐,与人民的美好生活期待相比还有不少差距。

（六）基础设施仍不完善，交通瓶颈制约作用明显

受自然地理和社会历史等多重因素制约，老区重大基础设施总体较为薄弱。交通运输能力不足、物流成本偏高，长期游离于国家综合运输网络之外，路网密度和等级均低于周边地区水平，农村公路通达深度不够，部分自然村仍不通硬化路，内联外通的路网结构尚未全面形成，尤其是省际交通衔接不畅。如安徽老区铁路和高速公路密度分别为全省的49%和76.8%，河南老区南部没有高速公路串联，湖北北上跨省高速公路铁路仍是空白，霍山、岳西、望江、枞阳等县尚不通铁路。内河航道资源未有效开发，如淮河干支流由于年久失修，航道通航里程短、等级低。水利、能源、信息等基础设施仍相对滞后。中小河流治理、水库除险加固、城乡防洪排涝等欠账较多，例如六安市淠河、史河防洪能力依然较弱。重大电源点建设亟待加强，部分水电供区电网改造滞后。数字化信息化程度低，新型基础设施补短板任务较重。

（七）生态环境和红色文化保护不充分，资源潜力有待进一步挖掘

当前革命老区生态和红色两种资源在保护方面还存在明显短板。生态环境条件脆弱，水土流失、石漠化等问题仍然比较严重，滑坡、泥石流、干旱等自然灾害频发，生态环境整体保护水平还有待进一步提高。红色遗址保护和开发缺乏长效投入机制，部分革命遗址产权不清，一些革命纪念馆配套设施陈旧，相当数量的革命遗址濒临毁坏，特别是基层文保单位及文物点没有得到及时修缮和利用。与此同时，生态和红色两种资源的开发利用水平较低，将资源优势转变为发展优势的能力不强。生态资源价值转化尚缺乏有效的制度支持，生态产品价值实现机制亟待建立。红色资源的开发利用缺乏整体谋划，面临基础设施落后、接待条件有限、点片不相通等问题，影响红色旅游等产业发展规模和质量；对红色文化系统研究和挖掘不够，品牌影响力

有待提高。

(八) 协同发展机制不健全，区域发展合力不足

受地理交通等条件制约，革命老区与外界经济社会联系普遍薄弱，对内对外开放水平总体较低，参与国内国际双循环的程度还很有限。在国家实施的京津冀、长三角、粤港澳、长江经济带、黄河流域等区域重大战略下，革命老区整体处于边缘地带，接受区域核心增长极辐射带动不足。在国家全面推动形成全面开放新格局中，革命老区利用国际市场、国际资源还很不充分，总体开放水平低，2019 年，川陕革命老区 8 个地级市的出口依存度约为 2.7%，远低于全国平均水平（17.5%）。此外，革命老区大多横跨不同省份，发展脉络被行政区划割裂，内部要素流动的制度成本较高，社会经济发展协同难度大，远没有实现 1+1>2 的整体效应。

三、革命老区共同富裕的内涵与思路

(一) 革命老区共同富裕的内涵和要求

在开启全面建设社会主义现代化国家新征程中，必须把促进全体人民共同富裕摆在更加重要的位置，脚踏实地，久久为功，持续奋斗。

1. 共同富裕的提出及历史演变

马克思主义第一次全面阐述了实现共同富裕的物质基础与制度要求，只有当社会生产力发展到一定程度，并建立以生产资料公有制为基础的社会主义和共产主义社会，才能真正消灭剥削及社会财富占有的不平等，从而将共同富裕从幻想变成可以实现的目标。从现代化历史来看，发达国家尤其是国土面积和人口经济总量较大的发达国家，没能很好兼顾"富裕"和"共同"，没有可供发展中国家借鉴的共同富裕模式。有的发达国家收入水平

高，但区域和不同群体收入差距较大，引发了一系列社会矛盾和问题，还有的发达国家虽然区域和不同群体收入差距相对较小，但是经济发展长期处于低迷状态，高福利制度不可持续，保持"富裕"的后劲不足。

共同富裕集中彰显了中国特色社会主义制度的价值取向，是中国特色社会主义制度优越性的重要体现，一以贯之地体现在我国社会主义建设的全过程。早在中华人民共和国成立之初，中共中央就在《关于发展农业生产合作社的决议》中提出了"使全体农村人民共同富裕起来"的伟大号召。习近平总书记在关于《中共中央关于制定国民经济和社会发展第十四个五年规划和二〇三五年远景目标的建议》的说明中进一步指出，我们推动经济社会发展，归根到底是要实现全体人民共同富裕。可见，实现共同富裕一直是中国共产党重要的执政理念和持续奋斗的重要目标。

2. 共同富裕的基本内涵

把握共同富裕的内涵必须从马克思历史唯物主义和中国特色社会主义出发。我们理解，"富裕"代表了社会主义先进生产力，用来表征生活丰裕的程度；"共同"则体现了社会主义先进生产关系，用以说明富裕实现的范围。共同富裕是社会主义先进生产力和先进生产关系的有机组合，是消除贫穷和两极分化基础之上的普遍富裕，是全体人民通过辛勤劳动和相互帮助，实现人的全面发展和社会全面进步，共享改革发展成果和幸福美好生活，具体表现为生活富裕富足、精神自信自强、环境宜居宜业、社会和谐和睦、公共服务普及普惠。

3. 共同富裕的时代要求

新时代下，共同富裕要基于我国社会主要矛盾变化，着力满足人民日益增长的美好生活需要，实现人的自由全面充分发展，既要立足把"蛋糕"做大，又要着眼把"蛋糕"分好。一是要瞄准"富裕"这一发展目标。要不断满足人民对美好生活的新期盼，新时代人民美好生活需求是多方面的，不仅是简单的物质占有，还有对精神文化、生态环境在内的充分享有和更好满足，要把新发展理念贯穿发展全过程和各领域，持续把社会财富"蛋糕"做大、做强、做优，实现物质文明、政治文明、精神文明、社会文明、生态文明全面提升。二是要充分体现"共同"的本质特色。共同富裕不是一部分人和一部分地区的富裕，而是在人人参与、人人尽力的基础上实现人人享有。要着眼解决发展不平衡不充分的矛盾，充分发挥社会主义制度的优越性，着力将社会财富"蛋糕"分得更加公平，缩小区域差距、城乡差距、收入差距，为实现共同富裕夯实基础、筑牢根基。

（二）革命老区共同富裕的重大意义

1. 有利于巩固拓展脱贫攻坚成果，不断补齐民生短板

革命老区是绝对贫困阶段脱贫攻坚的"主战场"之一，也将是相对贫困阶段扶贫的主阵地之一，民生短板问题突出，返贫风险仍然较高。凝聚各方力量，多措并举推动革命老区共同富裕，是巩固拓展脱贫攻坚成果、补齐民生短板的重要举措，有助于推动新时期相对贫困问题的解决。

2. 有利于增强自我发展能力，为推动差异化的共同富裕拓展路径积累经验

不同地区实现共同富裕的基础条件不同，客观上存在差异化的路径和模式，国家推动共同富裕应遵循"抓两头、促中间"的基本思路，促进不同区域的协调联动。针对"两头"中的发达地区，国家已经出台了《关于支持浙江高质量发展建设共同富裕示范区的意见》，针对"两头"中的欠发达地区，也迫切需要相应的政策制度设计。从革命老区特殊的历史地位和加快振兴发展的现实需求出发，鼓励支持革命老区探索共同富裕道路，有利于为同类欠发达地区提供经验和借鉴。

3. 有利于缩小区域发展差距，提高区域协调发展水平

革命老区在区位、生态、文旅资源等方面具有较大优势，但长期以来开发利用程度低，区域比较优势未能转化为经济效应和发展优势，无论是从全国层面，还是从地方层面来看，革命老区都是发展的短板。支持革命老区共同富裕，释放老区的区域比较优势，增强老区自我发展能力，是践行区域协调发展战略的重要抓手，有助于缩小区域发展差距，推动区域协调发展向更高水平和更高质量迈进。

4. 有利于保护传承弘扬红色文化传统，丰富共同富裕的精神内涵

革命老区和老区人民为中国革命做出了重要贡献，红色基因浓厚，红色资源和文化丰富，革命精神和传统世代传承。支持老区共同富裕，有利于丰富共同富裕的精神内涵，更好地保护传承弘扬红色文化传统，践行"饮水思源不忘老区人民"，确保革命精神和革命传统不褪色，夯实"不忘初心，牢记使命"政治思想根基。

5. 有利于加强生态建设和环境保护，保障国家生态安全

革命老区是国家重要的生态功能区和生态屏障，动植物和水资源丰富，是长江、黄河等大江大河生态安全的重要保障。但革命老区生态环境整体较为脆弱，尤其是经济发展水平不高制约了生态文明建设和环境保护。支持革命老区共同富裕，推动老区生态环保进程，是践行可持续发展和美丽中国战略的重要举措，对整个流域以及邻近省份的大气、水源、森林、土壤等生态安全都至关重要。

（三）革命老区共同富裕的发展机遇

1. 中央对革命老区的高度重视为老区共同富裕和现代化建设提供有利条件

革命老区作为我国特殊类型地区的重要组成部分，是党中央、国务院高度重视并大力支持发展的地区。《中华人民共和国国民经济和社会发展第十四个五年规划和2035年远景目标纲要》明确提出统筹推进革命老区振兴，国务院专门出台了《国务院关于新时代支持革命老区振兴发展的意见》。"十四五"时期革命老区仍是国家大力支持发展的地区。这都为革命老区的共同富裕和现代化建设提供了有力支撑和有利条件。

2. 区域协调发展战略为革命老区发展释放新一轮改革创新政策红利

革命老区是我国新一轮工业化、城镇化、信息化和农业现代化的重点区域，是扩大内需、提升开放水平极具潜力的区域，是支撑我国经济保持中高速增长的重要区域，也是区域协调发展战略所重点关注的地区，承接的改革创新政策红利效应更为明显。

3. 生态文明建设和可持续发展战略助力革命老区释放生态效益和价值

革命老区生态资源丰富、生态功能地位突出，是国家重要的生态功能区和生态屏障，南水北调中线重要的水源地。可持续发展战略下国家对生态文明建设的高度重视，尤其是生态补偿机制和生态产品价值实现机制的逐步推广为革命老区将生态效益转化为经济效益、生态优势转化为发展优势提供了重大机遇。

4. "先富帮后富"和区际合作为革命老区共同富裕提供重要保障

革命老区位于省际交界地区，具有天然的跨流域、跨省、跨市合作的动力和优势。近年来以先发地区谋求扩大经济腹地、后发地区谋求启动地域发展，以及基础设施和公共服务共建共享为主要目的的区域合作兴起，为革命老区深入推进区域合作提供了经验和示范效应，尤其在承接以长三角地区为主的产业要素转移和推动长江经济带生态环保合作等方面有广阔的空间和前景。

（四）革命老区共同富裕的总体要求

目前，我国发展不平衡不充分问题仍然突出，革命老区作为欠发达地区，城乡区域发展和收入分配差距较大，促进全体人民共同富裕是一项长期艰巨任务，不可能一蹴而就，要紧扣"共同"和"富裕"两个关键词，以满足人民日益增长的美好生活需要为根本目的，尽力而为、量力而行，在实现现代化过程中逐步解决好这个问题。

1. 总体思路

高举中国特色社会主义伟大旗帜，深入贯彻党的十九大和十九届二中、三中、四中、五中全会精神，坚持以马克思列宁主义、毛泽东思想、邓小平理论、"三个代表"重要思想、科学发展观、习近平新时代中国特色社会主义思想为指导，坚定不移贯彻新发展理念，以推动高质量发展为主题，以深化供给侧结构性改革为主线，以改革创新为根本动力，以满足人民日益增长的美好生活需要为根本目的，统筹发展和安全，鼓励勤劳守法致富，挖掘低收入人群内生发展动力，自觉主动缩小城乡差距、区域差距、不同群体收入差距和不同领域发展差距,实现更高质量、更有效率、更加公平、更可持续、更为安全的发展,全面提升人民群众获得感、幸福感、安全感。

2. 战略导向

坚持以人民为中心。坚持人民主体地位,坚持共建共富,创造和扩大人民的发展机会,始终做到发展为了人民、发展依靠人民、发展成果由人民共享,维护人民根本利益,激发全体人民积极性、主动性和创造性,促进社会公平,增进民生福祉,不断实现人民对美好生活的向往,加快实现人的全面协调发展。

坚持就业优先。充分释放革命老区发展潜力,提高全要素生产率,推动实体经济提质增效升级,把稳就业放在更加突出位置,千方百计地稳定和扩大就业,通过发展劳动密集型产业、以工代赈、消费帮扶、鼓励返乡创业等多种方式增加革命老区就业容量,提升就业质量,支持多渠道灵活就业,缓解结构性就业矛盾,通过就业提升不断增加人民收入,实现居民人均收入增长与经济增长基本同步,与劳动生产率提高基本同步。

坚持城乡融合。强调城市与乡村的整体性,把城乡作为一个有机生命体,统筹推进新型城镇化和乡村振兴战略,推进以县城为重要载体的城镇化建设,强化以工补农、以城带乡,高水平重塑工农互促、城乡互补、协调发展、共同繁荣的新型工农城乡关系,促进资源要素在城乡之间的优化配置和自由流动,应对城市贫困要做到未雨绸缪,推动城乡全面融合。

坚持区域协作。坚持东西协调、南北呼应、陆海统筹,加强革命老区同长三角、粤港澳、京津冀、成渝地区等优势地区的对接,引导资金、技术、劳动密集型产业跨区域转移,加强生态环境、基础设施、公共服务共建共享,逐步缩小革命老区与全国、革命老区内部不同城市的发展差距,念好新时代"山海经"。

坚持社会包容。高质量保障和改善革命老区民生,提升教育、医疗、住房等优质公共服务供给水平,形成更加完善的社会保障和养老服务体系完善统筹城乡的民生保障制度,人民全生命期需求普遍得到更高水平满足,深化收入分配制度改革,完善税收、社会保障等再分配调节手段,挖掘低收入人群内生发展动力,扩大中等收入群体,构建"橄榄"型社会结构,促进社会公平正义，坚决防止两极分化。

3. 基本原则

以人为本，注重民生。深入贯彻以人民为中心的发展思想，把保障和改善民生作为革命老区发展的重要内容，不断巩固提升脱贫成果，加快建立解决相对贫困的长效机制，协助解决好革命老区群众的操心事、烦心事、揪心事，把党和政府的关怀送到老百姓的心坎上，使革命老区居民的获得感更真实，幸福感更充实，安全感更踏实。

生态优先，绿色发展。深入贯彻习近平生态文明思想，坚持生态优先、绿色发展，呵护好绿水青山，建设长江和淮河中下游地区重要生态屏障，积极探索绿水青山向金山银山转变之路，加快传统优势产业转型升级和绿色发展，在保护好生态环境的前提下，积极承接适合发展的产业，增强内生发展动力。

统筹推进，突出重点。充分发挥社会主义集中力量办大事的制度性优势，瞄准革命老区在共同富裕和现代化建设进程中存在的突出短板和关键瓶颈，助力提升基本公共服务水平，加快改善民生福祉，促进社会和谐稳定。

政府引导，市场主导。更好发挥政府引导和扶持作用，不断完善支援长效机制，根据现代化建设需要不断创新扶持方式。更加尊重市场经济规律，充分发挥市场在资源配置中的决定性作用，联手推动老区现代化建设。

（五）革命老区共同富裕的时代愿景

党的十九大对实现第二个百年奋斗目标做出分两个阶段推进的战略安排，即到2035年基本实现社会主义现代化，全体人民共同富裕迈出坚实步伐，到21世纪中叶把我国建成富强民主文明和谐美丽的社会主义现代化强国，全体人民共同富裕基本实现。党的十九届五中全会进一步提出，"十四五"时期末达到现行的高收入国家标准，到2035年实现经济总量翻一番，人均国内生产总值达到中等发达国家水平，全体人民共同富裕取得更为明显的实质性进展。《国务院关于新时代支持革命老区振兴发展的意见》提出，到2025年，革命老区脱贫攻坚成果全面巩固拓展，乡村振兴和新型城镇化建设取得明显进展,基础设施和基本公共服务进一步改善,居民收入增长幅度高于全国平均水平,对内对外开放合作水平显著提高,红色文化影响力明显增强,生态环境质量持续改善。到2035年,革命老区与全国同步基本实现社会主义现代化,现代化经济体系基本形成,居民收入水平显著提升,基本公共服务实现均等化,人民生活更加美好,形成红色文化繁荣、生态环境优美、基础设施完善、产业发展兴旺、居民生活幸福、社会和谐稳定的发展新局面。

1. 对革命老区共同富裕重要指标的预测

(1) 对2020~2049年革命老区经济增长的预测。改革开放以来,我国经济持续保持较快增长,2013年经济新常态后经历了增速,"十三五"时期保持了6%以上的年均增速,2020年5个重点片区的人均地区生产总值为7000美元左右。革命老区作为后发地区,近年来基本保持了和全国经济增速的同步甚至更快,在乐观情况下估计,2021~2035年,在充分发挥优势、充分释放发展潜力、牢牢抓住数字经济等科技产业革命机遇的前提下,革命老区充分借势借力,继续保持中速以上增长是完全可能也是符合经济规律的。"十四五"时期革命老区地区生产总值增速有望在6.0%以上,2026~2035年保持在5.0%以上,以2020年不变价计算,到2035年革命老区人均地区生产总值将超过1.5万美元,超过世界银行高收入经济体门槛,2049年达到3万美元,超过中等发达国家水平。在保守情况下估计,当外部环境急剧变化、人口老龄化加剧难以有效遏制、自主创新和科技攻关遇到瓶颈的情况下,革命老区充分发挥自身韧性,2021~2035年年均增速仍可能保持在4.7%左右,2049年人均地区生产总值也将超过2.5万美元,基本达到中等发达国家水平。

(2) 对2020~2049年革命老区居民收入的预测。革命老区人力资源丰富、就业创业氛围浓厚、市场繁荣活跃,改革开放以来居民收入快速增长,与经济增长的同步性越来越强。在乐观情况下估计,2021~2035年,革命老区经济保持较快增长,人力资源稀缺性进一步凸显,劳动报酬在初次分配中的比重不断提高,经济发展的成果更加普惠包容共享,居民收入增长有望快于经济增长速度,"十四五"时期革命老区城镇、农村居民人均可支配收入实际增速分别为5.5%和6.5%，2026~2035年保持在5.0%和6%左右，2049年居民收入有望在2035年基础上再翻一番。在保守情况下估计，2020~2035年，受经济放缓、失业增加、人口老龄化带来的劳动参与率下降、新技术革命对收入分配的结构性冲击等多重因素影响，革命老区城镇、农村居民收入增长可能低于经济增长速度，"十四五"时期城镇、农村居民人均可支配收入增速为5%和6%，2026~2035年为4.5%和5.5%左右。

（3）对2020~2049年革命老区城乡差距的预测。改革开放以来，伴随着工业化城镇化的推进，革命老区城乡差距经历了由小到大再由大到小的变化过程，2020年5个重点片区城乡居民收入倍差与全国基本相同。按照经济发展规律和国际经验，完成工业化后城乡收入差距将普遍下降，大多数发达国家目前已经低于1.5，有的甚至低于1.0。在乐观情况下估计，按照农村人均可支配收入持续高于城镇居民收入增速1.5个百分点来测算，到2025年革命老区城乡收入倍差会缩小到2.4，2035年进一步缩小至2.0以内，2049年城乡收入基本均衡。在保守情况下估计，由于我国是人口大国，革命老区城乡区域发展极不平衡，城乡收入差距收敛速度还会受到人口结构、人口流动速度等因素的影响，按照农村人均可支配收入持续高于城镇收入增速1个百分点来测算，2049年也将基本实现城乡收入大体均衡。

2. 2025年和2035年革命老区共同富裕的愿景目标

紧扣"共同"和"富裕"两个关键词，满足人民对美好生活向往，尽力而为、量力而行，在"十四五"时期在共同富裕领域初步迈出坚实步伐，到2035年在共同富裕取得实质性进展，努力形成经济发展质量高，居民生活品质高，人民群众认同感高，城乡区域发展更加协调，分配格局更加合理，公共服务更加优质公平的新格局，到21世纪中叶全体人民共同富裕基本实现。

（1）经济发展质量高。保持经济持续健康增长，人均地区生产总值、全员劳动生产率再上新台阶，创新能力显著提升，产业基础高级化、产业链现代化水平明显提高，到2025年人均地区生产总值超过1万美元，2035年超过1.5万美元，2049年超过3万美元，为实现共同富裕奠定扎实的物质基础。

（2）居民生活品质高。以更加充分更高质量就业为基础，以实现居民收入持续增长为核心，带动消费结构不断升级，恩格尔系数大幅下降，不断满足人民日益增长的精神文化需求和优美生态环境需要，到2025年全体居民人均可支配收入分别突破5500美元，2035年超过1.25万美元，2049年超过2.7万美元，达到发达经济体水平。

（3）人民群众认同感高。共同富裕成效总体符合人民群众的期望值，人民群众对居民收入、医疗卫生、教育文化、社会保障、生态环境等方面充分认可，获得感、幸福感、安全感不断增强。

（4）城乡发展更加均衡。革命老区新型城镇化和乡村振兴统筹推进，城乡要素双向自由流动，中心城市、都市圈、城市群引领带动作用进一步增强，大中小城市和小城镇协调发展，城乡居民收入倍差持续缩小，到2025年城乡居民收入比降至2.3，到2035年降至2以内，2049年进一步降至1.7。

（5）区域发展更加协调。区域协调发展战略、区域重大战略、主体功能区战略深入推进，先进生产要素向优势地区集中，革命老区与发达地区的生产要素交换更加频繁通畅，产业链的专业化分工更加紧密高效，制度规则标准更加统一衔接，东西发展差距持续缩小，南北方发展更加协调。

（6）分配格局更加合理。革命老区劳动报酬在初次分配中的比重进一步提高，分配结构明显改善，低收入群体增收成果巩固拓展，形成以中等收入群体为主体的橄榄形社会结构，到2035年，中等收入群体比重提高到40%，2049年进一步提高到50%以上。

（7）公共服务更加优质公平。革命老区实现区域基本服务均等化，教育、医疗、文化等优质公共服务供给水平提升，社会保障全面覆盖、更趋公平和更可持续，人均预期寿命、劳动年龄人口平均受教育年限、每千人口职业（助理）医师数等主要指标逐步接近发达国家水平。

四、科学谋划、久久为功，奋力开创革命老区"十四五"时期共同富裕发展新局面

"十四五"时期，新发展阶段、新发展理念、新发展格局下的战略性重构步伐将加快，国内消费升级、产业转型升级等新趋势将更加明显，革命老区要在国家战略全局中找准定位、顺势而为，在不断巩固拓展脱贫攻坚成果全面推动乡村振兴中有新作为，在优势互补、高质量发展的区域经济布局中有新担当，在构建国内大循环为主体、国内国际双循环相互促进的新发展格局中有新使命，在扎实推动共同富裕实现基本现代化新征程中有新突破，奋力开创革命老区振兴发展新局面。为此，要以增强"造血"机制和内生动力为重点，着力培育壮大现代特色优势产业体系，着力加快以人为核心的新型城镇化，着力破解基础设施瓶颈，着力提升基本公共服务水平，着力推动生态文明建设，着力传承弘扬红色文化，着力扩大对内对外开放合作，让革命老区人民更加充分地共享改革发展成果。

（一）注重巩固拓展脱贫成果，守住共同富裕底线

结合实施乡村振兴战略，完善防止返贫监测和帮扶机制，做到早发现、早干预、早帮扶。优先支持将革命老区县列为国家乡村振兴重点帮扶县，长期培育和支持产业发展，增强巩固脱贫成果及内生发展能力。统筹城乡规划，以交通、水利、能源、信息网络等为重点，加快推进革命老区美丽生态宜居乡村建设，提高农房设计和建造水平，改善群众住房条件和居住环境。做好易地扶贫搬迁后续帮扶工作，提升完善安置区配套基础设施、产业园区配套设施、公共服务设施，多渠道促进就业，强化社会管理，促进社会融入。加大以工代赈对革命老区的支持力度，合理确定建设领域、赈济方式。坚持扶志扶智相结合，加大对革命老区农村低收入群体就业技能培训和外出务工的扶持力度，鼓励通过勤劳致富。

（二）推动特色优势产业发展壮大，夯实增收致富的实体经济基础

坚持做大经济规模和提高经济质量并重，强化创新驱动引领作用，构建现代产业体系，为革命老区共同富裕营造持久内生动力。立足比较优势，以推动产业结构供给侧结构性改革为主线，以培育提升技术、品牌、服务等核心竞争力为方向，鼓励支持革命老区加快发展特色产业，壮大实体经济。一是强化创新驱动，支持革命老区加强重点高校、重点学科及重点实验室建设，完善东中西科技合作机制和科技成果转移转化平台建设，促进革命老区技术创新和产品创新，鼓励具备发展条件的地方发展数字经济。二是打造特色优势产业，支持革命老区加强绿色食品、有机农产品、地理标志农产品认证和管理，推动品种培优、品质提升、品牌打造和标准化生产，做大做强水果、蔬菜、茶叶等特色农林产业，支持革命老区打造一批乡村旅游重点村镇和精品线路，发展特色旅游产业。三是紧跟新技术革命和战略性新兴产业发展趋势，围绕新材料、新能源、生物医药、电子信息、新能源汽车等领域，积极承接新兴产业布局，因地制宜打造一批新兴高技术产业集群，逐步提高产业体系现代化水平。

（三）突出"红""绿"两大核心资源利用，充分释放革命老区比较优势

有效提升革命老区将资源优势转化为发展优势的能力。一方面，深入挖掘红色文化精神内涵，保护和传承红色基因，开展重点革命遗址修复保护工程，加强革命旧址的日常管护，着力保护红色文化资源，形成资金长效投入机制。强化区域特色文化品质，充分发挥红色文化资源的溢出效应，在革命老区范围内进一步整合红色文化历史资源，加强区域协同开发利用，建立红色文化品牌，构建红色产业链，推动红色文化与教育、旅游、科技融合发展，建设一批红色文化旅游融合发展示范区，不断提升红色文化时代感召力

和经济价值。另一方面，加快构建老区生态产品价值实现机制，探索绿水青山转化为金山银山的路径模式。继续加大重点生态功能区转移支付力度，研究探索跨流域、跨省区横向水资源补偿试点，探索多元化的生态补偿模式。完善自然资源统一确权，推进资源环境权益交易机制，推进森林、湿地等资源使用权流转和收益权交易，积极争取在革命老区建立生态产品价值实现试点示范，鼓励开展森林碳汇，鼓励开展排污权、碳排放权等权益交易。探索生态环境修复与生态产业开发相绑定的模式，做大做强生态农业、绿色食品加工、生态旅游等特色优势产业。建立区域性生态产品公共品牌，加大品牌推广力度，扩大品牌知名度和影响力，实现生态产品向生态经济转化。

（四）构建新型工农城乡关系，探索欠发达地区城乡融合发展的新路子

从中心城市培育、农民工市民化、城乡公共服务均等化、城乡要素自由流动、城乡产业融合发展等方面综合发力，塑造革命老区新型城乡关系，逐步缩小城乡发展差距。立足发展基础和优势资源，在革命老区选择一批具有较大发展潜力的城市，支持打造区域性中心城市、综合交通枢纽城市和区域专业服务中心城市。进一步优化提升赣州、三明等革命老区区域性中心城市功能，支持延安、信阳、黄冈、龙岩、百色、巴中、绵阳等城市增强综合竞争力，建设区域性中心城市。支持驻马店、三明、吉安、河池、榆林、汉中等城市建设综合交通枢纽城市或区域专业服务中心城市。突出县域在城乡融合发展中的重要纽带作用，加快开展县城补短板强弱项，增强县城承载人口、集聚产业和服务农业农村的能力。支持老区城市新型城镇化建设，完善城市功能，建设供电供气供热、城市防洪排涝、停车场、充电设施、环保治理等市政基础设施。支持革命老区继续开展县城补短板强弱项，促进环境卫生设施、市政公用设施、公共服务设施、产业配套设施提质增效，做大县域经济，增强内生发展动力和服务农业农村能力。健全城乡融合发展体制机制，推动城市基础设施和公共服务向农村延伸，在城乡一体的财政、土地、人才等政策方面更多地向革命老区倾斜，鼓励城市资金、技术、人才等要素

向农村流动,促进革命老区城乡要素平等交换。鼓励社会资本参与乡村旅游、数字农业、农村电商等产业,促进老区乡村三次产业融合发展。

(五)加强内外双向开放,主动融入国家新发展格局

立足革命老区发展实际,着眼更好地融入国家新发展格局,加快畅通对外通道,积极参与融入国家重大区域战略,完善对口支援合作机制,提升对内对外开放水平和区域协同发展能力。围绕强化与国家及区域中心城市的联系,加快建设京港(台)、包(银)海、沿江、厦渝等高铁主通道,完善相关区域连接线,加快省道公路干线改造,优化高速公路出入口和通用机场布局。深度参与"一带一路"建设,积极对接融入长三角一体化、粤港澳大湾区建设、长江经济带发展、黄河流域生态保护和高质量发展等区域重大战略,切实深化与中心城市及城市群合作,探索建立生态、交通、产业等多领域合作机制及平台,扩大对内对外开放,以开放合作增强振兴发展活力。

(六)完善区域互助合作新机制,构建先富帮后富的新局面

坚持对口帮扶、先富帮后富的基本方略,强化革命老区与发达地区的联系,研究建立发达省份与革命老区重点城市对口合作机制,深化与区域重大战略板块及重点城市群的合作,继续完善对口支援与合作体系,持续推进智力支援、产业合作、消费帮扶、劳务协作,鼓励革命老区研究建立省部会商和省际协商机制,围绕振兴发展的突出问题及重要事项加强沟通协调,以区域互助合作为革命老区发展注入动力。从多数革命老区在维护生态安全中的重要地位及其所肩负的重要使命出发,将生态补偿作为区域互助合作的重要切入点,继续加大重点生态功能区转移支付力度,研究推动跨流域、跨省区横向生态补偿,促进生态产品价值实现,不断丰富区域互助合作的方式及内涵。

主要参考文献

[1] 张明林，曾令铭．国家优先支持革命老区的政策效果及治理启示[J]．中国行政管理，2020（6）：92-96．

[2] 何立峰．扎实推进革命老区开发建设与脱贫攻坚[J]．行政管理改革，2016（6）：16-21，2．

[3] 高国力，王继源．"十四五"时期应加快推动革命老区振兴发展[J]．中国经贸导刊，2021（7）：48-51．

[4] 韩广富，刘心蕊．改革开放以来革命老区扶贫脱贫的历史进程及经验启示[J]．当代中国史研究，2019，26（1）：101-115，159．

[5] 曹忠祥，王继源，郑国楠．大别山革命老区振兴发展的成效、问题与对策[J]．中国经贸导刊，2022（7）：32-34．

[6] 赵峥，王炳文．以基础设施互联互通助推革命老区高质量发展[J]．社会治理，2020（10）：67-70．

[7] 石培新．红色旅游教育功能提升与可持续发展机制创新[J]．宏观经济管理，2020（5）：83-90．

[8] 肖金成，王旭阳．加快川陕革命老区振兴发展的对策[J]．中国经济报告，2016（8）：98-101．

[9] 柳礼泉，周盼盼．"志""智"并扶：革命老区内生性扶贫的关键举措[J]．湖南社会科学，2018（4）：84-90．

[10] 戴斌，马晓芬．大力推进红色旅游高质量发展的若干思考[J]．湖南社会科学，2021（4）：77-85．

专题报告五

以边境地区为重点缩小区域发展差距促进共同富裕研究

窦红涛

内容提要： 陆地边境地区是我国对外开放的前沿，是展示国家实力和形象的窗口，是确保国土安全的前沿阵地和生态安全的重要屏障，在全国改革发展稳定大局中具有重要战略地位。受多种因素影响制约，边境地区基础设施建设滞后，基本公共服务供给不足，居民基本生活保障水平偏低，内生发展动力严重不足，是解决发展不平衡不充分问题、促进区域协调发展的重点区域。同时，对于维护边疆稳定、民族团结和畅通国内国际双循环，服务构建新发展格局等具有重要作用。要着力提升边境地区人口和经济支撑力，确保边疆安全巩固，推动沿边各族人民共享经济发展成果，使边境地区与全国其他地区同步实现共同富裕。

一、边境地区发展现状及存在的问题

边境地区受特殊地理区位等因素影响，处于我国经济社会发展的"末梢"，经济发展水平较低，人口稀少，交通不便。自 20 世纪 80 年代以来，我国大力推进边境地区开发开放和实施兴边富民计划，边境地区经济规模和居民收入大幅提高，基础设施和公共服务进一步完善，开发开放平台快速增加，开发开放水平持续提高，为缩小与其他区域的发展差距，扎实推动共同富裕奠定了较好基础，但也存在人口人才流失、维稳形势严峻等突出问题亟待解决。

（一）边境地区经济社会发展水平明显提高

《兴边富民行动规划（2011 – 2015 年）》中明确陆地边境地区包括辽宁、吉林、黑龙江、内蒙古、甘肃、新疆、西藏、云南、广西9个省（区）的140个陆地边境县、旗、市、市辖区，其中近80个为民族自治县，边境地区总面积约为190万平方千米，约占国土面积的1/5，生活着2200多万名各族人民，1/2以上为少数民族人口，对于维护边疆稳定、民族团结和扩大开放具有重要作用。然而，由于历史、地理等多方面因素，边境地区经济社会发展一直相对滞后。兴边富民行动实施以后，大大推动了边境地区发展，经济社会民生等各领域取得了明显成效。

1. 综合经济实力明显增强

《兴边富民行动规划（2011 – 2015 年）》实施以来，国家出台了一系列政策举措支持边境地区加快发展，综合经济实力明显增强。GDP 从 2010 年的5103.5亿元增加至2016年的9234亿元，占全国GDP比重提高0.01个百分点，人均GDP从2.16万元提高至3.77万元。三产比重从2010年的38%上升到2016年的40%，产业结构持续优化。从五个边境段来看，东北边境和西南边境和西北边境三个边境段经济规模最大，2016年GDP分别达到2880亿元、2400亿元和2037亿元，其中西北边境和西南边境发展最快，2010~2016年，GDP分别增加1200亿元、1330亿元，经济规模是2010年的2.4倍和2.2倍。北部边境人均GDP水平最高且增长较多，2016年达到11万元，是2010年的1.7倍，是全国2016年平均的2倍多。西北边境、西藏边境、西南边境人均GDP增长较快。

2. 居民收入水平明显提高

边境地区城镇居民人均可支配收入中位数从2015年的21943元提高至2017年的26020元，农村居民人均可支配收入中位数由8513元增至10520元。从五个边境段来看，北部边境城镇和农村居民人均可支配收入最高，增量最大，由 2015 年的均低于全国平均水平转变为 2017 年的均高于全国平均水平，北部边境、东北边境和西北边境农村居民人均可支配收入 2017 年均高于边境地区和全国平均水平。边境各省份一线边民补助标准大幅提高，2018 年一线边民补助标准由原每人每年不低于 1200 元提高到的每人每年不低于 2000 元。西藏边境一线边民补助甚至达到每人每年 3700 元，21 个边境县农村居民人均可支配收入突破 1 万元。

3. 特色产业优势加快释放

边境地区依托资源优势、生态环境优势、民族特色文化优势和边境口岸优势，不断培育发展特色优势产业，特色农牧业、特色资源精深加工、特色文化旅游、商贸物流等逐步形成规模，边境产业园区、开放平台加快布局。东北边境依托粮食主产区、冰天雪地资源和生态优势，加快发展特色农产品种植、特色养殖业等农牧业，粮食和中药材外向型加工等特色工业，冰天雪地旅游和中俄跨境旅游等特色服务业；北部边境依托草原牧业资源优势，大力发展肉牛、肉羊养殖、乳品业、对蒙古国和俄罗斯的粮食与木材等加工贸易；西北边境大力推进"一带一路"核心区建设，依托资源优势，大力发展煤电化工、特色蔬果、边境贸易；西南边境加快发展商贸物流、特色农林、特色文化旅游等产业。通过加快特色产业发展，产业规模逐步扩大。2016 年，边境地区第一、第二、第三产业增加值分别达到 1955 亿元、3473 亿元和 3661 亿元，分别比 2010 年增加 835 亿元、1267 元和 1889 亿元。

4. 基础设施和基本公共服务加快改善

随着守边固边工程的实施，边境地区道路、水利、网络及社会事业基础设施建设短板进一步补齐，沿边乡镇、行政村公路基本实现了全覆盖。2015～2017 年，边境地区公路里程增加 2.2 万千米，相当于陆地边境线长度，2017 年边境公路总里程达到 24.8 万千米。实现 69 个边县通铁路，49 个边境县通高速公路，建成 22 个边境运输机场。水利、防洪减灾、边境管控、通信网络等设施建设更加完善，移动电话用户达到 2168 万户，覆盖率接近 90%。公共服务设施补短板取得明显成效，截至 2017 年，边境县建有医院、卫生院 2401 个，村卫生室 10513 个，中小学校 6855 所，普通中学专任教师达到 9.4 万人，执业（助理）医师数量达到 4.5 万人，千人执业（助理）

医师拥有量为 1.86 名,每万人有 49.7 张床位,与全国每万人有 57.2 张床位的差距进一步缩小。

5. 生态环境保护和建设取得明显进展

我国边境地区生态系统多样,有东北边境森林带、北部边境荒漠与草原带、西北边境沙漠戈壁带、西藏边境高原草原湿地森林生态带、西南边境高山峡谷森林生态带,林草湿沙生态资源丰富,是维护我国生态安全的重要生态屏障。根据《全国主体功能区规划》,边境地区有 12 个国家重点生态功能区。近年来,我国持续推进生态文明建设,加强生态环境保护,边境地区生态环境治理取得明显成效。东北边境长白山森林覆盖率提高至 87% 以上,野生东北虎跨国"串门",黑熊横渡界江"溜达"逐渐成为常态,中俄跨境生态合作区顺利建设;北部边境以京津风沙源治理、三北防护林、退耕还林以及草原建设和水土保持等国家重点工程为抓手,加强生态建设和治理,土地荒漠化和沙化状况持续向好,生态状况恶化的趋势得到有效遏制,各类重点生态建设与保护工程成效显著;西北边境阿尔泰山天然林保护生态工程等深入实施,生态环境明显改善;西藏边境草地退化得到有效遏制,藏东南高原生态屏障建设扎实推进;西南边境植被覆盖率明显提高,边境生态廊道建设示范等国际合作持续开展。总体上边境地区生态环境保护和建设取得明显进展。

(二)边境地区缩小区域发展差距推进共同富裕的基础条件还很薄弱

1. 基础设施通达度和基本公共服务水平仍然比较低

边境地区经济社会发展起步晚、基础差,且由于自然环境恶劣,工程造价成本高,交通、能源、水利、通信等各类基础设施建设滞后。边境高速公路、沿边国道、通口岸公路、抵边自然村通硬化路建设还有很大缺口。部分沿边行政村位于牧区或山区,饮水安全工程无法覆盖,多是靠打井或到较远的河坝去驮运人畜共用水,部分沿边行政村水质不达标,还有一些边境村不通公路,不通电或供电可靠性差。边境地区地广人稀,交通不便,行政成本高，基础教育、医疗卫生、社会保障等公共服务体系不完善，特别是在西北、西藏边境，医疗供给能力不足、质量不高的问题尤为突出。西北边境卫生技术人员严重短缺，医疗卫生设施落后，医疗服务水平较低，看病难问题非常突出，妇幼保健、疾病防控、突发性公共卫生事件应急能力差。边境地域面积广，人口居住分散，各类基本公共服务供给的成本较高，加上各级政府财力有限，解决边境地区基本公共服务问题仍面临较大困难。

2. 人口密度较低且人口流失和老龄化加剧

2020年边境地区常住人口约为2285万人，平均每平方千米人口仅为12人，远低于全国144人/平方千米的平均水平。边境人口流失严重，青壮年人口通过求学、务工等方式彻底搬离边境，老一辈守边人员年事已高，禁牧和转移搬迁政策，也使一些边民离开了边境一线。边境地区恶劣的自然环境和落后的基本公共服务条件，也无法吸引周边及外来人口进入。2010~2020年10年间边境地区常住人口约减少41万人，人口老龄化趋势明显，部分抵边村屯出现空心化，守边固边存在后继无人风险。

3. 产业基础薄弱，特色产业优势尚未充分发挥

我国边境地区具有发展农牧业的特色优势，东北边境较多为农业县，北部边境牧业县较多，西北边境农牧业县也占很大比例。但农牧业发展层次水平还比较低，产值规模比较小，对居民增收拉动效应不明显。第二、第三产业发展受边境地区人口规模小、劳动力流失和老龄化、人口技能素质比较低、交通物流效率比较低等因素限制，制造业和服务业发展的市场空间比较小，私人资本和区外资本投资意愿低，本地产业配套能力比较弱，产业发展两头在外或一头在外，"通道经济"特征突出。特色优势产业链条化、集群化发展水平低，产业园区小散弱，产业集聚功能未能有效发挥。2019年边境地区第二产业增加值仅为2672亿元，占全国第二产业比重不足1%，带动就业仅为沿边总户籍人口的5.7%，比全国第二产业就业人数占比低21.8个百分点。2015~2019年，沿边旗县规上工业企业数量进一步下降，由3006户减少至2496户，沿边旗县第二产业占GDP比重下降约10个百分点。

4. 支撑边境地区发展的各类人才严重匮乏

边境地区受地理区位偏远、自然条件恶劣、经济社会发展滞后等因素影

响，专业技术人才难招、难留问题突出，教育、卫生等公共服务领域专业技术人才尤其短缺，影响了基本公共服务的持续改善，降低了边民的幸福感和获得感。边境地区特色产业发展的人才需求无法满足，影响了商贸物流、文化旅游、能源化工、农特产品加工等产业发展。边境地区基层政府机构、事业单位等人才流失也较为严重，影响了基层干部队伍稳定，造成管理人才严重不足等问题。

5. 巩固脱贫攻坚成果和稳定致富任务艰巨

边境地区大多处于高原、高寒、高山、荒漠环境，生存条件恶劣，产业发展水平低，农业条件较差，工业化处在初级阶段，附加值低，且远离经济和市场中心，服务业发展水平低，经济发展明显滞后。全面建成小康社会后，边境地区仍然存在内生发展动力不足、产业发展基础设施薄弱、民族人口较多、就业技能不足等突出问题，边民持续稳定增收压力较大且受地方病和自然灾害频发等的影响，因病致贫、因灾返贫风险较高，需要建立常态化、制度化、高水平的基层公共服务供给体系和不断提高社会保障水平，增加边民补助，而边境县财政收入来源少、收入低、困难多，财政自给率极低，在改善社会民生和补齐发展短板方面存在较大困难，巩固脱贫攻坚成果和稳定致富任务艰巨。

6. 沿边对外开放形势严峻

近年来，沿边地区开放型经济发展步伐明显加快，对外贸易占全国的比重有所上升。但与全国相比，沿边地区外向型经济发展的总体水平仍然有着很大差距。边境地区对外贸易产品种类相对单一，以农产品、资源性产品和纺织服装等资源、劳动密集型产品为主，附加值和经济效益不高，而且资源类产品和加工制成品进出口大多服务于内地市场，对外贸易的"通道经济"特征突出。边境开放平台和园区普遍存在企业偏少、产值偏低、配套基础设施不完善的问题，而且园区布局和园区内企业布局分散，主导产业发展羸弱，产业同质化现象突出，产业园区之间未能很好地实现错位发展、协调发展、有机融合，产业园区的政策功能和产业集聚作用未能有效发挥。对外开放受到邻国政局不稳，经济社会发展滞后，市场需求空间小、基础设施衔接不畅等多重制约。新冠疫情后，边境地区成为外防输入的重要关口，常态化疫情管控下，边境口岸纷纷关闭，进一步限制和减缓了边境地区开发开放步伐。

7. 反分裂斗争和维稳形势复杂

近年来，我国不断推进边境地区军民融合发展，深入开展民族团结进步和爱民固边活动，边民国家意识、国民意识、国防意识进一步增强。社会治安立体防控体系基本建成，维稳控边能力持续增强。东北和北部边境持续安全稳定，西南边境较为安全稳定，但西北边境、西藏边境反分裂斗争和维稳形势依然严峻。

二、以边境地区为重点缩小区域发展差距促进共同富裕的总体思路

深刻把握我国五个边境段的突出问题、发展阶段，突出边境的特色、边境的优势，因段施策，各有侧重，重点突破，在维护好边防安全、民族团结的基础上，推动边境地区加快高质量振兴发展步伐，不断缩小与其他地区的发展差距，促进共同富裕。

（一）指导思想

坚持以习近平新时代中国特色社会主义思想为指导，全面贯彻党的十九大和十九届历次会议精神，统筹推进"五位一体"总体布局和协调推进"四个全面"战略布局，立足新发展阶段，全面、完整、准确贯彻新发展理念，构建新发展格局，坚持"富民、兴边、强国、睦邻"宗旨任务，坚持捍卫国家主权和领土完整，以保基本、补短板为重点，着力实施设施利边、民生惠边、城镇固边、产业富边、开放睦邻、生态护边、团结稳边七大任务，建设繁荣稳定和谐边境，巩固祖国边防，与全国同步全面开启社会主义现代化建设新征程，加快缩小与其他地区发展差距，推动共同富裕。

（二）基本原则

因地制宜，分段施策。紧密围绕国家对外开放和国防边防需要，根据边境地区自然环境条件、社会民生需求、安全稳定形势及毗邻国家情况，研究确定不同边境段的主要任务和重点工程，加强分类指导和政策支持，重点解决特殊困难和突出问题。

边民为本，改善民生。采取特殊政策措施着力保障和改善民生，解决好边民最关心、最直接、最现实的生活问题，兜住民生底线，巩固好脱贫攻坚成果，持续提升基础设施和公共服务均等化便利化水平，确保边境地区各族群众共享全面小康社会成果。

统筹推进，重点突破。统筹边境地区各项经济社会发展稳定任务，突出安全稳定和民生重点，考虑当前和长远，兼顾需要和效率，持续推进边境地区各项振兴发展任务。突出重点区域和建设时序，按照边境乡镇、边境县、边境市（地、州、盟）的顺序梯次推进，重点解决边境乡镇和边境县面临的突出问题和困难，同时注重与边境市和边境省（区）进行联动发展，增强边境省（区）、边境市对一线边境地区发展的规划指导和支撑保障能力。

多元融合，协同共享。以基础设施共建共享、社会服务保障统筹、军警地公共安全合作、边防民防融合为重点，坚持党的集中统一领导，平战结合、防管一体、深度融合，补短板，强弱项，增强对经济建设和国防建设的支撑能力。

团结合作，稳边睦邻。全面贯彻党的民族理论和民族政策，坚持共同团结奋斗、共同繁荣发展，不断巩固平等、团结、互助、和谐的社会主义民族关系，维护边境地区社会稳定。加强与邻国的民间交往，增进睦邻友好，为边境地区发展营造良好内外环境。

（三）发展目标

到 2025 年，边境地区综合实力明显增强，人均 GDP 达到全国平均的

80%；城乡居民人均收入达到全国平均水平，人民生活显著改善；基础设施条件全面改善，沿边铁路、公路、机场等布局基本完善，有条件的边境乡镇、建制村实现硬化路和通客车，水利、电网、饮水、信息等设施更加完善，服务发展和保障边防能力全面提升；民生保障水平进一步提高，教育、医疗、养老、住房等设施条件全面改善，就业规模稳定扩大，社保水平稳步提高；产业结构和布局得到优化，特色优势产业规模逐渐壮大，对边境就业致富的支撑作用明显增强；深度融入"一带一路"建设，西北边境向西开放深入推进，西南边境南向开放提速快进，东北边境面向东北亚合作打开新局面，北部边境北向开放实现新突破，西藏边境口岸设施逐步完善，沿边开发开放水平显著提高；生态护边取得明显成效，生态环境质量全面提升，生态经济蓬勃发展；民族团结基础进一步夯实，边境地区安定和谐局面更加巩固，与周边国家友好往来更加密切。

到 2035 年，边境地区与全国同步基本实现现代化，边境地区对国防安全和经济社会发展的支撑保障能力进一步增强，边民生活水平实现与全国平均水平大体相当，现代化基础设施体系和公共服务体系基本建立，对外开放水平和能力全面提高，亲密团结的民族关系更加深厚，同周边国家的睦邻友好关系得到巩固深化，边境生态成为"美丽中国"的形象示范。

（四）战略定位

确保国土安全的前沿阵地。边稳则国安，陆地边境地区是我国与周边国家接壤的区域，是国家安全的战略防线，是捍卫国家主权、领土完整的安全屏障。在我国区域发展中，边境地区承担捍卫国家主权和维护领土完整的重要功能，是反分裂斗争和维稳工作最为复杂严峻的区域，是国防安全的最前沿。

内陆沿边开放的重要载体。边境地区是我国距离周边国家最近的区域，具有与 14 个国家 30 个少数民族跨境而居的优势，与周边国家和地区经贸往来日益密切、社会文化交流逐渐频繁，具有一批边境口岸、边境经济合作区、跨国经济合作区等开放平台，设立了一批边境城市，是我国内陆沿边开放的重要载体。

党政军警民融合的区域典范。党政军警民在维护我国边疆安全、国防安全和推动经济社会发展中均发挥着重要作用，党政军警民融则两利，合则共赢。推动边境地区党政军警民融合守边，构建坚如磐石的新型党政军警民关系，既是解放和发展生产力的兴边之策，也是建设巩固国防和强大军队的强军之道，更是应对边境复杂安全威胁、赢得国家战略优势的制胜之基。因此，边境地区有条件、有必要建设成为党政军警民融合发展的区域典范。

密切跨境民间交往的门户枢纽。我国边境地区与周边邻国山水相连，地缘相近、血缘相亲、人文相通、商缘相连、利益相融，边民互市、跨国旅游、跨国婚姻、人文交流等跨境民间交往频繁，是国与国之间民众相互了解、增进信任、加强合作的重要门户枢纽。

（五）开发开放时序

结合"一带一路"和西部陆海新通道建设战略需要以及五个边境段开发基础，以西南边境为重点，率先完善开发开放平台，畅通国际贸易大通道，加快边境城市建设，打造沿边开放的重要增长极。进一步提升东北边境面向东北亚区域开放合作和西北边境面向丝绸之路经济带共建国家的开放合作水平。推动北部边境重点口岸进一步完善基础设施和扩大对蒙俄贸易。加强西藏边境和南疆边境党政军警民融合的边防体系建设，完善抵边道路、抵边村镇等的建设，稳步提升边民社会福利和收入水平。

三、提升边境地区人口和经济支撑力，缩小区域发展差距促进共同富裕

各有侧重深入实施设施利边、民生惠边、城镇固边、产业富边、开放睦边、生态护边、团结稳边七大战略任务，推动边境地区加快补齐振兴发展短板，构建适应新时代边境地区高质量发展要求的现代化基础设施体系、公共

服务体系、城镇结构体系、特色产业体系、开放合作体系、生态治理体系和强边固防体系。

（一）以畅通对内对外大通道为抓手推动设施利边

统筹边境口岸、边境城市建设，不断完善对内对外交通网络。对外要推动边境口岸与邻国口岸铁路统一等级标准，减少不必要的货物转运，提升货物通关效率。对内完善与周边城市及区域中心城市的铁路、公路、机场等交通网络，加强与国家重大战略区域的交通通道连接，推动边境地区融入国家战略区域和地方区域经济布局。东北边境面向东北亚次区域合作，加快打通俄蒙中朝韩国际大通道；北部边境聚焦中蒙俄经济走廊建设，不断优化口岸铁路、公路等设施条件，推进与呼和浩特、北京等的通道连接；西北边境要面向中亚、西亚合作，加快推进与周边国家的道路连接，加强边境口岸与疆内交通枢纽、中心城市等的连接；西藏边境在重点完善边防公路、抵边道路建设的基础上，面向南亚开放，以尼泊尔为重点方向，推进南向通道建设和完善边境口岸设施条件；西南边境要加快西部陆海新通道建设，畅通中南半岛通道、中缅陆水联运通道、孟中印缅国际大通道等的大能力铁路运输通道、联通口岸的高速公路网及物流枢纽、港口、转运中心等建设，加强通道物流组织模式创新，大力发展以海铁联运为主的多式联运体系，积极推进通关便利化，不断提升货物转运效率和便利化水平。五个边境段均需持续改善边境县和边境乡镇、边境村公路设施条件，加强边境县省道、县道建设，推进边境乡村公路和牧道建设，推动抵边村通达通畅、建制村道路硬化。此外，要统筹推进水利、能源等设施建设、改善边民住房条件，提升边民饮水安全，大力推进信息基础设施建设，实现人口规模居住地区 4G 网络全覆盖，大大提升无线网络入户比重，加快布局新一代信息基础设施，为智慧口岸、智慧牧场、边境智慧城市、智慧安防奠定设施基础。

（二）以教育医疗公共服务补短板为重点推动民生惠边

不断改善民生福祉，加强公共服务体系建设，改善医疗、教育等公共服务条件。科学稳妥推进边境民族县双语教育，加强双语科普资源开发。优化义务教育学校布局和教育资源分配，保障边民子女就近入学。强化高中教育，加大招才引师力度，提高教师待遇，不断充实师资力量，大力推广教育信息化，运用在线教育等新模式弥补师资力量和水平的不足。加强职业教育，提升边民就业技能。完善基层医疗卫生服务体系建设，重点推进乡镇卫生院、村卫生室标准化建设，提高村医工资待遇，针对边境地区慢性病、传染病、大病定向加大边民医疗优惠力度。提升抵边村村级能力建设，加强党建室、惠民超市、农贸市场以及文化中心等建设和管理服务队伍建设。

（三）以边境城镇体系建设为重点推动城镇固边

巩固边境和加快边境地区发展的根本在于推进边境城镇建设，增加人口密度和经济密度。按照沿边集聚、合理布局、集约发展和适度超前原则，以边境市为引领，构建以边境重要节点城市和小城镇为支撑、临边集镇为节点、抵边村寨为支点，沿边境线辐射延伸的城镇带。加强边境城市建设，在原有28个边境城市的基础上，将总人口在50万人以上的腾冲市、东港市、崇左市、防城港市等纳入边境城市建设，加快完善城市功能，提升聚人聚产能力。结合边境口岸、边境经济合作区、跨境经济合作区等的建设，优先打造一批具有口岸功能的固边城市。加强与周边城市的统筹规划，完善城市交通和市政配套设施，提高边境城市公共服务保障水平。支持人口在30万~50万人的边境县发展特色产业，提升对边民居住、就学、就业保障等的综合服务功能。加强边境节点镇建设，依托优势资源打造商贸物流型、生态旅游型、工业制造型、历史文化型等主导产业清晰的综合镇，辐射带动周边边境地区农村发展。加快边境城镇信息基础设施建设，探索运用大数据、人工智能、虚拟现实等技术加强边防建设，做好城市反分裂和维稳工作，打造现代化边境安全城市。

（四）以特色优势产业为带动促进产业富边

依托边境地区森林、草原资源丰富的比较优势，大力发展特色种养殖业、草业、特色林果业，促进边境地区农业产业化发展，形成和延长产业链，培育特色农业品牌，增加农产品附加值。依托东北边境粮食主产区、西北边境、西藏边境、西南边境等地的民族医药，北部边境的牧业基础，加快发展农产品加工、中药材加工、乳品加工、皮制品加工等出口加工业。依托北部边境、西北边境煤炭、石油、风光电资源丰富等的能源资源优势，推动传统能源化工产业绿色循环化转型，不断向产业链下游和价值链高端延伸，促进风电、光伏发电等清洁能源产业发展，加快建设完善边境地区向哈尔滨、北京、呼和浩特等大城市的特高压远距离输电网络，实现清洁能源的有效利用。充分发挥边境地区口岸优势，大力发展边贸物流产业，推动建设一批内外贸一体化的特色商贸市场、商品交易市场，鼓励和支持发展国际商贸物流产业。推动边境地区跨境电商发展，支持边境地区建设电商平台，打造一批"边境仓"，推动新业态、新模式与边境贸易融合。实施边境地区"互联网+"行动，推动互联网与创业创新、益民服务、高效物流、电子商务、便捷交通、绿色生态、文化旅游等结合，不断拓展融合领域。支持边境地区发展特色生态旅游和跨境游，建设边境旅游试验区、跨境旅游合作区和全域旅游示范区，支持边境地区特色文化产业和旅游业融合发展。

（五）以西南边境段开放为重点推动开放睦边

紧抓"一带一路"建设深入推进和西部陆海新通道建设机遇，以西南边境段为重点，加快南向开放，在加强与周边国家的政策沟通、设施联通、贸易畅通、资金融通、民心相通方面发挥前沿作用。依托澜沧江—湄公河合作、孟中印缅经济走廊等合作平台，推动西南边境加强与周边国家和重点城市的经贸、文化、科技合作。完善边贸政策，将边民每天8000元互市贸易免税额度提高至每天 10000~15000 元。大幅提高边境口岸增值税和关税地方政府留成比例，用于开展口岸规划、建设、维护和管理。引导边民参加各种边贸活动，不断加强边贸互市点（区）基础设施建设和软环境建设，确保边贸活动安全稳定、秩序规范、交易便捷。推进西南边境重点边境城市的金融、教育、文化、医疗等服务业领域有序开放，逐步实现高水平对内对外开放。创新口岸监管模式，优化查验机制，推进沿边口岸国际贸易"单一窗口"建设，提升边贸便利化水平。加大对西南边境经济合作区和跨境经济合作区的支持力度。

（六）以生态退化治理和跨境生态廊道建设为重点推动生态护边

加强边境生态退化治理，围绕桂黔滇喀斯特石漠化区、塔里木河荒漠化区、浑善达克沙漠化区、藏西北羌塘高原荒漠区等重点生态退化区域，加强生态防护林建设，实施退耕还林还草、退牧还草、石漠化治理、天然林资源保护等工程，提高林草覆盖率。加强草原鼠害治理，防治草原退化沙化，维护边境草原生态安全。加大生物多样性保护和自然保护区建设力度，不断提升边境地区生态安全屏障的生态功能。开展河流、湖泊污染治理和生态修复，持续改善边境河流、湖泊水生态。推进跨境生态廊道建设合作。支持中老边境生物多样性跨边境联合保护区，中缅边境跨境生态保护合作区建设，支持建设跨国流域生态经济带，围绕流域生态治理、水电开发、国际航运、流域产业协作等开展国际合作，加大资金、人才、技术支持。

四、强化政策支持，确保边境地区在推进共同富裕进程中"跟上队"

边境地区财政实力薄弱，要素吸引力不足，边境地区的高质量发展需要国家在资金、人才、城市建设、社会保障等领域加大统筹支持力度。

（一）加大财税资金支持力度

继续加大中央财政对边境地区的财政转移支付力度，扩大边民补助范围至边境城市，进一步提高一线边民补助标准。对一线边民、边境县居民、边境城市居民设立差异化边贸免税额度，进一步提高一线边民边贸免税额度，扩大适用范围至"一带一路"共建国家。对国家级口岸、边境经济合作区、跨境经济合作区、重点开发开放实验区等开发开放平台的基础设施建设资金实行央地分担，尽可能提高中央支付比例。对边境城市、抵边乡镇建设的重大交通、水利、能源等设施项目降低地方政府分担比例。

（二）加大边境地区人才支持

制订边境地区高端人才培养计划，给予政策和资金支持，帮助边境地区打造高端领军人才及创新团队。引导东部地区的专家学者和管理人才到边境地区进行交流。选调边境地区基层干部、技术人员到东部地区政府、企业挂职锻炼，帮助其开阔视野，增长才干。进一步增加对边境地区的教育投入，支持培养更多的本地人才。国家重点高校适当扩大对边境地区的招生规模，鼓励和规范边境地区毕业生回边境地区工作创业。加强边境地区教育培训，重点支持职业技能培训发展，给予边境职业技能培训机构、培训人员和学员给予一定资金奖励和政策鼓励。

（三）加快边境中心城市建设

重点加强人口密度较低边境段和人口流失较为严重边境段中心城市建设的支持力度，对北部边境、西北边境、西藏边境吸纳人口较多的边境城市给予建设用地新增指标、基建项目、产业项目政策等的支持，对东北边境人口流失严重的地区在区域协调发展战略中重点统筹，利用对外开放相关政策重塑人口、人才吸引力。对边境中心城市的教育、医疗、卫生、文化、体育等基本公共服务设施建设和城乡交通基础设施建设给予重点倾斜,在承接东部地区产业转移、建设飞地园区等方面给予特殊政策,对边境城市生态环境相关指标适当放松,加大边境城市社保、养老保险等的中央统筹层次。

(四) 加大边境地区地方病医疗救助

减轻边境地区地方病对边民健康的影响。加大对寒地病、高原病、高山病的研究支持和资金投入力度,支持设立相关研究机构,对患病后需终身服药的地方病加大补助力度,患者就医后通过城镇医保或新农合报销后,需个人结算的部分建议全部由政府承担,切实解决边境农民和困难职工看病就医等基本社会保障问题。

(五) 完善边境地区生态补偿政策

探索在边境地区率先实行自然资源资产收益扶持机制。在边境地区率先探索建立多元化生态保护补偿机制,扩大补偿范围,合理提高补偿标准。逐步建立地区间横向生态保护补偿机制,引导受益地区与提供生态产品的边境地区之间通过资金补助、产业转移、人才培训以及共建园区等方式实施补偿。完善并继续实施草原生态保护补助奖励政策,对实施禁牧和草畜平衡的牧民实行补贴和奖励,支持草原畜牧业转型发展。开展边境相对贫困地区生态综合补偿试点,健全公益林补偿标准动态调整机制。加大边境相对贫困地区生态保护修复力度。

主要参考文献

[1] 黄征学. 中国边境地区发展面临的问题及对策建议 [J]. 发展研究, 2013 (8): 30-35.

[2] 游珍, 封志明, 雷涯邻, 等. 中国边境地区人口分布的地域特征与国别差异 [J]. 人口研究, 2015, 39 (5): 87-99.

[3] 黄征学. 加快边境地区发展的基本思路 [J]. 中国经贸导刊, 2013

(19): 33-35.

[4] 彭飞,杨鑫,刘天宝,等.中国边境地区地缘经济系统发展优势度空间分异 [J]. 经济地理, 39 (5): 19-26.

[5] 国务院关于支持沿边重点地区开发开放若干政策措施的意见.

[6] 国务院办公厅关于印发兴边富民行动规划(2011-2015年)的通知.

[7] 国务院办公厅关于印发兴边富民行动"十三五"规划的通知.

[8] 程艺,宋涛,刘海猛.我国边境收缩城市:格局、类型与影响因素 [J]. 北京规划建设, 2019 (3): 48-52.

[9] 于天福,隋丽丽,李富祥.中国边境口岸经济发展与其依托城市互动机理研究 [J]. 社会科学辑刊, 2015 (1): 50-54.

[10] 李敏.从"一带一路"看中国沿边经济发展与合作的特点与问题 [J]. 商, 2016 (10): 132.

[11] 郑长德.外联与内聚:新经济地理学视域下的边疆开发开放 [J]. 西南民族大学学报(人文社会科学版), 2016, 37, 293 (1): 118-123.

[12] 唐晓轲.加强边境地区党政军警民联防工作的几点思考 [J]. 国防, 2017 (3): 78-79.

[13] 韩淞宇.边境地区人口过疏化问题研究——以延边朝鲜族自治州为例 [J]. 人口学刊, 2019, 41 (4).

[14] 袁波."一带一路"建设与我国沿边地区的开放发展 [N]. 中国民族报, 2019-12-26.

专题报告六

以资源枯竭型地区为重点缩小区域发展差距促进共同富裕研究

汪阳红

内容提要：资源枯竭型地区受资源趋于枯竭，经济发展滞后，民生问题突出、生态环境破坏严重、城市衰败等问题困扰，当前发展面临较大的困难，但作为历史上做出重要贡献的城市，在我国区域协调发展中是不可忽略的重要组成部分，加快资源枯竭型地区的可持续发展是实现人的全面发展、维护社会和谐稳定，扎实推动共同富裕，与全国其他地区同步基本实现社会主义现代化的必然要求。

一、资源枯竭型地区的发展特点

"十一五"时期以来，我国针对资源枯竭型地区已经开展了一系列的工作，包括制订规划、明确政策支持对象、出台支持政策、开展成效评估等，通过这一系列工作，资源枯竭型地区普遍得到了较快发展。

（一）资源枯竭型地区范围

2008年、2009年、2011年，国家分三批确定了69个资源枯竭型地区（县、区），如表6-1所示，其中，煤炭城市37座、有色金属城市14座、黑色冶金城市4座、石油城市5座、森工等城市9座。另外,大小兴安岭林区9个县(市)参照享受资源枯竭型地区政策。2013年,国家出台《全国资源型城市可持续发展规划(2013-2020年)》,将资源型城市综合分为四类,包括成长型城市31个、成熟型城市141个、衰退型城市67个、再生型城市23个。本报告的研究范围为76个资源枯竭型地区(包括67个衰退型城市和9个大小兴安岭林区,其中,试点名单中的盘锦和孝义已划为再生型城市)。

表6-1　　　　　　　　　资源枯竭型地区试点名单

省(区、市)	第一批(12座)	第二批(32座)	第三批(25座)
河北		下花园区(煤) 鹰手营子矿区(煤)	井陉矿区(煤)
山西		孝义市(煤)	霍州市(煤)
内蒙古		阿尔山市(森工)	乌海市(煤) 石拐区(煤)
辽宁	阜新市(煤) 盘锦市(石油)	抚顺市(煤) 北票市(煤) 弓长岭区(铁) 杨家杖子(钼) 南票区(煤)	
吉林	辽源市(煤) 白山市(煤)	舒兰市(森工) 九台区(煤) 敦化市(森工)	二道江区(煤) 汪清县(森工)
黑龙江	伊春市(森工) 大兴安岭地区(森工)	七台河市(煤) 五大连池市(森工)	鹤岗市(煤) 双鸭山市(煤)
江苏			贾汪区(煤)
安徽		淮北市(煤) 铜陵市(铜)	
江西	萍乡市(煤)	景德镇市(瓷)	新余市(铁) 大余县(钨)

续表

省（区、市）	第一批（12座）	第二批（32座）	第三批（25座）
山东		枣庄市（煤）	新泰市（煤） 淄川区（煤）
河南	焦作市（煤）	灵宝市（金）	濮阳市（石油）
湖北	大冶市（铁）	黄石市（铁铜煤和硅灰石） 潜江市（石油） 钟祥市（磷）	松滋市（煤）
湖南		资兴市（煤） 冷水江市（锑） 耒阳市（煤）	涟源市（煤） 常宁市（铅、锌）
广东			韶关市（煤、铁）
广西		合山市（煤）	平桂管理区（锡）
海南			昌江黎族自治县（铁）
重庆		万盛经济技术开发区（煤）	南川区（煤）
四川		华蓥市（煤）	泸州市（天然气）
贵州		万山区（汞）	
云南	个旧市（锡）	东川区（铜）	易门县（铜）
陕西		铜川市（煤）	潼关县（金）
甘肃	白银市（银、铜）	玉门市（石油）	红古区（煤）
宁夏	石嘴山市（煤）		

注：资源枯竭型地区试点总数共计69个，其中，地级市25个、县级市23个、县（自治县）5个、市辖区（开发区、管理区）16个。大小兴安岭林区参照享受政策地区9座，分别是：内蒙古自治区牙克石市、额尔古纳市、根河市、鄂伦春旗、扎兰屯市和黑龙江省逊克县、爱辉区、嘉荫县、铁力市。

（二）资源枯竭型地区发展特点

1. 资源型产业萎缩，接续产业基础薄弱

资源型地区的产业结构以资源采掘业和初级加工业为主，结构单一，产业链条过短，专业性分工很强，城镇从业人员中的绝大多数从事资源开采业、资源加工业和相关的其他产业，产业锁定效应明显。随着资源枯竭型地

区资源储量不断下降，可采资源量基本不足以支撑城市经济的发展，而接续替代产业尚未形成规模，现代制造业、高技术产业等处于起步阶段。同时，受区位偏远、远离经济发达地区和核心城市的影响，人才、资金、技术等要素集聚能力弱，创新水平低，进一步发展接续替代产业的支撑保障能力严重不足，导致城市经济发展总量不足，地方财力薄弱，可持续发展挑战较大。

2. 民生问题突出，社会环境尚欠稳定

资源枯竭型地区采掘业占第二产业的比重多超过20%，劳动者以矿工为主体，技能相对单一，易造成结构性失业，就业压力较大。受企业破产影响，失业和低保人数多。劳动者文化程度和技能水平都较低，加之城市第三产业发展滞后，私营企业、中小企业发展不足，就业容量有限，导致下岗、失业人员难以实现再就业，就业压力增大，特困企业拖欠职工工资和离退休人员费用现象比较普遍，职工收入低于全国平均水平。历史遗留问题较多，随着矿区的衰败，群众住房条件不断恶化，社会不稳定因素较多。

3. 环境破坏严重，可持续发展挑战大

资源型地区在大规模开发利用其特有资源的同时，城市和其周边地区的生态、水、土壤、大气环境都不可避免地遭受不同程度的干扰和破坏，有些干扰和破坏不可逆转。近年来，虽然采取措施，实施了大规模的污染治理，但环境污染问题仍然十分严重。大气污染程度没有明显改善，采煤塌陷区、独立工矿区受地质灾害隐患威胁的人口仍有100万人，水资源短缺、矿渣堆积、粉煤灰污染等问题尚未得到根本解决，耕地退化、盐碱化和沙化问题依然严重，某些疾病发病率、死亡率高，生态修复、环境污染治理的任务仍十分艰巨。

4. 人口有所外流，城市规模不断缩小

随着资源型产业的衰落，导致城市经济实力下降，可提供的就业岗位不断将少，加上城市公共服务设施建设滞后，发达城市的吸引，导致资源枯竭型地区的吸引力不断下降，造成城市人口不断外流，资源枯竭型地区成为"收缩城市"的典型代表。2010~2020年，全国23个资源枯竭型地区中，有11个属于人口外流的城市，约占1/2，其中，东北地区的资源型枯竭城市人口外流比较严重，如白山市人口减少近14万人，大兴安岭地区人口减少 18 万人。

二、资源枯竭型地区转型发展促进共同富裕的总体思路

紧紧围绕资源枯竭型地区转型发展战略目标，全面解决制约资源枯竭型地区发展的历史遗留问题，重塑发展新动能，使资源枯竭型地区与全国其他地区同步朝着基本实现社会主义现代化的目标迈进。

（一）发展定位

全方位转型升级发展的试验区。资源枯竭型地区在资源富集时期，以能源资源开采为主的产业结构，随着能源资源储量的下降，这些城市进入全面转型发展的关键阶段，在国家和城市自身的共同努力下，资源枯竭型地区按照高质量发展的要求，积极破除传统发展路径依赖，加大探索试验，推动经济、社会、生态、城市等全方位转型步伐，积极培育新动能，促进资源枯竭型地区早日摆脱发展困境，为我国基本实现现代化做出新的贡献。

收缩型城市集约集聚发展的样板区。伴随资源枯竭、城市环境发展改变，资源枯竭型地区在特定发展阶段出现人口下降是客观规律，因此，资源枯竭型地区的发展要随着城市全方位转型升级步伐的加快，适时开展与产业人口规模相适应的城市空间格局的优化调整，改变传统大而全、小而全、用地粗放的城市发展模式，向着宜居宜业、集聚集约、高效便捷的方向转变，建设成为小而美、小而优的生态型城市。

各具特色转型发展模式的聚集区。资源枯竭型地区因资源枯竭而衰的原因都类似，但未来转型发展不同的资源枯竭型地区则要分别走出各自不同的因地制宜发展道路，否则又会进入因同质转型而失败的结局。每个资源枯竭型地区要通过挖掘潜力、发挥优势、培育特色，走出一条有别于其他城市的转型升级道路，培育壮大在一些细分领域具有特殊优势的城市竞争力，形成在产业深加工、新产品培育等方面各具特色的产业生态系统，支持资源枯

型地区的全面转型。

（二）基本原则

因地制宜，引导资源枯竭型地区差异化发展、特色发展，形成各具特色的转型升级发展模式；以人为本，切实解决人民群众最关心、最直接、最现实的问题，使广大人民获得感、幸福感、安全感更加充实、更有保障、更可持续；政府与市场有效结合，充分发挥市场在资源配置中的基础性作用，激发各类市场主体的内在活力；差异施策，对问题严重、困难突出的资源枯竭地区，实施"一城一策""一区一策"。

（三）发展导向

1. 推动以新理念、新技术、新模式带动的全面创新

资源枯竭型地区的发展先要从理念创新入手，按照高质量发展的要求，大胆解放思想，树立思想创新为引领的工作作风，打破不适合转型发展的条条框框，改变传统的"等、靠、要"思想，主动作为，积极参与。改变"求全求大"的思维定式，用新的城市发展战略思维创新转型发展模式，推动专特精产业、特色优势农业、多元服务业发展。积极创造条件发展新技术、新产业、新模式、新业态的"四新"经济，积极培育创新型领军企业，推动三次产业融合发展，大力发展体验经济，培育消费经济新业态。应用"智能＋""互联网＋"等新技术改造传统产业，培育形成各具特色的城市转型模式。

2. 促进经济、社会、生态、城市的全方位转型

从重视产业转型向更加重视经济、社会、生态、城市的全方位转型转变，实施多领域转型并举，推动资源枯竭型地区发展的全方位发展。推动产业转型向经济结构转型转变，积极推动产业组织结构、企业结构、所有制结构转型，激发以企业为主体的市场活力，培育具有市场竞争力的特色产业体系。促进由黑色经济、白色经济、单一资源型经济向创新经济、绿色经济、

多元融合经济转变，发展特色优势产业，推动产业融合发展。推动社会转型，完善城市基本公共服务供给，扩大就业，加强城市更新改造。推动生态转型，加强生态修复和环境治理，推动城市可持续发展。推动由工矿、工业城市向消费城市、现代城市转变，提升城市综合服务功能，增强城市吸引力。

3. 构建要素可流动、包容、协同、开放的创新生态

推动资源枯竭型地区由封闭保守向要素可流动的开放创新生态转变。对于区位偏远、转型困难的地区，通过提升教育水平，提高社会流动性，鼓励人口向城市中心区或其他地区流动。切实转变政府职能，优化营商环境，提高政府服务效能，构建开放合作的创新创业生态，吸引更多国内外资金、人才、技术进入。提升城市扩大开放水平，加强与发达地区的合作，通过共建产业园区，积极承接发达地区产业转移，推动产业集聚集群发展。积极融入邻近都市圈、城市群，推动与核心城市合作，积极承接特大城市非核心职能向资源枯竭型地区转移，促进分工协同发展。

4. 推动外援型增长向自力更生的内源型增长转变

资源枯竭型地区实现自力更生的内源型增长不仅是实现经济转型的基本途径，也是实施可持续发展战略的一项基本要求。在资源枯竭型地区转型的早期阶段，政府必须给予必要的支持，帮助其形成具备转型的基础条件，但长期依靠国家财力支持是不可持续的。因此，资源枯竭型地区在享受国家财政扶持和政策优惠的同时，必须结合自身的实际情况，寻求经济社会发展新的突破口，要将国家的外力支持和自身的实际结合起来，形成合力，共同促进经济社会的转型，在区域经济和产业分工中重新找到自己的位置，不断得到发展。国家在对资源枯竭型地区的扶持过程中，在加强财政、政策等扶持的同时，更要从观念引导、管理体制等方面着手，促使资源枯竭型地区形成自主创新、自主发展的动力和能力。

（四）发展目标

到 2025 年，资源枯竭城市历史遗留问题得到根本解决，转型发展、高

质量发展的基础更加牢固，科技创新力增强，经济社会全面转型，城市"宜居、宜业、宜游"格局基本形成，城市发展活力得到有效提升。

创新引领增强。以理念创新为引领，模式创新、技术创新、产业创新、文化创新的全面创新格局基本形成，新技术、新经济、新模式、新业态的"四新"经济得到推广和应用，创新主体活力迸发，创新驱动作用不断增强。

特色经济彰显。依托不同城市矿产资源及特色产业优势形成的产业链、价值链、创新链不断完善，资源性产业精深加工水平大幅提升，特色农业、创意文化旅游、战略性新兴产业等接续替代产业不断壮大，城市多元化、特色化产业体系全面建立，产业竞争力显著增强。

生态环境优良。矿山地质环境得到有效保护，历史遗留矿山地质环境问题的恢复治理率大幅提高，因矿山开采新损毁的土地得以全面复垦利用，主要污染物排放总量大幅减少，重金属污染得到有效控制，低碳循环经济得到大力发展。

社会和谐进步。就业规模持续扩大，基本公共服务体系逐步完善，养老、医疗、工伤、失业等社会保障水平不断提高，住房条件明显改善，城乡居民收入增幅高于全国平均水平，低收入人群的基本生活得到切实保障。

人居环境优美。城市空间格局不断优化，城区中心人口聚集规模不断提高，城市基础设施进一步完善，教育医疗、文化娱乐等综合服务功能不断增强，城市更新改造有序推进，形成一批宜居、宜业、宜游且个性彰显的城市。

体制机制健全。制约资源枯竭型地区转型发展的体制机制得到进一步深化改革，资源利用补偿机制、生态环境保护机制不断完善，与周边都市圈、城市群的合作不断加强，对口支援合作有序推进，对内对外开放形成新的增长点。

到 2035 年，资源枯竭型地区经济、社会、生态、城市等全方位转型取得显著成效，不同类型的资源枯竭型地区都已形成各具特色、细分产业支撑的差异化产业生态格局，建成宜居宜业、集聚集约、高效便捷的小而美、小而优的绿色生态城市，与全国同步基本实现现代化。

（五）分类推进资源枯竭型地区转型发展

按照"一城一策""一区一策"的原则，结合资源枯竭型地区评估成果，因地制宜开展城市转型升级路径探索和分类指导施策（见表6-2）。

表6-2　　　　　　　　资源枯竭型地区差异化发展路径

类型	发展路径
煤炭资源型	大力发展煤炭精深加工、最大化延伸煤炭产业链条，构建材料化工、合成化工、精细化工等多元现代煤化工体系，培育形成绿色食品、生物医药、先进装备、新材料、文化工业旅游等新的接续产业
有色金属资源型	大力发展特色有色金属延伸接续产业，积极培育新能源、新材料、精细化工、生物医药、新型建材、电子信息、先进装备制造等战略性新兴产业，大力发展历史文化、工业旅游
黑色冶金资源型	积极利用新技术，改造提升机电制造、食品饮料、新型建材、纺织服装等传统产业，加快培育高端装备制造、生命健康、节能环保、新材料等新兴产业，逐步形成多元化产业体系
石油天然气资源型	积极开展科技创新，延伸石油化工产业链条，推动产业链、价值链、创新链协同发展，积极发展新材料、生物医药、电子信息、石油等先进制造装备、文化工业旅游等产业
森林资源型	大力发展冰雪经济、森林康养、体育赛事等森林生态旅游，因地制宜发展林业资源深加工，积极发展森林食品、森林医药、木业加工等产业，切实保护森林生态环境，提高森林碳汇

资料来源：本书课题组整理。

三、加快资源枯竭型地区转型发展，夯实推进共同富裕的动力支撑

大力培育支柱产业，创新创业生态，完善基本公共服务水平，增强城市集聚能力，推动体制机制创新，扩大开放合作，加快提升资源枯竭型地区转

型升级步伐。

（一）培育各具特色支柱产业，夯实共同富裕的产业基础

1. 优化发展资源精深加工产业

依托矿产、森工等不同类型资源枯竭型地区的原有资源基础，加大资源最大化利用，有序发展现代煤化工、石油化工，提高钢铁、有色金属深加工水平，发展绿色节能、高附加值的新型建材，将传统产业改造升级和延伸产业链、发展上下游产业紧密结合起来，建设一批特色鲜明、主业突出的产业集群和资源深加工基地。积极利用新技术、"互联网+""智能+"等改造提升传统产业，推动产业向高端化、绿色化、智能化、服务化方向转变，提升产品档次和质量，壮大特色优势产品品牌。依法依规淘汰钢铁、煤炭等原材料工业落后产能。

2. 因地制宜培育壮大接续替代工业

结合不同类型枯竭城市的产业基础和未来产业发展趋势，加快培育接续替代产业。一是围绕已有资源加工产业的高附加值产业环节，拓展新材料、生物科技等产业，推动传统优势产业衍生出新的接续替代产业；二是培育新的产业进入，围绕与周边城市配套，积极承接有利于延伸产业链、提高技术水平、促进资源综合利用、充分吸纳就业的产业，形成与大企业协作配套，在细分行业具有竞争力的产业；三是积极培育战略性新兴产业，大力发展基于"互联网+""智能+"的新产业新业态，积极发展互联网、大数据、云计算、物联网等新一代信息技术、智能装备、新能源、新材料、生物医药、节能环保以及电子商务等产业。

3. 大力发展工业旅游和森林旅游

围绕矿产资源开发留存的工业遗产、开发历史等特色历史文化资源，以及已有的自然、生态、人文等资源，结合矿坑土地整治、生态修复和城市更新建设，积极发展不同类型的特色工业旅游、生态旅游、文化旅游，结合科学知识、工业历史、传统教育、旅游休闲，创新工业博物馆、工业主题公园、创意产业园、工业旅游、特色小镇等模式，打造各具特色的工业旅游品

牌。对于森工城市，依托良好的森林生态资源，积极发展冰雪旅游、健康休闲、体育运动等生态休闲度假旅游，推动文化、体育、时尚、健康养老与旅游融合发展。

4. 积极发展特色农产品生产及加工业

结合各地区农业发展条件，大力发展带动就业能力强、市场需求大的绿色农产品及绿色食品工业，既满足本地市场需要，也可扩大市场范围，将特色农产品和食品向周边地区扩散。积极发展现代畜牧业、园艺业、水产业以及农畜产品加工和流通业。积极培育绿色生态农产品知名品牌，大力发展"互联网+"、智慧农业，培育一批农产品加工产业集群和绿色食品加工产业基地。

（二）营建创新创业生态，打造推进共同富裕的动力源泉

1. 积极开展资源深加工和新产业技术创新

建立创新驱动的产业转型升级内生动力机制，提高从科技到经济和实现生产力的转化能力。围绕不同资源枯竭型地区资源深加工领域的精专深行业、产业领域，构建以企业为主体、市场为导向、产学研结合的技术创新体系，打通基础研究、应用开发、中试和产业化之间的转化通道，加强与国内外先进企业和研发机构的合作，积极跟踪国内外前沿技术演变趋势，加强新技术的研发、试验和产业化，提升在特定资源深加工领域的国内外竞争力。在有条件地区，积极开展战略性新兴产业的技术跟踪与应用，推动先进技术在本地的应用转化。

2. 推动建设一批创新创业平台

围绕资源枯竭型地区特色资源深加工和战略性新兴产业培育，积极布局国家重大科技基础设施，建设关键技术共性研发和转化平台。支持城市与高等学校、中科院等研究院所、企业联合建设研发平台和创新平台，加快大学科技园、大学生创业孵化基地、科技企业孵化器等创新载体建设。调动全社会力量，支持创新工场、创业会客厅、创新集市等发展，完善科技创新创业服务体系，强化创新链、产业链、服务链、资金链对接，推进科技成果转化

应用，落实科技成果处置权、收益权等改革政策，调动科研人员的积极性，营建良好的创新创业生态。

3. 加强人才培训和交流

加大人才培养和智力引进力度，把引进人才、培养人才、留住人才、用好人才放在优先位置。积极吸引高校毕业生在本地就业创业，大力引进核心技术人才。大力推进现代职业教育改革创新，探索行业、企业参与职业教育的新模式。结合资源枯竭型地区产业转型发展需要和未来产业发展趋势，积极利用互联网技术，广泛开展线上教育培训，培养一批适应新经济发展趋势的人才队伍。大力推进专业技术人才和管理人才培训与交流，积极开展与发达地区相关科技产业领域的交流合作，引进和培养一批创新型人才。建立发达地区与资源枯竭城市的干部交流机制。

4. 弘扬敢闯敢干的文化精神

积极传承和发扬资源枯竭型地区艰苦奋斗、改革创新的精神，树立新时代开放创新、敢闯敢干的新风尚，全面增强创新意识、市场意识和竞争意识，营建敢于冒险、鼓励创新、崇尚成功、宽容失败的良好社会氛围。定期举办创客周、科技创业论坛以及创新创业大赛等活动，在全社会积极培养企业家精神和弘扬"敢为人先"的精神，活跃科学城创新创业氛围。加强科技创新宣传与普及，加大对科技工作者、创业者、企业家、改革者、服务者等多类型创新主体的宣传推广力度。

（三）完善基本公共服务，扎牢共同富裕的基础保障网

1. 加强困难群体社会保障

完善社会保障和救助制度，坚决把民生底线兜住兜牢，完善基本养老、医疗、失业、工伤、生育等社会保险制度，采取有效措施消除贫困代际传递现象，扩大社会保险覆盖面，努力实现应保尽保，逐步提高保障水平。有效解决关闭破产集体企业退休人员参加医疗保险、"老工伤"人员纳入工伤保险等历史遗留问题，解决失地农民的社会保障问题。完善基层医疗卫生服务体系，提高矿区医疗机构医疗服务水平和应急救治能力。加大对尘肺病、慢

性胃炎、皮肤病等矿业工人职业病和常见病的预防和救治力度。完善城乡最低生活保障和社会救助制度，研究解决失地农民的社会保障问题。

2. 增强居民转岗再就业能力

加强职业技能培训体系建设，积极开展职业教育、在岗培训，加强职业教育和实训基地建设，积极帮扶失业人员再就业，推动失地农民由"体力型"向"专业技能型"转变，切实防范重点地区、重点企业大规模失业风险。提高生产一线人员科学素质和劳动技能，提升就业能力。通过区域合作，推动资源枯竭型地区劳动力到发达地区进行就业培训。对于需要人口转移的地区，通过开展人才定向培养，促进劳动力异地转移。提高对新经济就业的宽容度，鼓励开展网约车、快递、共享单车、外卖等新的就业形式。结合旅游产业发展，鼓励开展多种形式的旅游服务，通过新型休闲度假和参与式运动型旅游等，增加就业机会。

3. 大力实施独立工矿区改造搬迁

因地制宜加快推进独立工矿区搬迁改造工程，切实改善矿区发展条件和居民生产生活条件，因地制宜探索切实有效的改造搬迁模式，集中力量突破制约独立工矿区转型发展的瓶颈。对于区位相对优越、距离大城市较近的矿区，结合常住人口居住趋势以及产业转型发展的需要，提升矿区基本公共服务保障水平，有序改善交通、供电、供水等基础设施，建设与人口规模相适应的供热、垃圾和污水处理等公用设施，匹配同等的教育文化、医疗卫生等公共服务设施。综合考虑吸纳就业等因素，科学规划建设接续替代产业平台，促进特色产业集聚发展。对地处偏远、资源枯竭且已不适合人居的矿区，可参照易地扶贫搬迁的做法，稳妥实施搬迁安置，引导人口向发展条件相对较好的地区转移，妥善解决搬迁居民后续就业问题，确保"搬得出、住得稳"。

（四）加强生态环境保护治理，"擦亮"共同富裕的底色

1. 加强矿山地质环境恢复治理

积极开展生态修复，深化采矿沉陷区、露天矿坑等重大矿山地质环境问

题治理，对深部采空区等突出地质环境问题治理给予重点支持。推进矿山环境恢复治理与城市生态环境建设相结合，通过矿山公园、土地复垦、建设工业园区、与地质灾害防治结合等模式，促进生态效益和社会效益的有效结合。推动采煤沉陷区综合治理，切实加强沉陷区基础设施、公共服务设施建设，加快推进重大地质灾害隐患区居民避险搬迁。积极推动损毁土地复垦利用，鼓励和支持市场主体投资沉陷区治理，提升土地治理收益。强化政府引导和协调，发挥市场机制作用，创新治理模式和投入机制，多渠道筹措资金推进历史遗留问题治理，细化引导社会资金投入的各项政策。

2. 强化重点污染物防治

强化高耗能、高污染企业脱硫脱硝除尘，加强挥发性有机污染物、有毒废气控制和废水深度治理。防范地下勘探、采矿活动污染地下水体，取缔水源保护区内违法建设项目和排污口，加快现有污水处理厂升级改造。积极开展重金属污染综合治理，以采矿、冶炼、化学原料及其制品等行业为重点，严格控制汞、铬、镉、铅和类金属砷等重金属排放总量。加快治理土壤重金属污染、水污染，积极开展矸石山、粉煤灰和尾矿库综合治理。

3. 推进低碳循环发展

推动资源枯竭型地区开展创建可持续发展示范市，推进资源全面节约和循环利用。积极发展循环经济，加快资源循环利用产业发展，加强矿产资源综合利用，促进产业废弃物高值化循环利用，推广先进适用的采、选、冶技术以及设备、工艺和方法，开发尾矿、废石、矿渣、粉煤灰等的综合利用技术，提高资源有效开采率、综合利用率和回收率。大力推进节能减排，抑制高耗能产业过快增长，降低能源消耗强度和二氧化碳排放强度。加快绿色矿山建设，优化矿业结构，加强矿山资源整合，逐步关停小矿山等。积极开展城市矿产示范基地、循环经济示范、节能减排示范、节水城市等建设。

（五）完善城市服务功能，打造高品质生活示范

1. 积极推进城市更新改造

针对城市基础设施老旧问题，按照集约紧凑、便捷舒适、美丽宜居的要

求,加大城市道路、城市轨道交通、城市地下综合管廊等设施建设与更新改造力度,加强城市供排水、供热、供气和垃圾、污水处理等市政公用设施建设,提高城市综合承载和辐射能力。对城市内部二元结构明显的城市,组织开展更新改造试点。结合城区工矿废弃地整理,建设总量适宜、景观优美的城市绿地和景观系统。推进城区老工业区搬迁改造,支持老工业企业搬迁改造、市政基础设施建设改造、老旧社区改造、工业污染土地治理和废弃地治理、工业遗产保护等,对相关企业视情况实施异地迁建、就地改造和依法关停,促进调整产业结构。

2. 优化城市布局调整

以矿山生态修复和综合治理为契机,结合人口增长趋势,科学规划城市的区域功能定位和产业布局,处理好新区和老区的关系,健全城市生产、生活、居住和休闲功能区,引导不适宜居住的矿区以及发展潜力小的村镇的人口向城区集中,提高中心城区城市规模,增强城市辐射带动能力。合理规划产业园区,完善承接产业转移配套设施条件,提高产业集聚度。建设具有城市功能、产业功能、创新功能有机结合的新兴产业园区,推动产业跨界融合、企业联动发展,提高园区链接资源能力,建设成为资源枯竭型地区新的增长带动极核,为城市转型升级提供强大的空间载体和增长动力。

3. 完善城市生活服务功能

结合城市转型和旅游文化产业发展需要,积极推动资源枯竭型地区由过去单一的工矿城市变为消费城市、休闲城市,加强城市公共服务设施建设,大力发展生活性服务业,提升城市文化、科教、商贸、医疗、体育健身、休闲娱乐等服务功能,壮大城市综合服务城市,满足多层次、多样化的生活需求,改善城市生活品质,提升对本地人口的服务能力,遏制本地人口不断流出的趋势,增强对外部人才和各类劳动人口的吸引力。

(六) 深化改革开放,构建推动共同富裕的内外部环境

1. 完善资源开发利用补偿机制

进一步建立健全资源性产品价格形成机制,使资源性产品的价格能够灵

敏地反映市场供求关系和资源稀缺程度，发挥市场机制在资源性产品价格形成中的基础性作用。健全资源开发补偿机制，按照"谁开发、谁保护，谁受益、谁补偿，谁污染、谁治理，谁破坏、谁修复"的原则，监督资源开发主体承担资源补偿、生态建设和环境整治等方面的责任和义务，将企业生态环境恢复治理成本内部化。健全矿产资源节约利用机制，强化矿产资源规划管控，严格分区管理、总量控制和开采准入制度，加强复合矿区开发的统筹协调。建立覆盖资源开采、消耗、污染排放及资源性产品进出口等环节的绿色税收体系。

2. 深化企业制度改革

理顺资源产权关系，健全资源产权交易机制，规范探矿权、采矿权交易市场，促进资源产权有序流转和公开、公平、公正交易。强化资源开采企业的社会责任，建立和谐共赢的矿地关系。深化国有企业改革，完善国有企业治理模式和经营机制，真正确立市场主体地位，解决好历史遗留问题。推动优势企业跨地区、跨所有制兼并重组。支持民营企业做大做强，放宽民间资本进入的行业和领域，促进民营经济公开公平地参与市场竞争。支持民营企业通过多种形式参与国有企业改制重组，鼓励民营资本进入能源资源开发、接续替代产业发展等领域。加快解决厂办大集体和分离企业办社会职能等历史遗留问题，稳步推进国有林场、国有林区管理体制改革。

3. 支持建设承接产业转移基地

发挥资源枯竭型地区在产业发展、产业工人、城市建设等基础优势，选择一批发展条件较好的资源枯竭型地区，积极建设承接产业转移示范基地，促进与发达地区优势互补，大力发展接续替代产业，加快推进新旧动能转换和产业转型升级，培育壮大一批先进制造业产业集群，增强城市发展新动能。积极发展进出口加工贸易，提高利用内外资水平，积极引导内外资更多地投向节能环保、新能源和新材料、现代服务业等领域，鼓励外资参与矿山生态环境恢复。积极探索符合高质量发展要求的承接产业转移新模式新路径，建立和完善产业转移推进机制、区际利益补偿机制。

4. 加强与周边区域的协同发展

支持资源枯竭型地区加快融入区域经济一体化进程，借助城市群、都市圈等经济密集区发展优势,积极发展与核心城市协作配套产业,承接核心城市一般制造业转移,加强与核心城市产业链、创新链、供应链的协作,大力发展为城市群巨量人口服务的都市现代服务业,包括文化旅游、健康休闲、体育健身等生活性服务业,大力培育服务外包、现代物流、电子商务等生产性服务业。加强资源枯竭型地区与核心城市及都市圈、城市群其他城市间的交通网络建设,为城市间劳动力、人才、资金、技术等要素流动创造条件。

四、扎实推动资源枯竭型地区转型发展促进共同富裕的政策建议

细化完善财政、投资、土地、创新、对口支援等系列支持政策,加强对困难城市的支持力度。

(一) 加强财政支持力度

根据资源枯竭型地区支持名单,继续稳定一般性财政转移支付规模,在有条件的情况下适度扩大支持规模。研究调整对已经完成第一轮补助期限的城市是否应该继续保持一般性转移支付规模,对于不适宜采取退坡政策的城市继续加大一般性财政转移支付的支持规模。扩大中央预算内投资专项投入,继续安排资源枯竭型地区吸纳就业、资源综合利用、多元化产业培育、土地整治复垦、矿山地质环境治理、大气污水环境治理和独立工矿区搬迁改造试点等中央预算内投资专项,支持资源枯竭型地区转型发展。

(二) 支持发展接续替代产业

结合资源枯竭型地区发展条件,加大国家重大新兴产业项目布局倾斜力度,对符合条件的接续替代产业龙头企业、集群在项目审核、土地利用、贷款融资以及技术开发等方面给予支持。引导和鼓励金融机构在防范信贷风险

的前提下加大对接续替代产业发展的信贷支持。实施资源枯竭型地区接续替代产业培育行动计划，扶持劳动密集型企业和中小微企业发展，培育和引进一批龙头骨干企业，打造一批特色鲜明的专业化产业园区和集聚区。鼓励对口支援单位积极采取措施，支持资源枯竭型地区承接发达地区的产业转移。

（三）创新土地利用政策

完善土地政策及其他配套政策，建设一批采煤沉陷区搬迁改造和综合治理示范区。研究支持采煤沉陷区、矿坑、矿山等综合整治、生态修复后的土地利用政策，构建土地综合治理与建设用地增补转换挂钩机制，允许原有工矿土地经综合治理后转为农地、林地等用途的，可以置换成同等面积的建设用地指标，对于用地指标紧缺的资源枯竭型地区可适当增加建设用地置换面积比例，对投资参与城市生态修复的民营企业，研究给予企业在土地开发利用中的优先利用政策。

（四）支持开展创新平台建设

积极发挥中央和相关省份预算内投资的作用，结合不同资源枯竭型地区的产业特色，鼓励建设专精特专业创新平台建设，积极开展与国家级、省级实验室、技术创新中心的合作，鼓励搭建创新平台分中心和网络平台，鼓励国家重大实验室、大科学装置等创新基础设施向有条件城市布局。加大对下岗职工创新创业的支持力度，鼓励开展"互联网＋"等创新创业新模式。综合运用政府购买服务、无偿资助、业务奖励等方式，支持中小企业公共服务平台和服务机构建设，为中小企业提供全方位专业化优质服务。支持建设职业教育、实训基地等人才培养基地。

（五）继续加强对口支援

支持资源枯竭型地区承接发达地区产业转移，积极开展产业务实合作，积极学习发达地区行政管理体制改革、国有企业改革、产业培育、创新驱动、城市更新、开放合作等方面的经验和做法，搭建务实的合作平台，积极融入东部地区各类创新、开放合作、新产业发展、要素流动等平台，积极发展"飞地经济"，开展人才、技术、资金等融通协作，完善发达地区与资源枯竭城市的干部交流机制，建立中央国家机关、大型国有企业、发达地区与资源枯竭城市的干部交流机制，积极开展高校职校、科研院所以及中介组织间的交流和协作。

主要参考文献

[1] 张文忠，等．资源枯竭城市转型的驱动因素和机理解析［J］．中国科学院院刊，2016（1）．

[2] 欧阳日辉．资源枯竭城市转型知识读本［M］．北京：中国文史出版社，2012．

[3] 国家发展改革委．"资源型地区经济转型发展"系列报道［EB/OL］．http：www.ndrc.gov.cn/．

[4] 内蒙古自治区发展和改革委员会．在"十四五"特殊类型地区振兴发展专题调研座谈会上的汇报发言［EB/OL］．［2019－08－06］．http：//fgw.nmg.gov.cn/．

专题报告七

发达国家和地区缩小区域发展差距的经验与启示

窦红涛

内容提要： 全面建成小康社会后，我国区域发展差距仍然存在，区域间和区域内部基础设施通达均衡程度有待进一步提升，基本公共服务均等化任重道远，人民基本生活保障水平仍有较大差距。从世界范围来看，区域发展不平衡是一个普遍问题，缩小地区差距需要漫长的过程。许多发达国家和发展中国家在缩小区域差距方面，已经有非常丰富的探索，研究这些国家区域差距的发展历程及其解决区域差距的政策举措，借鉴其有益经验，吸取相关教训，对于研究制定我国缩小区域发展差距政策，推动共同富裕取得实质性进展具有重要意义。

一、发达国家缩小区域发展差距的实践历程

欧盟、德国、美国、日本等发达国家和地区区域发展差距问题出现早，围绕缩小区域发展差距开展了大量有益探索和实践，本部分重点梳理典型发达国家和地区缩小区域发展差距的实践历程。

（一）美国缩小区域发展差距的实践

美国曾经也是城乡区域发展不平衡的国家，为缩小城乡区域发展差距，美国采取一系列战略措施，促进了城乡区域平衡协调发展。一是开发农业和落后地区。如1933年美国颁布《农业调整法》，推动南部和西部农业地区生产结构调整，促进农业机械化和现代化，使其成为全美重要的农牧商品供应基地，同年5月颁布《麻梭浅滩与田纳西河流域开发法》，把田纳西河和密西西比河中下游作为开发美国七块集中连片贫困落后地区的试点，加大各方面政策支持力度。1961年颁布《地区再开发法》，在全国范围内促进落后地区的经济的发展。1965年颁布《公共工程和经济开发法》《阿巴拉契亚地区开发法》等一系列法规，成立了阿巴拉契亚区域委员会以及一些其他的州际开发委员会，并在地区再开发管理局的基础上成立了经济开发署，进一步加强对困难地区的经济援助。二是开展问题区域援助。如20世纪80年代中期以后，随着美国南北区域发展形势变化及"逆城市化"的出现，一些大城市中心区开始衰落，失业现象加剧，美国开始对城市和农村欠发达地区实施援助。1993年克林顿政府签署《联邦受援区和受援社区法案》，加大对贫困地区的各项援助，1994年联邦政府住房和城市发展署与农业部共批准6个城市受援地区和65个城市受援社区，3个农村受援地区和30个农村受援社区，从创造就业机会、兴建公共设施、人力资源培训、职业转换培训、居民住房改善、环境保护和加强公共安全等方面给予援助（张力，2010）。三是促进区域协调发展。进入21世纪以来，为适应国际竞争和美国国内区域经济发展形势，美国将区域发展上升到国家层面，组织开展美国（2050）区域发展新战略研究，旨在制定全国层面的区域发展总体战略。从现有成果来看，美国（2050）区域发展新战略重点关注了三类地区：一是从提升国家整体竞争力的角度提出建设11个巨型区域，重点推进大都市区治理创新，提升巨型城市区内部及与经济发展滞后地区的交通联系；二是从缩小地区差距促进区域平衡角度重点关注经济发展相对落后的问题区域，制定《区域经济发展战略》，划分相对滞后地区，包括偏远的农村落后地区、工业萧条区、衰退的中心城市等；三是从解决水土问题提升发展的可持续性角度重点关注了大型景观保护区等，包括流域、耕地、森林和沿海地区等的保护修复等。

（二）日本缩小区域发展差距的实践

"二战"后，为尽快增强国力，日本选定 21 个地区作为"特定区域"实施重点开发战略，后又扩大到整个太平洋沿岸狭长地带，着重开发东京、大阪、名古屋、北九州等"四大工业区"。1950 年制定了《北海道开发法》，根据该法日本在中央政府设立北海道开发厅，北海道金融公库（后改为北海道东北开发金融公库），制订连贯严格、目标明确的北海道开发计划，以促进该地区产业振兴、公共设施建设、社会和谐稳定和增强竞争力。1953 年制定了《海岛振兴法》，并先后实施了 5 期《海岛振兴计划》，促进海岛的保护开发（顾林生，2003）。"二战"后至 20 世纪 60 年代初，日本经济恢复之后，沿海地区重工业快速发展促进了人口和产业在特大城市的大量聚集，引起城市交通拥堵、环境污染、建设用地和水源不足等"过密"问题，而广大农村人口逐渐减少，出现了大片"过疏"地区，为了解决"过疏过密"问题，1961 年，日本政府启动了第一次全国国土综合开发规划（简称"一全综"，以此类推），致力于缩小日益扩大的城乡区域差距，1965年实行了《山村振兴法》，加大了对山村地区振兴事业的投资（张舒，2004），1969 年实施"二全综"，提出在北海道、东北和九州地区建设大型家畜基地，振兴农业，推动产业和人口从核心区向边缘区扩散。1972 年制定《冲绳开发计划》，提出要尽快纠正冲绳和本土的经济差距，使居民生活达到全国平均水平，充分利用冲绳独特的地理条件，建立自主型经济发展基础，把冲绳建成和平、光明、生活富裕的地区。1977 年，发布"三全综"，提出"定居构想"，强调把城市和农村作为整体，整治综合居住环境，把地区经济、福利、医疗和教育等统一起来，创造适合青年人定居地方的新生活空间，解决人口和产业向大城市聚集的问题，实现大都市与地方的均衡发展（胡彭辉，2008）。1985 年后，东京"一极集中"现象不断加剧，北海道、四国、九州等落后地区人口大量外流,"过疏"现象严重。在此背景下,日本政府于1987年启动实施"四全综",提出疏解东京功能增加地方定居圈引力,形成"多极分散型"国土结构。1990年日本政府制定了《过疏地区活性化特别措施法》,推动落后地区发展以减缓落后地区的人口外流。1998年日本启动实施"五全综",提出构建多轴型国土结构以分散东京功能和促进国土均衡发展。进入21世纪,为应对跨国界地区间竞争激化、人口减少带来地区活力下降等问题的挑战,2008年启动实施"六全综",提出发展"广域地区自立协作型"的国土结构,旨在以更大的区域单元作为国土战略的主体,以利于发挥规模优势、提高区域魅力和竞争力。2015年制定"七全综",提出要"促进地域间的对流",提倡八个广域地区要"因地制宜"推动创新,以人口、资源、文化、知识、技能等多要素在广域地区间的流动为经济增长动力,实现地方与地方之间全方位的独立自主、互助合作、交流创新、共同发展。

在缩小城乡差距方面,从20世纪70年代末开始,日本开展以产业振兴为核心的"造村运动",以促进欠发达地区农村发展。一是向欠发达地区农村引入第二、第三产业,推动产业融合,增加农民收入,例如在北海道、东北等欠发达地区进行大规模的产业基础设施建设,依靠"产业化推动模式"转移农村剩余劳动力、创造就业带动当地的乡村发展。二是开展对欠发达地区农民的职业教育,通过讲座、练习、实践以及生活训练等方式,提高农民的管理、耕作、社会交往和人力资源管理能力。三是成立农民协会,很好地解决了农产品流通、农业产业升级等问题,提高了农民的生活质量。

(三) 欧盟缩小区域发展差距的实践

欧盟通过设立地区发展机构,制定凝聚政策,完善区域立法等促进落后成员方发展,实现区域间均衡协调,对我国的区域发展具有很好的借鉴作用和启示意义。一是设立地区发展协调机构。为解决成员国间的区域问题,欧盟建立了多层次网络状的地区发展协调机构(陈瑞莲,2008),包括在欧盟委员会内设区域政策事务部;在欧盟理事会内设立地区政策委员会;在欧洲议会设区域政策委员会三个与区域协调密切相关的委员会；成员方和成员方政府也能通过设立相应机构、出席理事会会议等参与区域问题决策。二是实施"凝聚政策"援助落后地区。20世纪80年代中期，为促进成员方经济和社会聚合，提出实施"凝聚政策"，至今，欧盟已先后实施了5个规划期的凝聚政策。《1988－1993年欧盟凝聚政策》集中支持经济落后地区、工业衰退地区和落后农业地区。《1994－1999年欧盟凝聚政策》集中援助经济落后地区、工业衰退地区、脆弱的农村地区和人口稀少地区（张丽君，2011）。《2000－2006年欧盟凝聚政策》主要瞄准经济落后地区、面临结构性困难的地区（包括工业衰退地区、脆弱的农村地区、城市问题地区、渔业依存地区）。《2007－2013年欧盟凝聚政策》在上一期集中援助两类特殊问题地区的基础上增加边界地区，主要针对跨境地区，鼓励跨国跨境地区合作和信息交流，以促进地区整合发展。《2014－2020年欧盟凝聚政策》将所有区域划分为欠发达地区、过渡地区和较发达地区（张晓静，2009），其中，人均GDP低于欧盟27国平均水平的75%的区域为欠发达地区，75%~90%的区域为过渡地区，90%以上的区域为发达地区，三类地区均可按照人均GDP水平分配欧洲区域发展基金、欧洲社会基金资源。同时重点关注农村地区，受工业转型影响的地区以及遭受严重和永久性自然或人口障碍的地区。从实施效果来看，欧盟凝聚政策在很大程度上促进了欠发达地区经济的快速增长，发达地区的经济复苏，缩小了欧盟城乡区域间的发展差距，推进了欧洲一体化进程。三是完善区域政策立法。欧盟在实施区域援助的过程中有统一的法律基础，能够保证援助的权威性、长期性、连续性、稳定性，包括《欧洲经济共同体条约》《欧盟基本法》《申根协定》等都为缩小区域差距，推动区域一体化明确了法律依据和规范。

（四）德国缩小区域发展差距的实践

德国一直十分重视缩小城乡区域差距，特别是其城乡等值化发展策略和财政平衡制度对促进农村经济发展、增强落后地区发展动力，缩小城乡区域差距发挥了重要作用。一是推动城乡等值化发展。第二次世界大战后，德国农业农村问题突出，农村公共基础设施严重匮乏，大量农村人口涌入城市，城乡差距不断扩大，为缓解这一矛盾，德国开始推行城乡等值化，即遵循农村与城市生活虽不同类但是等值的理念，通过促进社会公平、发展城乡经济、保护自然资源等实现农村与城市的平衡发展。二是支持落后地区开发。如1959年，德国政府制定"在经济结构薄弱地区发展中心计划"，对经济落后地区重点资助，以形成地区性经济中心，发挥对周围地区的经济辐射作用。1969年颁布《改善区域经济结构的共同任务法》，将经济落后地区划分为不同等级的扶持区域，对企业投资给予优惠政策。20世纪70年代开始至两德统一前，对东部边境地区进行重点资助开发。1990年两德统一后，将区域政策重点转向原东德地区，并在1995年将原东德的5个州纳入财政平衡体系。21世纪初，为最大限度地支持落后地区发展，德国根据各地实际情况和需要，动态调整扶持地区。制定2007~2013年改善地区经济结构区域图，将全国划分为270个就业区，排名靠后的列为A类、B类、C类补贴地区，给予不同比例的企业投资补贴。三是实行财政的横向和纵向平衡政策。财政横向平衡，主要是采取法人税的分配、税款转移和联邦特别拨款，促使各州人均税收均等化。通过法人税分配，使财政收入低的州达到各州平均财力的92%，通过税款转移，使财力弱的州人均财政收入达到全国平均水平的95%，缺口部分由联邦财政提供。财政纵向平衡主要是促使州与乡镇之间的财政平衡，做法与横向平衡类似，对落后地区进行财政补贴，以财政补贴为基础，改善地区经济结构。

二、一些国家区域发展差距较大的严重后果

除了欧盟、德国、美国、日本等缩小区域发展差距做得比较好的国家以外，巴西、英国等国家在缩小区域差距方面也有一些经验教训值得我们认真思考，避免出现同样问题。

（一）巴西的区域发展差距及其影响

巴西幅员辽阔，是发展中国家内领土面积仅次于中国的第二个大国，第二次世界大战后，巴西经济快速发展，曾被视为"潜在的世界经济强国"。但巴西在其现代化进程中，由于没能解决地区经济差距过大的问题而至今未能跻身发达国家行列。在巴西近500年的开发史中，北方在前两个世纪一直领先于南方，当时作为殖民地的巴西首都最初就设在北方的萨尔瓦多城。直到18世纪"黄金热"在南方兴起，北方才逐渐落伍，巴西首都也于1763年迁至南方的里约热内卢，从此开始了延续至今的南北差距问题，北方地区成为"巴西较贫困的地方""南美洲较大的贫困地区"。

20世纪30年代以前的农村地区差距较大。1889年巴西废除奴隶制度为工业发展提供了自有劳动力，加速了社会流动，但土地制度并没有因奴隶制的废除而改变，土地反而更加集中在少数人手中，土地的高度集中影响了劳动生产率的提高，同时全国经济重心变化和迁移，原本辉煌的东北地区开始衰退，地区间差距不断加大。这一时期巴西的发展主要集中在农业方面，居民主要以农业和畜牧业为生，所以此时的贫富差距也集中体现在农村的各个方面。

20世纪30年代至60年代是区域差距拉大期。土地持续高度集中，无地、少地人口增多，农村贫困人口增加，大量贫困人口大规模流入城市，表面加速城市化进程，同时，巴西的进口替代工业化进程的逐步深入，巴西的经济中心逐渐从东北部地区转移到东南部地区，经济形式逐渐从农业经济转向现代化的工业经济，东北部地区贸易环境进一步恶化，东南部逐渐成为全国重要的工业区及富有的地区。这种差距在现代化进程中被长期固定并日趋严重，使巴西的地区不平衡从此开始并不断加剧。

从20世纪60年代中期到70年代中期，是巴西现代化的高速发展期，同时区域差距进一步拉大。1964年巴西发生军事政变，并建立军人专政的威权主义政权，军人执政期间，巴西经济实际增长一度达到10%，这一时期巴西的现代化快速向前发展，工农业都取得较大进步。然而，在发展过程中，巴西的分配模式过于集中造成了社会上巨大的贫富差异。

进入20世纪八九十年代，巴西现代化发展进程最大的特征就是经济发展停滞，通货膨胀严重，区域分化、社会两极分化加剧，90年代发生南方分立运动。进入21世纪，巴西经济社会发展，贫富分化问题也有所缓解，但地区差距和贫富差距依然很大。

（二）英国的区域发展差距及其带来的严重问题

英国是实施区域政策最早的国家，但早期解决区域差距的政策力度小（1933年，英国失业者人数近300万人，而受到财政援助实行迁移的工人每年仅20万人），政策实施时间短（20世纪50年代区域政策处于冷落期，70年代工业布局控制减弱，区域补贴减少，1977年取消区域补贴，1979年取消西北地区和威尔士、苏格兰的区域援助政策），政策手段单一（主要是对工业布局的短期控制和对企业的补贴补助），"两只手"不协调（20世纪80年代末90年代初，强调落后地区的自我发展，鼓励其自力更生），在20世纪70年代后，英国区域政策逐渐消解而欧盟对苏格兰、威尔士和北爱尔兰地区的区域援助逐渐增强，这些地区对英国的归属感进一步下降，特别是英国"脱欧"和新冠疫情暴发以来，在苏格兰和北爱尔兰尤为明显。

三、发达国家缩小区域发展差距的有效政策手段

（一）就业政策：促进转移就业和进行就业激励

欧美各国和一些发展中注重利用市场机制，促进人口和劳动力在地区间的合理流动从而增加就业。如"二战"后法国鼓励落后地区劳动力向发达地区流动，通过迁出落后地区人口使其人均收入水平相对上升，与发达地区的差距缩小；又如美国历史上通过鼓励相对富裕阶层迁入东南部欠发达地

区，带动资本、人才、技术进入，进而促进欠发达地区的产业发展，有效增加就业。在就业激励政策方面，如德国对到重点开发地区投资使原有劳动岗位增加15%以上，或提供50个以上新的劳动岗位的企业给予投资补贴，补贴通过减免所得税或法人税予以兑现。

（二）产业政策：引导产业结构调整和支持中小企业发展

产业结构调整方面，如联邦德国从20世纪50年代开始，引导鲁尔区向结构多样化的综合工业区转型，在大力发展煤炭深加工行业的同时，进口石油以发展化工和电气工业。20世纪70年代又增加了电子工业和汽车制造业，扩大了石油化工规模。支持中小企业发展方面，如德国加强对中小企业在融资、税收、技术辅导、信息服务等领域的政府扶持，重视企业长久发展的信心和能力培养，对东部落后地区提供低息贷款扶持其私人经济发展。

（三）创新政策：支持科技创新和发展高技术产业

如"二战"期间，美国政府适时把发展军事工业同促进落后地区经济发展结合起来，有计划地在南部地区发展军事、国防、宇航等前沿科技，吸引大批相关工业企业迁入南部和西南部，航空航天、电子信息、原子能、生物制药等高科技产业加快集聚，加利福尼亚州圣何塞市的圣克拉拉县变成了世界闻名的硅谷，高新技术产业发展推动了落后地区产业变革，加快缩小了区域差距，又如，联邦德国对参加研究和开发的企业或个人，特别是欠发达地区的企业和个人，发放各种奖励和贷款，刺激企业创新，促进技术企业建厂。

（四）金融政策：建立引导基金和给予融资支持

如欧盟的结构和聚合基金，包括欧洲社会基金（ESF）、欧洲农业指导与保证基金（EAGGF）、欧洲区域发展基金（ERDF）和渔业指导性融资基金（FIPRG）。其中，欧洲区域发展基金成通过改善基础设施和对企业进行援助，帮助落后地区发展经济，协助落后地区进行结构调整，减少区域差异；欧洲社会基金旨在减少失业率、提高人力资源和鼓励劳动力市场社会整合；欧洲农业指导与保证基金旨在提高农业发展水平，调整农业结构；渔业指导性融资基金旨在改善渔业产业。结构和聚合基金为欧盟国家缩小地区差距提供了主要资金来源。又如冲绳振兴开发金融公库，其业务是将日本开发银行、国民金融公库、住宅金融公库、农林渔业金融公库、中小企业金融公库、环境卫生金融公库等一银行五公库有关融资业务整合，受理产业开发资金、中小企业资金、住宅资金等融资贷款，以弥补一般金融机构办理的融资与民间投资的不足，同时也对冲绳地区经营产业开发有关的事业设备贷款，提供融资保证。此外，发达国家缩小城乡区域差距还使用投资拨款、低息贷款、财政担保、风险资本投入等金融政策。

（五）财税政策：实施区域间财政平衡、财政补贴和税收减免等政策

如德国为缩小地区差距，建立"财政平衡"制度，联邦、州和各级地方政府间通过平衡拨款（横向平衡）和垂直拨款（纵向平衡），达到各州和各地方财政力量的相对平衡，从而达到各地经济发展和生活水平的相对平衡。再如美国对南部地区和西部地区的农业补贴政策，对玉米、小麦、烟草、稻米、花生等六种"基本商品"的种植者进行补贴。又如美国联邦政府从20世纪30年代起一直根据地区的发展水平实行不同的税制，对经济较发达、人均收入高于全国平均水平的东北部地区和五大湖地区，实行高于经济落后地区的税收政策。

（六）投资政策：加大欠发达地区基础设施建设投入力度

国际上缩小地区差距大多注重利用国家投资改善欠发达地区基础设施条件，包括加大高速铁路、普通铁路、高速公路、大型水利设施、通信设施、电力和水力设施等的建设。如日本非常重视欠发达地区的基础设施投入，

1980年日本全国用于基础设施建设的公共投资占地方政府支出的比例平均为9%，而低收入的北海道地区、东北地区、北陆地区和九州地区分别为17%、14.7%、12.4%、和12.0%。又如美国政府20世纪30年代所实施的田纳西河流域开发工程以及其他工程，实际上主要是改善基础设施条件。

四、发达国家缩小区域发展差距的主要经验启示和教训

从主要国家的城乡区域发展战略实践来看，尽管针对的区域问题各有侧重点或不同，使用的政策手段或工具不一，但其各具特色、成功实践的经验可以为我们提供有益的启示。

（一）明确区域政策目标

国际上缩小城乡区域差距大多制定有明确的、有针对性的政策目标，如英国针对衰退的老工业区实施以减少区域就业差异为主要目标的区域援助，美国针对特别问题区域聚焦消除与全国其他地区的收入差异扩大问题，德国针对统一后东部相对落后问题实施财政平衡政策以平衡地区间的收入差异等。当前，我国区域发展出现一系列新情况新问题，区域经济发展分化态势明显，南北差距扩大，四大区域板块之间和板块内部都有明显分化，有的省份内部也有分化现象。发展动力极化现象日益突出，经济和人口向大城市及城市群集聚的趋势比较明显。部分区域发展面临较大困难。新形势下促进我国区域协调发展，要借鉴国际经验，聚焦发挥各地区比较优势、完善空间治理、保障民生底线的要求，凝练政策目标，整合资金和政策，形成推动区域协调发展的强大合力。

（二）瞄准欠发达地区和落后农村地区

国际上缩小城乡区域差距，大多明确重点开发或政策扶持区域。如欧盟

凝聚政策在 1988~1993 年重点对经济落后地区、工业衰退地区和落后农业地区进行援助，1994~1998 年拓展支持脆弱的农村地区和人口稀少地区，自 2000 年起，重点支持经济落后地区和面临结构性困难的地区，2014~2020 年，欧盟政策援助区域包括欠发达地区和过渡地区。又如英国政府对失业率水平较高、经济社会问题较严重的"特别区"及与其邻近的"中间区"进行区域援助。再如日本对过疏地区、农山村地区、孤岛地区的开发等。我国在全面建成小康社会后，区域发展不平衡不充分问题仍然存在，特别是包括以脱贫地区为重点的欠发达地区、革命老区、边境地区、生态退化地区、资源型地区、老工业城市等在内的特殊类型地区，成为我国区域协调发展不平衡不充分的集中体现，落后农村地区成为我国社会主义现代化建设的较大短板，借鉴国际经验，要聚焦特殊类型地区和农村地区，缩小区域差距和城乡差距，促进共同富裕。

（三）注重区域立法保障

如日本自 50 年代起先后制定了《北海道开发法》《冲绳振兴开发特别措施法》《过疏地域振兴活性化特别措施法》等 126 种法律，推进欠发达地区和农村地区的开发，以缩小城乡区域差距。又如美国针对南部和西部落后的农业地区，颁布《宅地法》《鼓励西部草原种植法》和《沙漠土地法》，促进这些区域农业发展，颁布《麻梭浅滩与田纳西河流域开发法》《地区再开发法》《公共工程和经济开发法》《阿巴拉契亚区域开发法》等一系列法规促进欠发达地区开发等。对于我国而言，区域立法还比较滞后，要比较借鉴世界各国特别是欧盟、日本、美国等发达国家和地区在促进区域发展方面开展的立法实践成果，系统总结梳理部门和地方行之有效的成功实践，把有关方面指导区域经济发展、产业发展、空间布局、协同合作等政策措施上升到法律层面并固定下来，把有关地方深化区域合作、促进协同发展的有益经验和成功做法提炼形成针对性强、务实管用的法律条文，推动形成"基本法＋单行法"的区域协调发展法律法规体系。

（四）中央加强援助资金投入

欠发达地区和农村地区基础设施建设项目投资量大、见效慢、风险高，难以筹集资金，因此交通、水利、能源、信息等重大工程建设主要依赖中央政府投入，为了缩小城乡区域差距，各国的中央政府都实施对欠发达地区的转移支付，如日本、韩国、加拿大、丹麦等国家转移支付占中央财政收入的比重超过20%，德国、美国等在10%~20%，英国地方政府财政支出的2/3是依靠财政转移支付来安排的。借鉴国际经验，我国应加快深入推进基本公共服务财政事权和支出责任划分改革，规范中央与地方共同财政事权事项的支出责任分担方式，调整完善转移支付体系，基本公共服务投入重点向贫困地区、薄弱环节、重点人群倾斜，增强市县财政特别是县级财政基本公共服务保障能力。强化省级政府统筹职能，加大对省域范围内基本公共服务薄弱地区扶持力度，通过完善省以下财政事权和支出责任划分、规范转移支付等措施，逐步缩小县域间、市地间基本公共服务差距。

（五）聚焦基础设施和公共服务短板

美国联邦政府开发阿巴拉契亚地区把全部援助投资的75%用于修筑公路和地方公路，其他投资主要用于加强经济增长中心建设、能源和产业开发，以及医疗、卫生、环保、幼儿教育、职业培训等。日本中央和地方的财政支出大部分用于交通系统的建设，其高速路网不断向偏远落后地区延伸，加强了经济落后地区与东京等大都市区的经济联系。反之，一些国家对社会发展重视程度不够，造成严重后果。如巴西在推进现代化过程中，单纯追求经济快速增长和城市化水平提高而忽视种族割裂、生产资料过度集中、人口流动性增大、贫困人口增加、基本公共服务和社会保障供给不足等突出问题，最终导致巴西陷入中等收入陷阱。又如英国取消区域援助政策后，北爱尔兰、苏格兰地区主要依靠欧盟援助，其与英格兰的民族和社会融合进展缓慢，归属感弱，影响了这些区域的经济发展。对于我国而言，要充分借鉴国际上正、反两方面经验,聚焦基础设施通达度相对均衡、基本功公共服务均等化和人民基本生活保障水平大体相当的区域协调发展目标,推动基础设施布局相对均衡,以基本公共服务的标准化推动均等化,推动高质量发展更多转化为高品质生活,增强人民的幸福感、安全感和获得感。

(六) 注重运用市场化手段

国际上市场化国家对欠发达地区的援助注重运用市场化政策。如美国实行税收优惠刺激欠发达地区经济发展,对南部、西部和山地诸州等经济落后地区征税低于经济发达地区,加大对欠发达地区的税收豁免。联邦德国重视欠发达地区中小企业发展的扶持等。反之,一些国家过度重视对工业企业布局的行政性区位控制或干预,损害了经济发展整体效率。如意大利在开发南部地区时,以指令性计划规定国家参与企业必须把它们工业投资总额的40%和新建工业企业投资的60%投向南方。英国1945年颁布的《工业布局法》规定新建企业必须取得工业开发许可证书,对工业区位的严格控制促进了欠发达地区工业的发展,但忽视了市场规律和价值法则对企业布局的基础性作用,既可能损害布局效率,又可能放大政府行政干预的误区和错误,尽管这些政策举措后来被调整。我们要借鉴国际正、反两方面经验,既要聚力缩小区域发展差距,又要发挥市场在资源配置中的决定性作用,而且是在高质量发展的基础上通过税收、社会保障、转移支付等为主要手段的再分配调节机制来缩小区域发展差距,促进共同富裕。

主要参考文献

[1] 曹大卫. 联邦德国地区经济结构政策及其启示 [J]. 经济纵横, 1991, 000 (11): 57 - 62.

[2] 陈瑞莲. 欧盟国家的区域协调发展: 经验与启示 [J]. 理论参考, 2008 (9): 118 - 128.

[3] 方德铸. 美国农业补贴政策分析 [J]. 农业发展与金融, 2013 (11): 50 - 51.

[4] 方立. 德国解决地区发展差距的政策措施 [J]. 欧洲研究, 1997 (6): 51-55.

[5] 顾林生. 日本区域开发对中国西部大开发的启示 [J]. 科学新闻, 2003 (4): 29-30.

[6] 何炜. 论战后日本的国土开发政策与城市化 [D]. 苏州: 苏州大学, 2009.

[7] 胡彭辉. 日本国土规划对促进我国区域协调发展的启示 [J]. 石家庄经济学院学报, 2008, 31 (6): 31-34.

[8] 李小龙. 英国萧条地区治理研究 (1928-1988) [D]. 西安: 陕西师范大学, 2015.

[9] 刘昌霖, 周建明. 德国怎样促进薄弱地区的经济发展? [J]. 开放潮, 2000 (8): 38-39.

[10] 刘慧, 樊杰, 李扬. "美国2050" 空间战略规划及启示 [J]. 地理研究, 2013, 32 (1): 90-98.

[11] 刘建芳. 美国的区域经济政策及其启示 [J]. 东南大学学报 (哲学社会科学版), 2002, 4 (1): 67-72.

[12] 詹·沃纳, 吴雪. 德国联邦州之间的财力均衡 [J]. 财政研究, 2004 (7): 64.

[13] 张力, 夏露林. 美国区域经济政策的演变机理及其对我国的启示 [J]. 当代经济, 2010 (10): 114-117.

[14] 张晓静. 欧盟凝聚政策的演变及其收敛效应 [J]. 国际经贸探索, 2009 (10): 34-39.

[15] 赵永冰. 英国开发落后地区的财政政策及启示 [J]. 上海财税, 2001 (5): 44-46.

专题报告八

缩小区域发展差距的省域范例
——浙江促进共同富裕相关问题研究

贾若祥　刘保奎　王继源　郭叶波　张　舰　窦红涛

内容提要： 浙江是习近平新时代中国特色社会主义思想重要萌发地。改革开放40多年来，浙江实现了较高的经济社会发展水平，率先高水平全面建成小康社会。面向新时代新征程，浙江具有总体发展水平高、城乡区域协调性好、科技创新实力强、市场经济体制活、自然生态和人居环境优、改革探索集成度高等显著优势，有基础、有条件、有能力建设成为共同富裕示范区，成为新时代全面展示中国特色社会主义制度优越性的重要窗口。要在持续提高居民收入，缩小城乡、区域、不同群体间收入差距，就业优先，强化社会保障"兜底"，发展实体经济，社会主义市场经济体制，推进生态文明建设，提升公共服务水平，探索数字时代新型省域治理模式，发展社会主义先进文化十个方面做出示范，探索共同富裕的省域范例。

浙江是习近平新时代中国特色社会主义思想重要萌发地，近年来经济社会持续健康全面发展，城乡区域发展差距不断缩小，在推进共同富裕方面走在全国前列，推进共同富裕示范区建设是贯彻落实习近平总书记对浙江"努力成为新时代全面展示中国特色社会主义制度优越性的重要窗口"重要指示精神的重大举措。

一、浙江建设共同富裕示范区是新时代全面展示中国特色社会主义制度优越性重要窗口的本质要求

共同富裕是新时代我国现代化建设远景目标的重要内容，党的十九届五中全会首次提出，到 2035 年全体人民共同富裕取得更为明显的实质性进展。推进浙江建设共同富裕示范区，既有利于发挥浙江的优势特色，又能为全面展示中国特色社会主义制度优越性提供展示之窗和实践范例。

（一）中国特色社会主义制度具有明显的优越性

习近平总书记指出，"中国特色社会主义制度是当代中国发展进步的根本制度保障，是具有鲜明中国特色、明显制度优势、强大自我完善能力的先进制度。"改革开放以来特别是党的十八大以来，党和国家事业取得历史性成就、发生历史性变革，充分证明了中国制度的优势，进一步彰显了中国制度能够根据时代发展和社会变迁不断做出改革调整，具有强大的自我完善能力。

中国特色社会主义制度就是坚持把根本政治制度、基本政治制度同基本经济制度以及各方面体制机制等具体制度有机结合起来，坚持把国家层面民主制度同基层民主制度有机结合起来，坚持把党的领导、人民当家做主、依法治国有机结合起来，符合我国国情，集中体现了中国特色社会主义的特点和优势。其中，人民代表大会制度是根本政治制度，中国共产党领导的多党合作和政治协商制度、民族区域自治制度以及基层群众自治制度等是基本政治制度，公有制为主体、多种所有制经济共同发展，按劳分配为主体、多种分配方式并存，社会主义市场经济体制是社会主义基本经济制度。

中国特色社会主义制度的最大优势是中国共产党领导。发挥党总揽全局、协调各方的领导核心作用，是中国特色社会主义制度的重要特征和最大优势。改革开放 40 多年来，我国经济社会发展之所以能够取得举世瞩目的

巨大成就，我国人民生活水平之所以能够大幅度提升，都同我们坚定不移坚持党的领导、充分发挥各级党组织和全体党员作用是分不开的。

中国特色社会主义制度优越性的重要体现是坚持以人民为中心。坚持以人民为中心，是新时代坚持和发展中国特色社会主义制度的基本方略之一，集中体现了中国特色社会主义制度的价值追求。中国特色社会主义制度始终坚持以人民为中心，尊重人民主体地位，是保障人民权利、代表人民利益、反映人民意愿的制度，因而具有不竭的力量并与时俱进。

（二）共同富裕是体现中国特色社会主义制度优越性的本质要求

中华人民共和国成立以来特别是改革开放以来，中国共产党带领人民向着实现共同富裕的目标不断前进，正是我们坚定不移坚持党的领导，中华民族迎来了从站起来、富起来到强起来的伟大飞跃，充分彰显了中国特色社会主义制度的优越性，进一步坚定了中国特色社会主义制度自信。习近平总书记在《中共中央关于制定国民经济和社会发展第十四个五年规划和二〇三五年远景目标的建议》起草的有关情况说明中明确指出，共同富裕是社会主义的本质要求，是人民群众的共同期盼。实现共同富裕是我们党的重要使命，集中体现了中国特色社会主义制度的价值取向，也是体现中国特色社会主义制度优越性的本质要求。

2020年3月，习近平总书记在浙江考察时做出浙江"努力成为新时代全面展示中国特色社会主义制度优越性的重要窗口"的重要指示。以共同富裕为重要抓手推进浙江建设新时代全面展示中国特色社会主义制度优越性的重要窗口，正是抓住了社会主义的本质要求，体现了新时代我国社会主义制度的鲜明特征，顺应了新时代人民对美好生活的新期盼，瞄准了新时代我国社会主义现代化建设的远景目标，既有利于发挥浙江的优势特色，又能为全面展示中国特色社会主义制度优越性设置展示之窗和实践范例。

（三）浙江建设新时代全面展示中国特色社会主义制度优越性重要窗口的优势独特、基础扎实

"努力成为新时代全面展示中国特色社会主义制度优越性的重要窗口"。这是习近平总书记对浙江的期待与重托，也是新时代浙江的使命与担当。

一是浙江在理论实践上具有独特优势。习近平新时代中国特色社会主义思想植根于坚持和发展中国特色社会主义伟大实践，在指导实践、推动实践发展中展现出强大真理力量和独特思想魅力。浙江作为"三个地"，特别是作为习近平新时代中国特色社会主义思想重要萌发地，20年来一以贯之深入实施"八八战略"，积累了丰富的理论素材、生动的实践例证。浙江建设"重要窗口"既能全面展示新时代中国特色社会主义制度优越性，又能全面展示习近平新时代中国特色社会主义思想的真理伟力，实现实践、理论和制度紧密结合，具有不可替代的独特优势。

二是浙江在制度成果上具备扎实基础。改革开放40多年来特别是"八八战略"实施以来，浙江在市场经济、现代法治、富民惠民、环境治理、社会治理等全球普遍关注的重要议题上，形成了独具特色的制度成果，有些已达到或超过发达经济体水平，有条件更好地向世界展示中国制度、中国道路、中国方案。浙江数字化改革走在全国前列，数字经济"一号工程"成效明显，部分领域的创新策源力进入并跑、领跑阶段。浙江是公认的城乡区域发展较均衡、群众较富裕、社会活力较强、社会秩序较优的省份之一。浙江是文化大省、文化强省，以良渚文化为代表的传统文化；以红船文化为代表的红色文化；以横店影视城等为代表的现代文化交相辉映，具有很强的文化自信。浙江农村发展走在全国前列，农村居民收入连续35年居全国省份最高，城乡居民收入倍差为2.01，为全国省份中最低，有条件实现更高标准的乡村振兴，打造农村现代化样板。浙江是"绿水青山就是金山银山"理念的发源地和率先实践地，建成了全国首个生态省。浙江在省域治理上用数字技术赋能治理体系，率先建设"整体智治、唯实唯先"的现代政府，探索创造出"枫桥经验""最多跑一次"等多项先进经验，打造"掌上办事

之省""掌上办公之省",实施精密智控,成为全国整体智治的技术策源地、实践先行区。

(四)在浙江开展共同富裕示范区建设,是贯彻落实习近平总书记考察浙江重要讲话精神推进"重要窗口"建设的关键之举

实现共同富裕是社会主义的本质要求,是人民群众的共同期盼,是中国特色社会主义制度优越性在新时代的全面表征和重要体现。推动共同富裕涉及面广、工作量大,从全面性、代表性出发,开展示范区建设的区域不宜过小,选择浙江省在省级层面开展比较稳妥可行。建设浙江共同富裕示范区,是我国实现全面建成小康社会目标后,开启建设社会主义现代化国家新征程中的一项历史任务,是面对百年未有之大变局,彰显中国特色社会主义制度优越性的集中体现,是以省域层面的实践探索,解决人民日益增长的美好生活需要和不平衡不充分的发展这一主要矛盾的根本举措,是实现治理体系和治理能力现代化,实现国家长治久安,为全球治理贡献中国智慧的重要窗口。

二、共同富裕的基本内涵和时代要求

我们推动经济社会发展,归根到底是要实现全体人民共同富裕。中华人民共和国成立以来特别是改革开放以来,中国共产党团结带领人民向着实现共同富裕的目标不懈努力,人民生活水平不断提高。党的十八大以来,我们把脱贫攻坚作为重中之重,实现现行标准下农村贫困人口全部脱贫,这是促进全体人民共同富裕的一项重大举措。在开启全面建设社会主义现代化国家新征程中,我们必须把促进全体人民共同富裕摆在更加重要的位置,脚踏实地,久久为功,向着这个目标更加积极有为地进行努力。

（一）共同富裕的提出及历史演变

共同富裕是社会主义的本质要求，一以贯之地体现在我国社会主义建设的全过程。在中华人民共和国成立之初，中共中央在《关于发展农业生产合作社的决议》中提出了"使全体农村人民共同富裕起来"的伟大号召。邓小平同志在"两个大局"中明确指出，社会主义的本质是解放生产力，发展生产力，消灭剥削，消除两极分化，最终实现共同富裕。习近平总书记在关于《中共中央关于制定国民经济和社会发展第十四个五年规划和二〇三五年远景目标的建议》的说明中进一步指出，共同富裕是社会主义的本质要求，是人民群众的共同期盼。我们推动经济社会发展，归根到底是要实现全体人民共同富裕。可见，实现共同富裕一直是中国共产党重要的执政理念和持续奋斗的重要目标。

（二）共同富裕的基本内涵

根据习近平总书记提出的"共同富裕是社会主义的本质要求，是人民群众的共同期盼"的重要论述，我们理解：共同富裕是社会主义先进生产力和先进生产关系的有机组合，具体表现为经济发展质量高、居民生活品质高、人民群众认同感高，城乡区域发展更加协调，分配格局更加合理，公共服务更加优质公平。"富裕"代表了社会主义先进生产力，即在新时代要不断提高物质、精神、生态文明水平，实现人的自由全面充分发展，"共同"则体现了社会主义先进生产关系，即要不断解决城乡区域发展和收入分配差距较大的问题，使全体人民公平共享经济社会发展成果。

（三）共同富裕的时代要求

当前我国社会主要矛盾已经转变为人民日益增长的美好生活需要和不平衡不充分的发展之间的矛盾。新时代下，共同富裕就是要基于我国社会主要矛盾变化，着力满足人民日益增长的美好生活需要。一是要瞄准"富裕"这一核心目标。要不断满足人民日益增长的美好生活期盼，人民美好生活需求是多方面的，不仅是物质方面的，还有对精神文化、生态环境等方面的需求，要把新发展理念贯穿发展的全过程和各领域，着力将社会财富"蛋糕"做得尽可能大。二是要充分体现"共同"的本质特色。要着眼解决不平衡不充分的矛盾，着力化解区域、城乡、群体之间的不平衡不充分问题，使全体人民共享经济社会发展成果，着力将社会财富"蛋糕"分得更加公平，为实现共同富裕夯实基础、筑牢根基。

三、浙江建设共同富裕示范区的基础条件分析

改革开放40多年来，浙江实现了较高的经济社会发展水平，率先高水平全面建成小康社会。面向新时代新征程，浙江具有总体发展水平高、城乡区域协调性好、科技创新实力强、市场经济体制活、自然生态和人居环境优、改革探索集成度高等显著优势，有基础、有条件、有能力建设成为共同富裕示范区，成为新时代全面展示中国特色社会主义制度优越性的重要窗口。

（一）总体发展水平较高

浙江自1993年地区生产总值超越辽宁省后，连续26年稳居全国第四，至2019年地区生产总值达到6.23万亿元（9039亿美元），接近居世界第17位的荷兰（9091亿美元）。人均生产总值超过10万元（1.56万美元），是世界平均水平的1.37倍，全国的1.52倍，仅次于北京、上海和江苏，人均地区生产总值极差（最高与最低设区市之比值）为2.28，为全国各省份中最低。发展效率较高，全员劳动生产率由2013年的10.15万元/人增加至2019年的16.2万元/人；公共财政收入达到7048亿元，其中，税收收入占83.7%。新型城镇化有序推进，2019年城镇化率达到70%，比全国高9.4个百分点，位于全国第六，比2000年提高21.3个百分点。根据联合国开发

计划署、清华大学中国发展规划研究院、国家信息中心联合发布的《中国人类发展报告特别版——历史转型中的中国人类发展40年：迈向可持续未来》，2017年浙江人类发展指数为0.772，在全国各省份中仅次于江苏，并且高于世界平均水平。

（二）城乡区域协调性好

2013~2019年，浙江居民人均可支配收入从29775元提高到49899元，增加了67.59%，与全国平均水平的比值保持在1.62倍左右；2019年城镇和农村居民人均可支配收入分别达到60182元和29876元，是全国平均的1.42倍和1.86倍，分别比2013年提高62.30%和70.78%，连续19年和连续35年居全国省份第一。2013~2019年城乡居民收入比持续保持全国省份中最低，2019年降低至2.01，比全国平均水平低0.63，比江苏上海还低0.2以上。居民恩格尔系数由2000年的41.4%下降至27.9%，已达到联合国20%~30%的富足标准。浙江深入推进山海协作，是全国区域收入差距较小的省份之一，11个设区市居民人均可支配收入倍差由2000年的1.99降至2019年的1.67。居民物质生活丰富，2019年浙江平均每4.28人拥有一辆汽车，每百户居民家庭拥有汽车、彩色电视机、空调、电冰箱、计算机等数量也远多于全国平均水平，城镇、农村居民人均居住面积由2000年的19.9平方米和46.4平方米增至2019年的48.5平方米和67.3平方米，分别比全国多8.7平方米和18.9平方米。乡村建设成为全国样板，浙江是全国基本公共服务基础条件最优、百姓获得感幸福感较强的省份之一，初步实现了城乡居民收入、城乡发展较高水平上的均衡。

（三）创新创业比较活跃

浙江深入实施创新驱动发展战略，科技创新和产业创新水平大幅提升。2013~2019年，浙江科技进步贡献率由56%提高到63.5%，区域创新能力居全国第五位，科技促进经济社会发展指数居全国第四位。以新产业、新业态、新模式为主要特征的"三新"经济增加值占地区生产总值的25.7%，新一代数字技术产业发展迅速，数字经济核心产业增加值达6229亿元，占地区生产总值的10%。国家认定的企业技术中心从70家增加至121家，高新技术企业从5309家增加至16316家；年专利授权量由20.2万件增加至28.5万件。

浙江民营经济发达，市场经济活跃。根据全国第四次经济普查数据，2018年浙江民营企业法人单位数量135.95万户，从业人员数达2363.97万人，分别居于全国第四和第三位。根据全国工商联《2019中国民营企业500强调研分析报告》，浙江入围中国民营企业500强企业数量最多，高达92家，资产总额为32638亿元，实现总营业收入42602亿元，分别位居全国第二和第三。2019年，浙江民营经济增加值增长9%、出口增长10%，民间项目投资增长13.7%，民营企业入库税收为8470.8亿元，占总税收的74.4%（见表8-1）。

表8-1　2018年民营企业500强营业收入和资产的省份分布情况

省份	数量（个）	总营业收入（亿元）	资产总额（亿元）	户均总营业收入（亿元）	户均资产总额（亿元）
浙江	92	42602	32638	463.1	354.8
江苏	83	46749	31258	563.2	376.6
山东	61	29608	21882	485.4	358.7
广东	60	50972	99310	849.5	1655.2
河北	33	16335	18091	495.0	548.2
福建	22	11655	18013	529.8	818.8
湖北	18	6511	5963	361.7	331.3
北京	17	20773	28851	1221.9	1697.1
上海	15	7457	14841	497.1	989.4
重庆	15	6610	14438	440.7	962.5
河南	13	3969	5653	305.3	434.8
辽宁	11	8072	13345	733.8	1213.2

续表

省份	数量（个）	总营业收入（亿元）	资产总额（亿元）	户均总营业收入（亿元）	户均资产总额（亿元）
四川	11	5221	6597	474.7	599.7
山西	7	1596	1890	228.0	270.0
湖南	7	3795	4303	542.1	614.7
江西	6	2953	2952	492.1	492.0
天津	6	2242	2076	373.6	346.0
陕西	5	2984	2108	596.8	421.6
内蒙古	4	2372	3391	592.9	847.8
新疆	3	2668	3805	889.3	1268.3
宁夏	2	985	2490	92.3	1245.0
吉林	2	840	547	419.9	273.5
安徽	2	562	900	280.9	450.0
广西	2	422	345	211.0	172.5
海南	1	6183	10705	6182.9	10705.0
黑龙江	1	665	714	665.3	714.0
贵州	1	234	132	234.0	132.0

资料来源：全国工商联《2019 中国民营企业 500 强调研分析报告》。

（四）生态文明率先实践

浙江是"绿水青山就是金山银山"理念的发源地和率先实践地，十多年来，浙江扎实推进"美丽浙江"建设，建成全国首个生态省，山水林田湖海一体的生态系统实现良性循环，绿水青山向金山银山转换的通道进一步打开，能源资源开发利用效率大幅提高，节能减排持续保持全国先进水平。2019 年，浙江森林覆盖率为 61.15%（含灌木林），仅次于福建、江西和广西，居全国第四；单位耕地面积化肥施用量降至 365 千克/公顷；221 个省控断面Ⅲ类以上水质比例从 2011 年（同比口径）的 62.9% 升至 91.4%，连续 3 年无劣Ⅴ类水质断面；11 个设区城市环境空气 $PM_{2.5}$ 平均浓度由 2015

年的53微克/立方米降至31微克/立方米,好于国家制定的35微克/立方米的标准,好于全国监测的337个地级及以上城市平均浓度(40微克/立方米),空气质量(AQI)优良天数比例由2015年的78.2%升至88.6%;全域"无废城市"基本建成,垃圾分类收集处理基本实现全覆盖,城市生活垃圾总量实现"零增长"。至2019年末,浙江累计建成国家"绿水青山就是金山银山"实践创新基地7个、国家生态文明建设示范市1个、国家生态文明建设示范县(市、区)18个,数量居全国前列。"千村示范、万村整治"工程获联合国"地球卫士奖",美丽乡村创建先进县(市、区)数量居全国第一。

(五)改革探索走在前列

浙江是中国革命红船起航地、改革开放先行地、习近平新时代中国特色社会主义思想重要萌发地。习近平总书记在浙江工作期间做出"八八战略"重大决策部署,在浙江省委关于"八八战略"实施15年情况报告上做出重要指示,赋予浙江"干在实处永无止境、走在前列要谋新篇、勇立潮头方显担当"新期望,2020年在浙江考察时赋予浙江"努力成为新时代全面展示中国特色社会主义制度优越性的重要窗口"的目标定位,为浙江留下了宝贵的思想结晶、理论素材和生动实践。浙江以"八八战略"为统领,以"最多跑一次"改革作为体制机制改革总牵引,持续深化简政放权、放管结合、优化服务改革,加快政府数字化转型,稳步开展资源要素市场化改革,深化国资国企改革,在全国率先推出"亩均论英雄""标准地"、特色小镇、未来社区、矛盾纠纷调处化解"最多跑一地"、移动微法院等一系列改革创新举措,很多领域率先在全国形成示范、样本和标杆,一些改革创新举措形成良好的国际影响力和美誉度,正在向世界更好地展示中国制度、中国道路和中国方案的魅力。

四、浙江推动实现共同富裕存在的短板

在新发展阶段，对标共同富裕愿景目标，特别是与国内的广东、江苏和国际上的韩国等经济体相比，浙江在产业结构、企业结构、能源自给保障能力、基础研究能力等方面还存在亟须提升的短板。

（一）产业结构"脱实向虚"的过快去工业化风险

近年来，浙江经济结构中第二产业增加值特别是制造业增加值的比重下降比较快，浙江第二产业增加值比重从 2010 年 51.61% 下降到 2019 年的 42.61%，平均每年下降近 1.0 个百分点，年均增长 7.2%，增速比全国同期低 1.3 个百分点。对比苏粤两省，2019 年浙江的工业增加值比重比江苏低 1.82 个百分点，比广东高 2.37 个百分点，但浙江经历了比广东相同发展阶段时更快的下滑速度，广东第二产业增加值比重从 51.72%（2005 年）下降到 42.94%（2017 年），广东用了 12 年，而浙江只用了 9 年。第二产业比重过快下降应引起足够重视，从世界经济发展的趋势来看，服务业劳动生产率较低，服务业比重上升后，经济增速下降是一个普遍规律。未来一个时期浙江如果继续过快去工业化，势必会影响劳动生产率和经济增长率，进而影响居民劳动报酬增长。

（二）企业结构"小多大少"的脆弱化风险

浙江的大企业数量较少，与体量相当的发达国家和发达省份相比还有差距。2020 年，浙江有 5 家企业入围世界 500 强，略高于江苏（4 家），与福建、山东、山西（均为 5 家）相当，与北京（55 家）、广东（14 家）差距较大，与韩国（14 家）相比数量和排名都有较大差距，韩国的三星电子（19 位）、现代汽车（84 位）、SK（97 位）排名比较靠前，浙江除了阿里巴

— 185 —

巴（132位），其余都在200名以外（物产中大为210位、吉利控股为243位、青山控股为329位、海亮集团为468位）。浙江与广东相比在规模和效益上都有不小的差距，进入世界500强企业数量为广东的35.7%，但营业收入、净利润仅为广东的24.4%和28.5%，平均利润率、净资产收益率比广东低1.6个和0.3个百分点（见表8-2）。2015~2020年，浙江入围全国民营企业500强的企业数从138家减少到96家，减少了42家，同期广东增加了18家、江苏稳定在80家左右。浙江在A股上市公司457家，2019年总市值为46868亿元，分别为广东的74.3%和37.7%。企业是市场配置要素的主体，大企业少，则意味着配置资源能力不强，大型国有企业少则会在发挥新型举国体制优势时存在短板。

表8-2　　　　浙江与广东进入世界500强的企业盈利指标对比

相关指标	浙江省	广东省
进入世界500强企业数量（个）	5	14
其中：国有企业数量（个）	1	3
营业收入（亿美元）	2382.26	9772.74
营业收入年增减（%）	11.12	19.04
净利润（%）	240.78	844.90
净利润年增减（%）	10.38	-3.35
平均利润率（%）	7.09	8.69
资产负债率（%）	67.05	74.11
资产收益率（%）	5.40	3.94
净资产收益率（%）	15.42	15.72

资料来源：《财富》杂志。

（三）能源保障自给率低的安全性风险

2019年浙江全省能源消费量为22392.77万吨标准煤，电力消耗量为4706.22亿千瓦时，而全省能源生产量仅为2936.52万吨标准煤，电力生产量 3537.65 亿千瓦时，能源自给率只有 13.11%。煤炭、石油、天然气等一次能源供应严重依赖外部调入。与韩国相比，韩国也几乎没有化石能源储量，水能等可再生能源开发量也十分有限，2015 年韩国一次能源生产量（0.51 亿吨油当量）占消费量（2.77 亿吨油当量）的 18%，比浙江高了将近 5 个百分点，并且韩国将发展核电作为重要方向，核电装机容量达到 22.4 吉瓦，排名全球第六。在新能源建设方面，浙江也与其他沿海发达省份有不小差距，以风电为例，2018 年浙江风电累计装机容量为 1697 兆瓦，仅相当于山东的 12.0%、江苏的 18.1%、广东的 35.3%（见图 8-1）。浙江在现代化建设新征程中，能源消耗总量预计在 2030 年之前仍呈上升态势，随着当前和今后一个时期世界经济政治格局变化及国家提出"碳达峰"和"碳中和"有关要求，浙江能源保障面临更多不确定性和挑战，需要夯实能源支撑的安全性与稳定性。

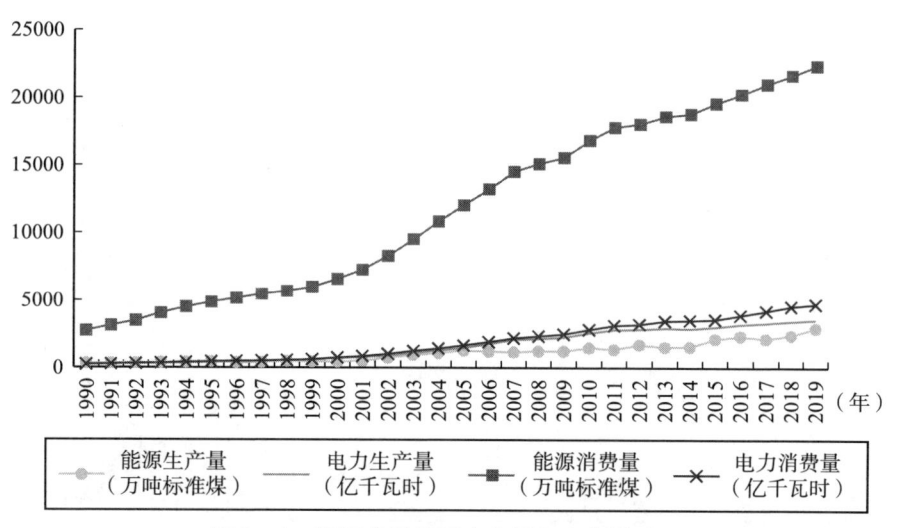

图 8-1 浙江省的能源生产量和消费量对比

（四）基础研究和关键技术研究能力不强的风险

在科技创新投入方面，浙江与广东、江苏还有较大差距，2019 年浙江研究与试验发展（R&D）经费为1669.8亿元，仅相当于江苏的60.1%、广东的53.9%。2019年浙江R&D经费投入强度为2.68%，比江苏、广东分别低0.11个和0.20个百分点，与北京、天津、上海等差距较大，投入强度不及韩国（5.44%，2018年）的一半。从专利申请受理情况来看，浙江与广东、江苏也存在明显差距，2019年浙江专利申请受理数为435883项，仅相当于江苏的73.4%、广东的53.9%。浙江的研发强在技术应用环节，但基础研究、关键核心技术研发能不够突出，将影响浙江下一步争取国家科技力量布局。以基础研究为例，2018年国家自然科学基金立项数量仅排在全国第7位（见图8-2），不仅低于北京、江苏、上海、广东，也低于湖北、陕西。相比之下，广东的南方科技大学等已初具实力，而浙江的西湖大学、之江实验室、良渚实验室、西湖实验室以及湖畔实验室等新型研发机构探索刚起步，还存在诸多不确定性，下一步在支撑国家科技自立自强、支撑自身产业升级中的任务仍较为艰巨。

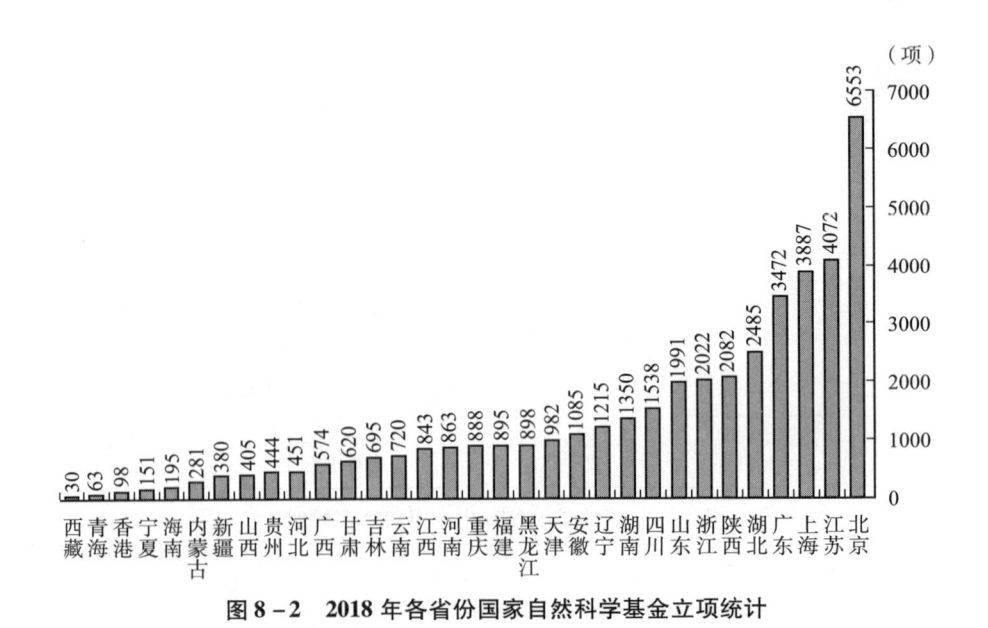

图8-2　2018年各省份国家自然科学基金立项统计

除此之外，浙江在推进数字经济发展，特别是推进机器换人过程中，机器设备对劳动力就业形成替代，可能会对其稳定和扩大就业带来一定的影响，如浙江省城镇登记失业率从 2013 年以来有所上升。由于文化、经济、教育等条件的差异，数字技术在不同区域、不同群体和城乡之间的普及应用程度、获益有所不同，可能扩大原有发展差距，引发形成新的差距即"数字鸿沟"，需要在下一步引起更多关注。

五、浙江建设共同富裕示范区的总体思路

牢牢把握习近平总书记对浙江的"重要窗口"定位，深刻学习领会习近平总书记在浙江工作期间提出的"浙江在发展速度、质量和水平上高于全国，在统筹协调上领先于全国"等一系列要求，以满足人民日益增长的美好生活需要为根本目的，紧扣"共同"和"富裕"两个关键词，按照"领先全国、适当超前"的考虑，努力创建社会主义现代化强国的省域范例。

（一）浙江建设共同富裕示范区意义重大

一是有利于全面落实习近平总书记重要指示精神，充分展示中国特色社会主义制度优越性。浙江是习近平新时代中国特色社会主义思想重要萌发地，早在浙江工作期间，习近平同志就做出"八八战略"重大决策部署，要求浙江在发展速度、质量和水平上高于全国，在统筹协调上领先于全国，此后又提出"干在实处永无止境，走在前列要谋新篇，勇立潮头方显担当"等明确要求，中国特色社会主义实践在浙江积累了丰富的理论素材、生动的实践例证，取得了重要成果。推动浙江建设共同富裕示范区有利于从思想溯源、制度成果、实践成果等方面深刻展示习近平新时代中国特色社会主义思想的真理伟力，全面展示社会主义制度和国家治理体系的显著优势。

二是有利于贯彻落实党的十九届五中全会精神，在全体人民共同富裕上先行探索、做出示范。党的十九届五中全会提出，"必须把促进全体人民共同富裕摆在更加重要的位置，脚踏实地，久久为功，向着这个目标更加积极有为地进行努力"。随着我国全面建成小康社会、开启全面建设社会主义现

代化国家新征程，逐步实现共同富裕成为全体人民的共同愿望。浙江在共同富裕上走在全国前列，农村居民收入连续35年位居省份中最高，城乡居民收入倍差在全国省份中最低，浙江要在更高起点、更高层次、更高目标上推进共同富裕，为全国其他地区提供经验和示范。

三是有利于加快长三角一体化战略实施，增强浙江对国家重大战略的支撑能力。长三角区域一体化发展是习近平总书记亲自谋划、亲自部署、亲自推动的重大战略，是着眼于实现"两个一百年"奋斗目标、推进新时代改革开放形成新格局做出的重大决策。浙江作为长三角的重要组成部分，建设共同富裕示范区将进一步放大浙江在对外开放、民营经济、数字经济、生态文明等方面长板效应，更好地支持上海发挥龙头带动作用，携手江苏、安徽整体提升长三角地区高质量发展水平，加快实现一体化和高质量发展，推动率先形成新发展格局、勇当我国科技和产业创新的开路先锋、加快打造改革开放新高地。

四是有利于促进浙江化解自身发展不平衡不充分矛盾，加快融入新发展格局。浙江2019年人均地区生产总值接近1.6万美元，已经迈入高收入发展新阶段，但仍然面临发展不平衡不充分问题，城乡差距、区域差距、不同群体之间的居民收入差距仍有进一步改善的空间，在科技创新、产业升级、公共服务等方面还有不少短板弱项。建设共同富裕示范区，有利于浙江进一步激发市场活力、扩大内需潜力、释放改革红利，加快融入以国内大循环为主体、国内国际双循环相互促进的新发展格局。

（二）"十四五"时期浙江发展的内外部环境面临深刻变化

"十四五"时期，浙江发展的外部环境和内部条件面临复杂深刻的变化，浙江将开启高起点现代化建设新篇章，前景十分光明，挑战也前所未有。

从国际来看，当今世界正经历百年未有之大变局，新一轮科技革命和产业变革深入发展，和平与发展仍然是时代主题，人类命运共同体理念深入人心，同时不稳定性不确定性明显增加。从全国来看，我国已转向高质量发展阶段，制度优势显著，治理效能提升，经济长期向好，物质基础雄厚，人力资源丰富，发展韧性强劲，社会大局稳定，发展具有多方面有利条件，同时发展不平衡不充分问题仍然突出。从浙江来看，中国特色社会主义的浙江实践取得重要成果，开放竞争优势、改革创新优势、市场经济优势、均衡发展优势、生态文明优势、文化繁荣优势、社会治理优势、理论实践优势进一步彰显，长三角一体化重大国家战略带来宝贵机遇和战略支撑。

同时，浙江也面临一系列风险挑战。世界进入动荡变革期，逆全球化思潮兴起，大国博弈趋向长期性，博弈领域从贸易向科技、金融等领域扩大，企业对外出口、海外投资、国际技术合作面临的风险和不确定性明显上升。工业化已进入中后期，产业新旧动能转换不畅，中小企业低端锁定，块状经济成本优势逐步丧失，民营经济领先优势弱化，原始创新和人才支撑能力亟待提升。城市化总体上处于速度型向质量型转换过程中，农业转移人口增速放缓与难以融入城市并存。人口进入深度老龄化，人口规模红利、人口结构红利"双减弱"，影响经济潜在增长率、社会活力和创新力。社会矛盾风险进入显性隐形交织放大高发期，人民群众对民主、法治、公平、正义、安全、教育、医疗、养老、托幼、环境等方面的要求日益增长，社会利益关系更趋复杂，社会阶层结构进一步分化。

（三）总体思路

高举中国特色社会主义伟大旗帜，坚持以马克思列宁主义、毛泽东思想、邓小平理论、"三个代表"重要思想、科学发展观、习近平新时代中国特色社会主义思想为指导，深入贯彻党的十九大和十九届二中、三中、四中、五中全会精神，深入贯彻习近平总书记考察浙江重要讲话精神，忠实践行"八八战略"，奋力打造"重要窗口"，坚定不移贯彻新发展理念，以推动高质量发展为主题，以深化供给侧结构性改革为主线，以改革创新为根本动力，以满足人民日益增长的美好生活需要为根本目的，统筹发展和安全，率先推动全省人民走向共同富裕，率先探索构建新发展格局，率先建设面向全国、融入全球的现代化经济体系，率先推进省域治理现代化，实现更高质量、更有效率、更加公平、更可持续、更为安全的发展，全面提升人民群众获得感、幸福感、安全感，朝着建设共同富裕示范区的方向前行，在缩小城乡差距、区域差距、不同群体收入差距和不同领域发展差距上为全国其他地区率先做出示范，努力创建社会主义现代化强国的省域范例。

（四）基本原则

坚持以人民为中心。坚持人民主体地位，坚持共同富裕方向，始终做到发展为了人民、发展依靠人民、发展成果由人民共享，维护人民根本利益，激发全体人民积极性、主动性、创造性，促进社会公平，增进民生福祉，不断实现人民对美好生活的向往。

坚持城乡融合。深入开展"千村示范、万村整治"工程，推进以县城为重要载体的城镇化建设，强化以工补农、以城带乡，率先构建工农互促、城乡互补、协调发展、共同繁荣的新型工农城乡关系，促进城乡融合发展，绘好新时代的美好蓝图。

坚持山海协作。坚持东西协调、南北呼应、陆海统筹，加强生态环境、基础设施、公共服务共建共享，引导资金、技术、劳动密集型产业跨区域转移，逐步缩小浙东北与浙西南发展差距，推动省域率先一体化发展，念好新时代"山海经"。

坚持就业优先。把稳就业放在更加突出位置，千方百计稳定和扩大就业，增加就业容量，提升就业质量，促进创业带动就业和多渠道灵活就业，缓解结构性就业矛盾，不断提高人民收入水平。

坚持要素流动。打破行政性垄断，消除市场壁垒，破除阻碍要素自由流动的体制机制障碍，扩大要素市场化配置范围，健全要素市场体系，推进土地、劳动力、资本、技术、数据等要素有序自由流动，把要素流动速率、频率、效率作为衡量畅通国内循环、经济高质量发展的重要标准。

坚持社会包容。高质量保障和改善民生，提升教育、医疗、住房、社保等优质公共服务供给水平，完善统筹城乡的民生保障制度，未雨绸缪应对城市贫困，深化收入分配制度改革，扩大中等收入群体，构建橄榄形社会结构，增强人民获得感、幸福感、安全感。

（五）"十四五"时期及2035年远景目标

根据党的十九大做出分两步走建设社会主义现代化强国战略安排，十九届五中全会提出到"十四五"时期末达到现行的高收入国家标准、到2035年实现经济总量翻一番的目标，按照"领先全国、适当超前"的考虑，按照尽力而为、量力而行的原则，紧扣"共同"和"富裕"两个关键词，满足人民对美好生活向往，到"十四五"时期在共同富裕领域率先取得明显进展，到2035年共在共同富裕领域率先取得实质性进展，努力形成经济发展质量高、居民生活品质高、人民群众认同感高、城乡区域发展更加协调、分配格局更加合理、公共服务更加优质公平的新格局，为中国特色共同富裕贡献更多浙江力量。

经济发展质量高。保持经济增速快于全国，人均地区生产总值、全员劳动生产率再上新台阶，创新能力显著提升，产业基础高级化、产业链现代化水平明显提高，到2025年人均地区生产总值超过2万美元，2035年超过3万美元。

居民生活品质高。实现更加充分更高质量就业，居民收入增长和经济增长基本同步，消费结构不断升级，恩格尔系数大幅下降，到2025年全体居民、城镇居民、农村居民人均可支配收入分别超过7万元、8万元、4万元，2035年分别超过11万元、13万元、7万元。

人民群众认同感高。共同富裕成效总体符合人民群众的期望值，人民群众对居民收入、医疗卫生、教育文化、社会保障、生态环境等方面充分认可，获得感、幸福感、安全感不断增强。

城乡区域发展更加协调。新型城镇化和乡村振兴统筹推进，城乡要素双向自由流动，城乡居民收入倍差持续缩小，人口、资源、产业的区域分布更为合理，先进生产要素向优势地区集中，都市区引领带动作用进一步增强，浙西南地区与浙东北地区发展差距缩小，到2025年城乡居民收入比和区域差异系数分别降至1.9和0.29，到2035年分别进一步降至1.7和0.28。

分配格局更加合理。劳动报酬在初次分配中的比重进一步提高，分配结构明显改善，低收入群体增收成果巩固拓展，形成以中等收入群体为主体的橄榄型社会结构，到 2025 年，中等收入群体比重提高到 65%，2035 年中等收入群体比重提高到 70% 以上。

公共服务更加优质公平。率先实现区域基本服务均等化，教育、医疗、文化等优质公共服务供给水平提升，社会保障全面覆盖、更趋公平和更可持续，到 2025 年人均预期寿命超过 80 岁，劳动年龄人口平均受教育年限达到 16 岁，每千人口职业（助理）医师数达到 3.5 名。

1. 对 2020～2035 年浙江经济增长的预测

浙江经济发展活跃，改革开放以来经济增长速度总体快于全国、快于东部，2013 年经济新常态后浙江和全国其他地区一样经历了"增速换挡"，"十三五"时期保持了 7% 以上的年均增速，在 2016 年人均地区生产总值跨过世界银行高收入经济体门槛（见表 8-3）。从国际来看，进入 21 世纪以来欧美大国内部呈现资源要素向优势地区集中、沿海发达地区增长整体快于全国的趋势，如美国加利福尼亚州 1999～2019 年地区生产总值年均增长 3.1%，远高于全美州的 2.2%。

表 8-3　　　　　"六五"时期以来浙江地区生产总值增速　　　　单位：%

时间	全国	东部	浙江
1981～1985 年	10.6	11.7	14.7
1986～1990 年	7.9	9.0	7.6
1991～1995 年	12.3	16.7	19.1
1996～2000 年	8.6	11.0	11.0
2001～2005 年	9.8	12.6	13.0
2006～2010 年	11.3	12.6	11.8
2011～2015 年	7.9	9.0	8.2
2016～2019 年	6.7	6.9	7.3

资料来源：国家统计局。

在乐观情况下估计，2020~2035年，浙江在充分发挥自身优势、充分释放发展潜力、牢牢抓住数字经济等科技产业革命机遇的前提下，继续保持快于全国、高于东部的经济增速是完全可能也是符合经济规律的。"十四五"时期浙江地区生产总值增速有望在6%以上，2026~2030年、2031~2035年保持在5.5%和5.0%左右，以2019年不变价计算，到2035年浙江人均地区生产总值将接近3.7万美元，超过当前韩国、意大利、西班牙等中等发达国家水平，低于当前法国、日本、英国等七国集团（G7）国家（见图8-3）。

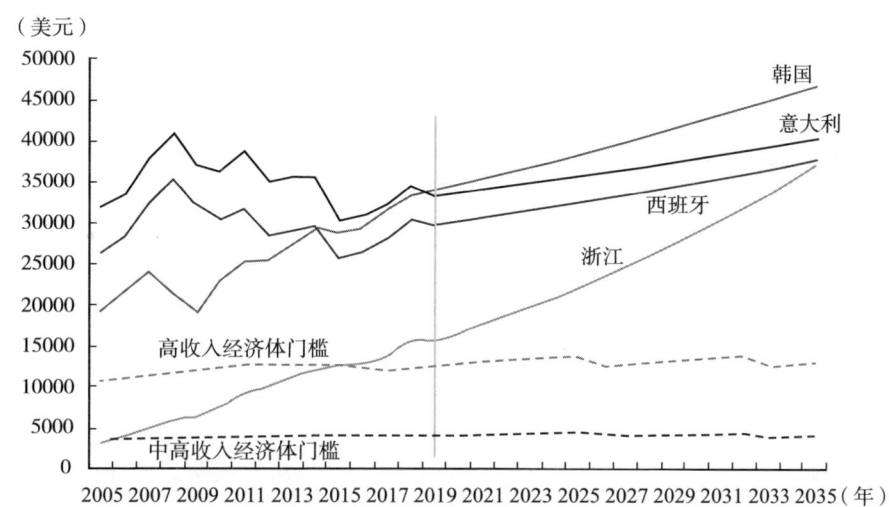

图8-3 2005~2035年浙江人均地区生产总值预测（乐观情况）

注：2019~2035年为预测数，假设中高收入、高收入门槛年均提高1.5%，韩国、西班牙、意大利人均GDP年均提高2%、1.5%、1.2%，浙江2020~2025年、2026~2030年、2031~2035年年均分别提高6%、5.5%、5%。

资料来源：世界银行。

在保守情况下估计，当外部环境急剧变化对浙江外向型经济产生重大影响、人口老龄化加剧难以有效遏制、自主创新和科技攻关遇到瓶颈的情况下，浙江充分发挥自身韧性，仍可能保持与全国基本相同的经济增速，2020~2035年年均增速保持在4.7%左右，以2019年不变价计算，2035年人均地区生产总值达到32681美元，基本赶上当前韩国、意大利、西班牙等中等发达国家水平（见图8-4）。

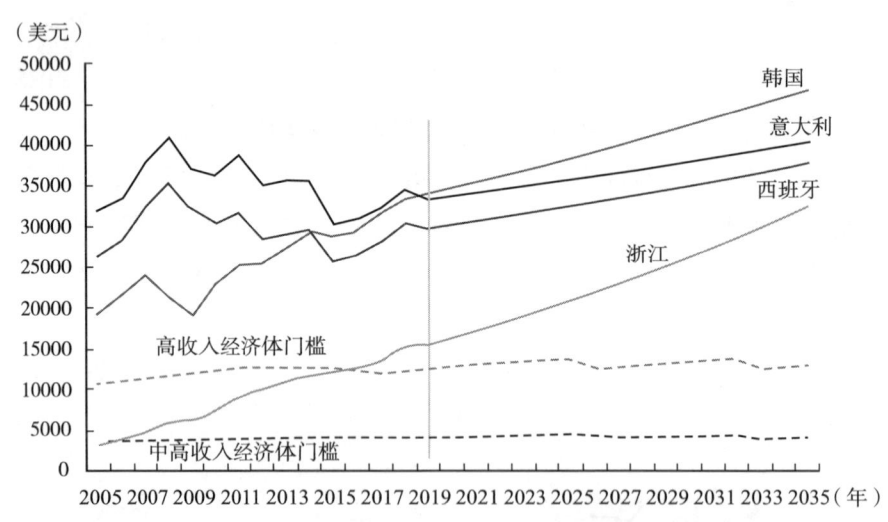

图8-4 2005~2035年浙江人均地区生产总值预测（保守情况）

注：2020~2035年为预测数，假设中高收入、高收入门槛年均提高1.5%，韩国、西班牙、意大利人均GDP年均提高2%、1.5%、1.2%，浙江2020~2025年、2026~2030年、2031~2035年年均提高5.2%、4.7%、4.2%。

资料来源：世界银行。

2. 对2020~2035年浙江居民收入的预测

浙江民营经济发达，创新创业氛围浓厚，市场繁荣活跃，改革开放以来居民收入快速增长，与经济增长的同步性越来越强，2019年浙江城镇、农村居民人均可支配收入分别连续19年和35年位居全国各省份第一。在乐观情况下估计，2020~2035年，浙江经济保持较快增长，人力资源稀缺性进一步凸显，劳动报酬在初次分配中的比重不断提高，经济发展的成果更加普惠包容共享，居民收入增长也将有望继续保持与经济增长基本同步，"十四五"时期城镇、农村居民人均可支配收入实际增速分别为5.5%和6.5%，2026~2035年分别保持在5.0%和6%左右。

在保守情况下估计，2020~2035年，受经济放缓、失业增加、人口老龄化带来的劳动参与率下降、新技术革命对收入分配的结构性冲击等多重因素影响，浙江城镇、农村居民收入增长可能低于经济增长速度，"十四五"

时期城镇、农村居民人均可支配收入增速为5%和6%，2026~2035年分别为4.5%和5.5%左右。

3. 对2020~2035年浙江城乡、区域差距的预测

改革开放以来，伴随着工业化城镇化的推进，浙江城乡差距经历了由小到大再由大到小的变化过程，2019年浙江城乡居民收入倍差为2.01，全国最低。按照经济发展规律和国际经验，完成工业化后城乡收入差距将普遍下降，大多数发达国家目前已经低于1.5，有的甚至低于1.0。在乐观情况下估计，按照农村人均可支配收入持续高于城镇居民收入增速1.5个百分点来测算，到2025年浙江城乡收入倍差会缩小到1.84，2035年进一步缩小至1.60。在保守情况下估计，由于全国城乡区域发展的不平衡，浙江城乡收入差距收敛速度还会受到流入人口的影响，按照农村人均可支配收入持续高于城镇收入增速1个百分点来测算，到2025年城乡收入倍差将缩小至1.96，到2035年进一步缩小至1.73。

从区域差距来看，人口、国土面积与浙江大体相似的发达国家主要有德国、英国、意大利、西班牙、韩国。除英国外，这些国家区域差异系数普遍在0.3以下（见表8-4）。随着国内要素自主有序流动性越来越强，浙西南等后发地区的人口向更为发达的浙东北地区集中趋势更为明显，沿海产业不断向内陆腹地转移布局，省内区域差距将不断缩小，以人口权重为衡量的区域差异系数会进一步收敛，在乐观情况下，到2025年浙江区域差异系数会降至0.28，2035年降至0.25左右。在保守情况下，重大技术变革和经济结构、模式的改变也可能形成新的"马太效应"，带来区域行业的分化，区域差距收敛速度会有所放缓，到2025年浙江区域差异系数低于0.3，2035年降至0.28左右。

表8-4 浙江与部分发达国家区域差异系数比较

项目	德国	英国	意大利	西班牙	韩国	浙江
面积（万平方千米）	35.74	24.41	30.13	50.60	10.33	10.55
总人口（万人）	8307	6647	6160	4673	5161	5850

续表

项目	德国	英国	意大利	西班牙	韩国	浙江
GDP（万亿美元）	3.85	2.84	1.99	1.43	1.73	0.90
人均GDP（万美元）	4.63	4.31	3.23	3.05	3.35	1.56
区域差异系数	0.179	0.316	0.279	0.225	0.231	0.302

注：区域差异系数为以该国（州）（省、道、地区）、浙江省地级市为单元，计算人口加权后的人均GDP变异系数，反映该国、浙江省内部区域差距。

资料来源：各国统计局。

六、重点示范领域

建议围绕以下十个方面开展示范。

（一）在持续提高居民收入上做出示范

提高收入水平，是人民群众最关心、最直接、最现实的利益问题，是实现美好生活的先决条件，也是实现共同富裕的重要前提，需要持续紧抓不放。浙江人均可支配收入已连续多年领跑除上海、北京以外的其他所有省（区、市），但对标面积和人口相近的韩国，2019年浙江人均可支配收入尚不足韩国的1/2。下一步建设共同富裕示范区，仍然要把发展作为解决问题的根本路径，把提高收入水平放在优先位置。

一是提高劳动报酬在初次分配中的比重。巩固按劳分配主体地位。探索企业、工会、政府共同参与的工资集体协商机制，着重增加劳动者尤其是一线劳动者报酬。健全最低工资标准动态调整机制。加快构建适应事业单位和国有企业特点的薪酬制度，突出抓好国有企业薪酬制度改革。构建更好体现人力资本的收入分配机制，鼓励科研人员通过科技成果转化获得合理收入。

二是探索完善按要素分配政策制度。在省域要素市场统一、要素供求渠道畅通方面开展示范，探索建立职业经理人市场。明确劳动、资本、土地、知识、技术、管理、数据等生产要素的产权归属，实行严格的产权保护制度。探索创新要素、数据要素参与收益分配的新机制。加快拓宽城乡居民财产性收入渠道。把握民营经济体制灵活优势,推广员工持股制度,完善股份制企业特别是上市公司的分红制度。

三是更加注重提高劳动生产率。加快人力资本累积,加大对企业在职培训的支持力度,允许企业把员工培训经费纳入税前列支或享受研发经费投入同等优惠政策。在部分行业、部分企业和部分生产环节有序开展"机器换人",加强"换"后劳动者再就业支持。强化劳动生产率导向,探索把劳动生产率纳入产业集聚区、开发区和工业园区考核的重要指标。

(二)在缩小城乡、区域、不同群体间收入差距方面做出示范

在持续做大"蛋糕"的同时,着力分好"蛋糕",让改革发展成果更多更公平地惠及全体人民。浙江的城乡收入倍差全国最低,但省内区域差距仍然比较明显,金衢丽地区和杭嘉湖甬绍舟地区差距仍然较大,特别是外来务工的"新浙江人"和原住民的收入和财富差距还比较突出,下一步缩小差距仍然是工作重点。

一是优化再分配调节机制。加大结构性减税力度,降低工薪阶层税负,增加中等收入群体的收入。在赡养父母、养育子女、购房购车等方面探索更多精准有效的支持政策。深化资源税改革、国有资产红利分配制度改革、国有资源管理制度改革,调节电信、金融等垄断性行业过高收入,缩小收入分配行业差距。充实和创新援企稳岗、降低社保费率、提供奖补资金等政策工具。培育发展慈善组织,依法开展慈善活动。遏制各类"灰色收入",取缔非法收入。

二是完善"先富带后富"长效机制。建立农村低收入人口、浙西南欠发达地区帮扶机制,推动县与县精准对接,探索乡镇、行政村间结对帮扶。构建扶贫同扶志扶智相结合的内生动力能力生成机制。引导社会力量参与帮扶,开展"万企帮万村"工程,兴办帮扶车间,营造"先富带后富"良好氛围。

三是多渠道扩大中等收入群体。加快完善创业生态,支持更多创业者和

个体工商户成为中等收入群体。拓宽农民发展路径，为懂技术、懂市场的农民工提供线上创业培训、创业服务和资金支持，培育一批新型职业农民和农村创业者，壮大"农村中产"。加强对农民利益保护、权益保障等方面制度设计和供给。

四是探索城乡融合"浙江实践"。强化以工补农、以城带乡，完善城乡融合机制。深化户籍制度改革，探索完善"两进两回"长效机制。积极探索农村宅基地"三权分置"，建立集体经营性建设用地入市增值收益分配机制，探索宅基地空间置换改革。完善农村产权流转交易市场体系。推进村集体经济组织改革，探索"三位一体"农村合作经济组织联合会改革等模式，构建现代农业生产经营体系。

五是深入探索山海协作机制。高水平建设山海协作产业园、生态旅游文化园，探索"科创飞地""生态补偿产业飞地"新模式。完善新阶段山区政策体系，支持一批绿色发展重点县增强内生发展能力。

（三）在就业优先上做出示范

就业是最大的民生，是稳定人民群众收入的根本性保障。随着我国劳动年龄人口进入负增长状态，就业的关注重点由岗位供应保障转向更高质量和更充分就业。近年来浙江经济发展质量持续提升，数字变革拓展了就业新空间，但同时也面临劳动年龄人口供给放缓、劳动年龄中位数抬高、企业招工难等越发突出的问题，下一步应把扩大就业规模、提高就业质量作为推动共同富裕重点工作的一部分。

一是着力解决结构性就业矛盾。面向新一轮科技革命和产业变革的需要，重点培养高新技术、先进制造等亟须领域人才。优化职业教育专业设置，完善职业技能培训链条各环节，使职业分类、职业标准、培训教材、技能鉴定等相互配套。重点支持养老服务、健康服务、社区生活等就业岗位多、就业弹性大的行业发展。完善教育、科技、医疗、文化、设计等领域退休后返聘机制，让有继续工作意愿的资深专家和高级人才发挥余热。

二是加快激活就业新形态。大力发展微经济，鼓励"副业创新"，支持自我就业。探索完善与个人职业发展相适应的医疗、教育等行业多点执业新模式。明确新就业形态概念，确定相关职业介绍、职业指导、培训补贴、社保补贴政策支持范围。探索适应扩平台、多雇主间灵活就业的权益保障、社会保障政策，明确平台企业和劳动者权利义务边界。制定与新业态就业特点相符的劳动标准、劳动争议处理和劳动监察制度。清理新就业形态和灵活就业领域的不合理规定。

三是健全全周期就业公共服务体系。建立全省统一的就业信息系统，推进信息互联互通和数据共享，实现供求双方即时智能匹配。根据不同行业劳动者的自身条件和服务需求，构建精准识别、精细分类、专业指导的个性化服务模式和解决方案。深化"最多跑一次"公共就业创业"一件事"服务体系。鼓励社会力量参与就业服务，探索建立创业指导、就业指导等专家团队。

（四）在强化社会保障"兜底"上做出示范

兜底保障是全面建成小康社会的底线制度安排。习近平总书记强调："全面建成小康社会，一个不能少；共同富裕路上，一个不能掉队。"浙江十多年来一以贯之推进富民强省，被公认为全国群众富裕、社会活力强、社会秩序优的省份之一。面向新发展阶段，浙江应进一步突出社会保障兜底功能，改进和提高社会保障水平。

一是做好社会兜底救助。完善低保制度，健全低保对象认定办法，巩固脱贫成果，科学确定并动态调整农村低保标准。率先开展低保边缘家庭认定工作。继续完善医疗救助制度，努力缓解因病致贫返贫问题。采取多种措施加快推进农村特困人员供养服务机构法人登记，加大供养服务机构建设力度。

二是着力强化失业保障。以民营企业和小微企业、农民工群体、新就业形态和灵活就业人员等为重点，进一步扩大失业保险覆盖范围。提高失业保险金标准，落实生活困难下岗失业人员临时生活补助政策。强化失业保险预防失业功能，加大实施参保企业稳岗返还政策力度。适当增加预防失业、转岗培训和技能提升等支出项目，促进困难群体就业，降低青年群体失业率。

三是加快完善社会福利制度。扎实开展"合力监护、相伴成长"关爱保护专项行动，加强农村留守儿童和困境儿童基本信息动态管理。全面建立困境儿童分类保障制度。建立联络人和定期探访制度，探索建立关爱服务内容清单，推广互助和为老志愿服务等活动。积极发展残疾人事业。

（五）在发展实体经济上做出示范

近年来我国金融与实体经济间出现结构性失衡，不仅加大了金融体系风险和实体经济融资困难，给人民群众收入和财产带来波动风险。浙江是工业大省，也正面临劳动力成本上升、产业外迁等"脱实向虚"潜在风险，下一步应坚持"制造业为本"导向，坚定不移地发展实体经济，提升产业基础能力和产业链韧性，增强自主创新能力，推动数字化升级，发展智能制造、新制造，建立实体经济与金融、互联网等虚拟经济互促的长效机制，为推动实现共同富裕奠定坚实的物质技术基础。

一是推进产业链供应链补短板锻长板。保持制造业比重基本稳定。深入实施产业基础再造和产业链提升工程，在产业链重要节点培育一批"小巨人"企业和"单项冠军"企业。提升具有产业链主导力的大企业能级，增强供应链资源配置能力。改造提升传统产业，发展智能制造、服务型制造，重塑经典时尚产业。用好我国战略纵深，推动产业链供应链多元化发展，引导劳动密集型外向型产业加强与中西部地区合作。

二是深入开展制造业质量标准提升行动。推进质量革命，让浙江制造成为高质量代名词。支持企业主导或参与制定国际标准、行业标准，重点在工业互联网、智能制造、智能网联汽车等领域形成一批新标准。发展新一代检验检测、高端计量设备仪器，健全质量基础设施，支持中小企业产品一致性、可靠性、稳定性提升。深化品牌战略，打响"品字标"区域公共品牌。

三是加快在数字化变革中抢占先机。大力推进国家数字经济创新发展试验区、新一代人工智能创新发展试验区建设。围绕人工智能、量子计算、生物工程、三代半导体、类脑芯片、柔性电子以及前沿新材料等未来产业，超前谋划一批先导区。突出数字赋能，大力推广新型精益制造，拓展大规模个性化定制、协同制造、共享制造等新模式。

四是探索完善民营经济制度环境。实施管理现代化对标提升工程。推进减税降费，降低民营企业用能用网及物流成本。畅通国家科研资源开放渠道，支持民营企业参与重大科研攻关。加大信贷支持力度，拓宽直接融资渠道，创新政府担保补偿机制。完善促进中小微企业和个体工商户发展的政策体系。构建亲清政商关系，促进浙江人经济和浙江经济融合发展。实施"品质浙商提升工程""浙商青蓝接力工程"和新生代企业家"双传承"计划。

（六）在社会主义市场经济体制上做出示范

健全要素市场体系，是扩大社会化大生产、激发社会创造力和市场活力的前提，也是贯彻按劳分配为主体、多种分配方式并存的分配制度的基础，有利于增加城乡居民可支配收入，迈向更高水平的共同富裕。浙江要找准有为政府和有效市场的黄金结合点，深入推进资源要素市场化配置改革，破除阻碍要素自由流动的体制机制障碍，扩大要素市场化配置范围，推进要素市场制度建设，实现要素价格市场决定、流动自主有序、配置高效公平。

一是健全要素市场化配置机制。在浙江全省统筹推进农村土地征收、集体经营性建设用地入市、宅基地制度改革试点，健全长期租赁、先租后让、弹性年期供应、作价出资（入股）等工业用地市场供应体系，完善"标准地"制度，探索增加混合产业用地供给，充分运用市场机制盘活存量土地和低效用地。全面放宽城市落户条件，探索实行城市群内户口通迁、居住证互认制度，深化人才发展体制机制改革，赋予用人单位更大的人才评价自主权，建设一批人才管理改革试验区，加快建设全球人才"蓄水池"。深化温州金融综合改革、台州小微金融改革、宁波普惠金融改革和湖州、衢州绿色金融改革等试点，打造覆盖全省的区域供应链金融科技平台，开展数字人民币试点，建设大宗商品跨境贸易人民币国际化示范区。加快发展知识和技术要素市场，实行"揭榜挂帅"等制度，完善科研人员职务发明成果权益分享机制,创新科技成果转化机制,建设浙江知识产权交易中心,打造知识产权强省。加快培育数据要素市场,打造全省统一的数据开放平台,探索完善数据产权保护机制、市场化定价机制和隐私保护机制,大力建设国家数字经济创新发展试验区。

二是深化"亩均论英雄"改革。建立完善重点企业、重点制造业和服务业行业、各类产业园区"亩产效益"综合评价体系、数据平台。探索完善县(市、区)政府依据"亩产效益"综合评价结果,依法依规实施用地、用电、用水、用气、排污等资源要素差别化政策。构建年度用地、用能、排放等指标分配与县(市、区)"亩产效益"挂钩机制。

三是规范资源要素跨区域市场化交易。建立健全用水权、用能权、排污权、碳排放权初始分配与交易制度,建设区域性排污权、碳排放权等交易市场,推进水权、电力市场化交易。加快推动土地、用能、排污权等资源要素向综合评价高的优质企业、行业、区域集中。健全公平竞争审查机制。推动长三角要素市场一体化,实现要素跨区域流动共享。推进贸易、投资、跨境资金流动、运输来往、人员进出便利化自由化先行先试。

(七)在推进生态文明建设上做出示范

生态文明是共同富裕的应有之义,优良的生态环境是最公平的民生产品,也是走向高质量共同富裕的持久动力和重要表征。浙江要充分发挥作为"绿水青山就是金山银山"的发源地和率先实践地的优势,站在建成全国首个生态省的新起点上,深入贯彻习近平生态文明思想,实行严格的生态环境保护制度,构建生态文明体系,促进经济社会发展全面绿色转型,打造展示人与自然和谐共生、生态文明高度发达的重要窗口。

一是建设"诗画浙江"美丽大花园。构建美丽城市、美丽城镇、美丽乡村有机贯通的美丽浙江建设体系,推动衢州、丽水大花园核心区建设,新建一批大花园示范县(市、区),串珠成链推进"四条诗路"千万级核心景区建设,支持开化、丽水创建国家公园,加快打造十大名山公园和十大海岛公园,创建国家全域旅游示范省,打造现代版的"富春山居图"。

二是率先推进空间治理现代化。建设省域国土空间治理数字化平台，探索运用数字虚拟空间更好地管理自然空间、人造空间、未来空间。强化国土空间规划和用途管控，严守"三条红线"，加强全域国土空间治理。坚持山水林田湖海系统治理，全面实施河长制、湖长制、湾长制、林长制，加强美丽河湖、美丽海湾建设，加快打造森林城市和森林乡村。建立地上地下、陆海统筹的生态环境治理制度，强化多污染物协同控制和区域协同治理，开展"清新空气示范区"建设，健全生态环境治理法规标准体系，完善环境污染问题发现、风险预警和应急处置机制，完善生态环境损害赔偿制度。

三是建设绿色发展示范区。以长三角生态绿色一体化发展示范区建设为契机，加快完善绿色发展制度体系，支持绿色技术创新，构建绿色产业体系，健全环保信用评价、信息强制性披露、严惩重罚制度，优化能源消费总量和强度双控行动，形成节约资源和保护环境的空间格局、产业结构、生产方式、生活方式。

四是拓宽"绿水青山就是金山银山"的转化通道。开展"绿水青山就是金山银山"综合改革试点，深化绿色金融改革，推行生态产品价值实现机制，完善市场化、多元化生态补偿机制，总结推广淳安特别生态功能区、安吉县域践行"两山"理念综合改革创新试验区建设和丽水生态产品价值实现机制试点经验。完善绿色发展财政奖补机制，深化森林质量财政奖惩制度，开展湿地生态补偿试点。构建常态化生态系统生产总值（GEP）核算制度，纳入地方政府综合绩效考核范围。开展全民所有制自然资源所有权委托代理试点。

（八）在提升公共服务水平上做出示范

公共服务直接关系人民群众的生产成本和生活质量，推进公共服务均等化有利于缩小城乡区域发展差距、缩小居民收入差距，更好更快地走向共同富裕。浙江要坚持把实现好、维护好、发展好最广大人民根本利益作为发展的出发点和落脚点，围绕实现共同富裕目标，完善为民办实事长效机制，率先实现教育、医疗、养老等公共服务均等化，打造成展示坚持以人民为中心、实现社会全面进步和人的全面发展的重要窗口。

一是加快推进教育现代化。高质量普及学前至高中段15年教育，健全学校家庭社会协同育人机制。率先建成覆盖城乡的学前教育公共服务体系，开展3岁以下婴幼儿照护试点。促进义务教育优质均衡发展，建立中小学生提质减负有效机制，全面实行小学放学后校内托管，推进高中阶段学校多样化发展。完善特殊教育、专门教育保障机制。完善职业教育、技工教育体系，深化职普融通、产教融合、育训兼容，建设一批一流职业院校、技师学院。分类推进"双一流""双高"建设和基础学科建设，培育一批高水平应用型大学。

二是促进卫生健康事业高质量发展。加快建设强大公共卫生体系，完善疾病预防控制体系和重大疫情防控体制机制，创新医防协同机制。深化医药卫生体制改革，开展"三医联动""六医统筹"医改试点，健全现代医院管理制度和分级诊疗制度。持续深化城市医联体和县域医共体建设，深化医保支付方式改革和药品、医用耗材集中采购改革。大力发展智慧医疗，创建"互联网+医疗健康"示范省。健全覆盖全省的城乡居民慢性病门诊保障制度。大力实施"医学高峰"计划，推动中医药传承创新和高质量发展。深入开展爱国卫生运动。

三是推动养老服务事业和产业全面协调发展。支持发展居家养老和社区养老服务，加强农村养老服务设施和医养联合体建设，深化智慧养老，完善养老服务综合监管体系。推进城乡老年食堂建设，新建一批乡镇居家养老服务中心，提升公办养老机构失能失智老人照护能力。健全农村留守儿童、妇女、残疾人的关爱服务体系，推进"儿童之家"建设。

（九）在探索数字时代新型省域治理模式上做出示范

共建共治共享的社会治理制度是共同富裕的重要政治、制度和社会保障，而数字时代对加快省域治理模式转型提出了新要求。浙江要牢牢把握数字时代经济社会发展规律，更加突出共建共治共享，持续深化法治浙江、平安浙江建设，创建省域现代治理示范区，率先探索推行自治、法治、德治、智治融合的社会治理模式，打造成为展示推进国家治理体系和治理能力现代化、把制度优势转化为治理效能的重要窗口。

一是全面提升政府治理效能。全面加强政治建设，坚决维护党中央权威和集中统一领导，加强廉洁政府、法治政府建设，完善行政权力运行监督机制。深化"放管服"改革，在进一步简政放权、放管结合、优化服务方面走在全国前列，巩固扩大"最多跑一次"改革成效，打造市场化、法治化、国际化营商环境，健全社会信用体系。深入推进政府数字化转型，深化"一件事"集成改革，高质量建成"掌上办事之省""掌上办公之省"，全面实现政务服务一网通办、全域通办、就近可办。推进党政机关整体智治，构建省市县一体、部门间协作、政银企社联动的协同高效运转机制，努力打造成为全国整体智治的技术策源地、实践示范区。

二是率先探索现代化基层治理方式。坚持和发展新时代枫桥经验，健全党建统领"四治融合"的城乡基层治理体系，完善基层民主协商制度，建设"矛盾不上交、平安不出事、服务不缺位"的社会治理共同体。推行"县乡一体、条抓块统"高效协同治理模式，推进"最多跑一地"改革，建设县级社会矛盾纠纷调处化解中心，强化基层治理四平台运行管理，深化"三社联动"，深化"枫桥式公安派出所"创建活动。加强"基层治理四平台"运行管理和全科网格建设。建立健全自治、法治、德治、智治融合的乡村治理体系，加快建设数字乡村，完善村（社区）治理机制，争创一批国家乡村治理示范县、示范镇、示范村。

三是高水平建设平安浙江。推进行政执法规范化、标准化、数字化建设，强化行政执法监督机制。健全社会风险防控机制，严格落实决策风险评估机制，高水平建设平安中国示范区。健全社会治安防控体系，推广"智安小区""智安单位"建设，依法严厉打击电信网络诈骗、非法集资等新型犯罪。开展安全生产综合治理。强化食品药品安全监管。实施自然灾害防治重点工程。拓展深化安防领域数字化应用，谋划建设一批场景化多业务协同的重大应用项目。

（十）在发展社会主义先进文化上做出示范

文化繁荣是共同富裕的重要内容，积极向上的文化是走向共同富裕的强大精神动力。浙江要按照习近平总书记当年做出的文化大省战略布局,持续深化文化建设"八项工程",坚持社会主义核心价值体系和弘扬中华传统文化、革命文化、社会主义先进文化,进一步增强文化软实力、引领社会新风尚,开创文化繁荣发展新局面,铸就中华文化新辉煌,打造有利于共同富裕的新时代文化高地。

一是强化社会主义核心价值观引领。大力弘扬红船精神、浙江精神,探索做好高校、青少年、网络意识形态工作有效模式,做大做强主流思想舆论。建立符合人的成长规律的德育体系,实施"新时代文明生活"行动,打开文化树人的实践路径。深入实施公民道德建设工程,深化群众性精神文明创建,力争全国文明城市设区市全覆盖。推进最美风尚培育行动,持续开展移风易俗。实施文明好习惯养成工程。健全现代志愿服务体系。

二是打造和展示中华文化标识。打造具有中国气派的文艺精品、文化地标。深入推进大运河国家文化公园建设。做好良渚遗址保护利用。加强文物保护和非遗传承。启动创建一批省级文化生态保护区。实施文艺精品创优工程,传承弘扬浙学文脉。实施文化基因解码工程,挖掘阳明文化、和合文化、南孔文化等丰富内涵。实施"千年古城"复兴计划。

三是推进公共文化服务均衡化。全面实现基本公共文化服务标准化,推动公共文化数字化建设,完善"浙江智慧文化云",打通各层级公共文化数字平台,打造公共文化数字资源群。做强新型主流媒体,建强用好县级融媒体中心,加强农村文化场所建设。高水平建设之江文化中心等重大文化设施。加大文化惠民力度,深化送文化下乡和文化进万家活动。

四是提升现代文化影响力。推动文化与旅游、科技深度融合发展,建设文旅深度融合先行区。加快推进之江文化产业带建设。实施一批诗路文化标志性项目,推进一批重大文化产业项目,打造一批4A级博物馆、美术馆景区,创建一批文旅产业融合试验区。支持横店影视文化产业集聚区、中国(浙江)影视产业国际合作区等做大做强,建设全媒体传播体系,推动建设具有国际影响力的中华文化输出基地。

主要参考文献

[1] 李实,岳希明,史泰丽,佐藤宏. 中国收入分配格局的最新变化

[J]. 劳动经济研究, 2019, 7 (1): 9-31.

[2] 李春玲. 中等收入群体的增长趋势与构成变化 [J]. 北京工业大学学报 (社会科学版), 2018, 18 (2): 1-7.

[3] 余丽生. 高质量发展建设共同富裕示范区的建议 [J]. 中国财政, 2021, 842 (21): 4-8.

[4] 胡献政. 浙江高质量发展建设共同富裕示范区的主要做法及启示 [J]. 发展研究, 2021, 38 (S1): 14-18.

[5] 郭晓琳, 刘炳辉. "浙江探索": 中国共同富裕道路的经验与挑战 [J]. 文化纵横, 2021, 80 (6): 32-40.

[6] 黄祖辉, 叶海键, 胡伟斌. 推进共同富裕: 重点、难题与破解 [J]. 中国人口科学, 2021, 207 (6): 2-11, 126.

[7] 何立峰. 支持浙江高质量发展建设共同富裕示范区 为全国扎实推动共同富裕提供省域范例 [J]. 宏观经济管理, 2021, 453 (7): 1-2, 20.

[8] 刘培林, 钱滔, 黄先海, 等. 共同富裕的内涵、实现路径与测度方法 [J]. 管理世界, 2021, 37 (8): 117-129.

[9] 蓝蔚青, 王兆斌. 全民创业 共同富裕——浙江改革发展30年的经验启示 [J]. 求是, 2008, 490 (21): 43-45.

[10] 吴文新, 程恩富. 新时代的共同富裕: 实现的前提与四维逻辑 [J]. 上海经济研究, 2021, 398 (11): 5-19.

专题报告九

缩小收入差距促进推动共同富裕研究

张　舰

内容提要：从行业、区域、群体三个层面对我国居民收入差距的现状、问题、成因进行了分析。以美国、德国、法国等欧洲国家，以及印度、巴西等金砖国家为重点总结了收入差距的演变历程、政策举措、经验启示。提出以优化收入分配格局，中等收入群体规模翻番，充分发挥公共财政调节作用作为缩小收入差距促进推动共同富裕的主要思路。并从完善劳动报酬保护、要素分配政策、扩大就业规模质量、加强再分配调节、增加农村和欠发达地区收入五个方面提出了举措建议。

一、我国居民收入差距现状、问题、成因分析

（一）我国居民收入差距的整体现状

改革开放以来，我国经济高速发展，居民收入快速提升，城镇和农村居民人均可支配收入分别从332元、165元，增长到2020年的43834元、17131元，按可变价格计算分别增长131倍、103倍。贫困标准线也逐步提升，1986年首次制定国家扶贫标准时为农民人均年纯收入206元，而后在

2001年和2011年分别制定第一个和第二个农村扶贫开发纲要时,分别又提升到865元(2000年不变价)和2300元(2010年不变价)。贫困人口大幅减少,党的十八大以来,我国平均每年有1000多万人脱贫,相当于一个中等国家的人口脱贫。2021年2月25日,习近平总书记在全国脱贫攻坚总结表彰大会上庄严宣告,我国脱贫攻坚战取得了全面胜利,现行标准下9899万名农村贫困人口全部脱贫,832个贫困县全部"摘帽",12.8万个贫困村全部出列,区域性整体贫困得到解决,完成了消除绝对贫困的艰巨任务。但同时,我国居民收入差距持续扩大、收入分配不平衡状况日益突出,不同行业群体、区域、城乡之间收入差距不断扩大。

1. 目前居民收入差距较20世纪90年代明显扩大,差距水平在全球处于中等偏高位置

衡量居民内部收入差距的指标有基尼系数、收入不良指数、帕尔玛比值等,其中,基尼系数是国际上较为通用且能够较好反映整体收入差距的指标,其他两项则更多侧重于收入两极分化程度(见表9-1)。按照国际惯例,一般认为基尼系数在0.3~0.4,表明收入差距相对合理;如果基尼系数超过0.4,表明收入差距较大;当基尼系数达到0.5以上时,则表明收入悬殊。我国尚没有长时间尺度的基尼系数统计数据,截至本书研究统计时间国家统计局的官方基尼系数可得时间范围为1995~1999年和2003~2019年,前一段期间我国基尼系数范围在0.37~0.40,后一段期间则上升至0.46~0.50,上升幅度明显,反映出进入21世纪后,加入世界贸易组织(WTO)在为我国对外开放和经济社会发展提供前所未有机遇的同时,更加激烈的市场竞争也使我国居民个人收入分配呈加剧分化的趋势。比照国际惯例可见,自进入21世纪后,我国居民收入一直处于收入差距较大状态,2008年一度接近收入悬殊状态(当年基尼系数为0.491,大于0.5即为收入差距悬殊),此后逐年略有下降,但最低点也仍有0.462(2015年),明显高于0.4的收入差距较大临界值。

表9-1 度量居民收入分配情况的指标

指标名称	指标说明	度量类型
基尼系数	以社会实际收入分配曲线与收入绝对平等曲线之间的面积来测度居民内部收入分配不公平程度。基尼系数位于0~1，基尼系数为0表示全社会中所有人收入完全相同，即处于绝对公平状况，基尼系数越大代表居民收入不平等情况越严重	整体收入差距
收入不良指数	20%收入最高人口的收入份额/20%收入最低人口的收入份额	收入两极分化程度
帕尔玛比值	10%收入最高人口的总收入/40%低收入人口的总收入	

资料来源：笔者根据文献整理。

除国家统计局外，世界银行也对我国部分年份的基尼系数进行了测算（见图9-1），尽管相关测算数值整体低于同期国家统计局数值，但在进入21世纪后，多数测算年份我国基尼系数都在0.4以上，属于收入差距较大

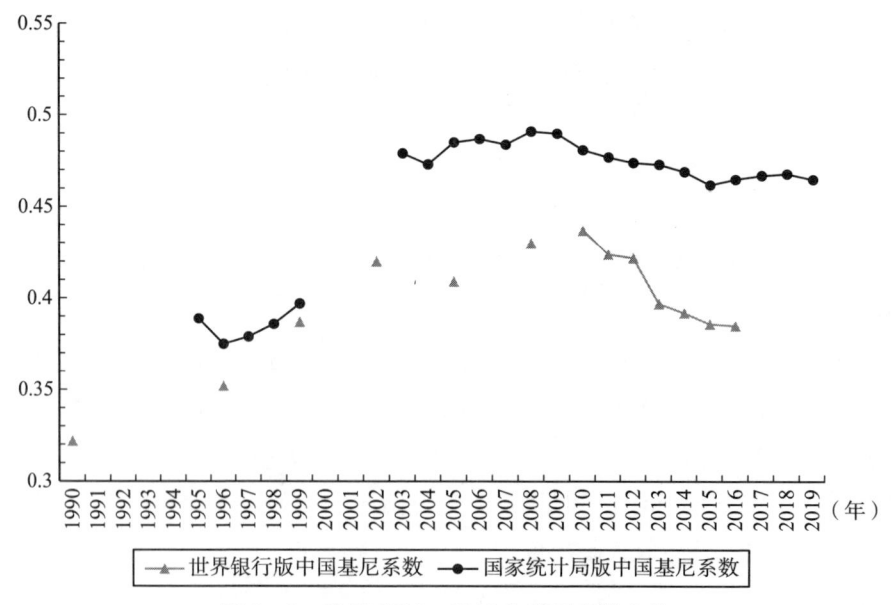

图9-1 我国1990~2019年基尼系数走势

资料来源：中国国家统计局数据（1995~1999年、2003~2019年）、世界银行DataBank数据（1990~2016年部分年份）。

状态，2013年后测算数值略有下降，但也仍非常接近0.4的水平。同国际上其他国家相比，近年来我国基尼系数虽低于巴西，但明显高于西欧、北欧等发达经济体。2000年以来，英国、法国、德国的基尼系数多年整体稳定在0.3~0.35；挪威、瑞典、芬兰三个北欧国家的收入分配均衡程度更高，基尼系数长期稳定在0.25~0.3的水平；俄罗斯、美国的基尼系数与我国相近，其中，俄罗斯基尼系数在多数年份都略低于我国，美国基尼系数则是在2012年前低于我国，之后逐渐高于我国（见图9-2）。截至本书研究统计时间，以世界银行最后对我国更新测算的2016年基尼系数来看，我国居民收入分配均衡程度在全球仍处于中等偏下位置，在世界银行当年测算的81个国家和地区中排在第51位，居于收入差距最大的30个国家地区之列。

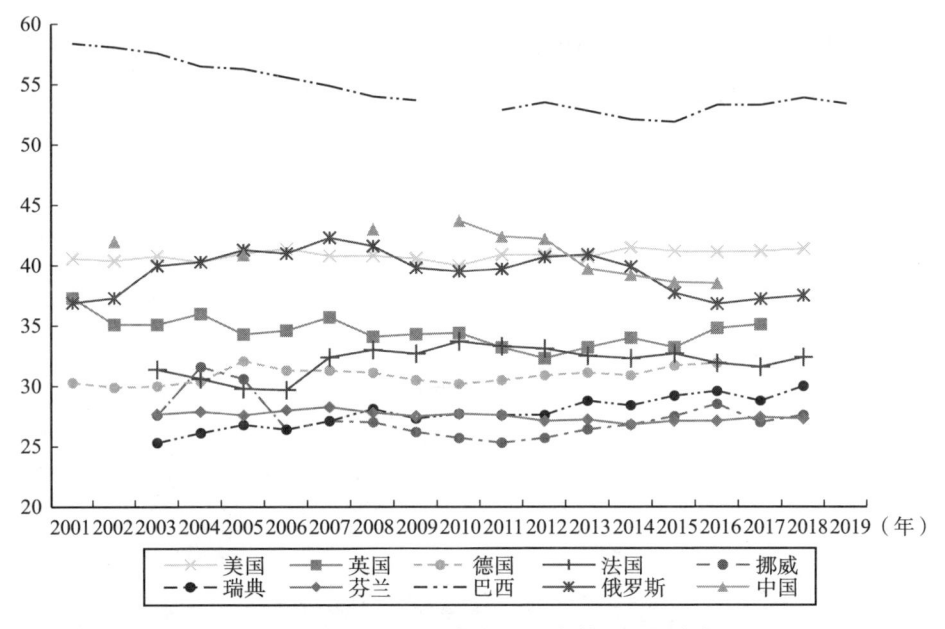

图9-2 2001~2019年部分国家基尼系数变化

资料来源：世界银行DataBank数据。

2. 住户部门在收入分配中占比下滑明显，劳动收入受资本收入挤压加剧收入分配失衡

收入按要素分配的格局方面，国民总收入主要是由劳动者报酬、资本收入和生产税净额三部分组成。国民收入的初次分配是按照企业、政府和居民三个部门分别投入的要素数量来获取相应的报酬。以此为基础,再分配将各类社保费用和收入等非交易性转移收支考虑后,便最终形成了企业、政府和居民三个部门的可支配收入。基于对国家统计局资金流量表数据整理分析可知,自1992年以来,住户部门初次分配收入在国民收入中的占比呈现下滑趋势,从1992年的65.5%,最低跌至2008年的57.0%,而后稍微回升至61.2%(见图9-3),仍低于1992年水平;同期政府部门、企业部门(含非金融企业部门和金融机构部门)在初次分配中的占比均有所提升,政府部门占比从11.0%升至12.8%,企业部门从23.6%升至26.0%。考虑非交易性转移收支再分配后,住户部门可支配收入在国民收入中占比逐年下滑趋势更为明显,从1992年的68.1%下滑至2018年的59.4%(见图9-4),下滑幅度达8.7个百分点,同期政府和企业部门可支配收入占比则分别从19.0%升至21.8%、12.9%升至18.7%。住户部门初次分配收入占比和再次分配后可支配收入占比的双降低反映出,我国国民收入分配格局呈现出居

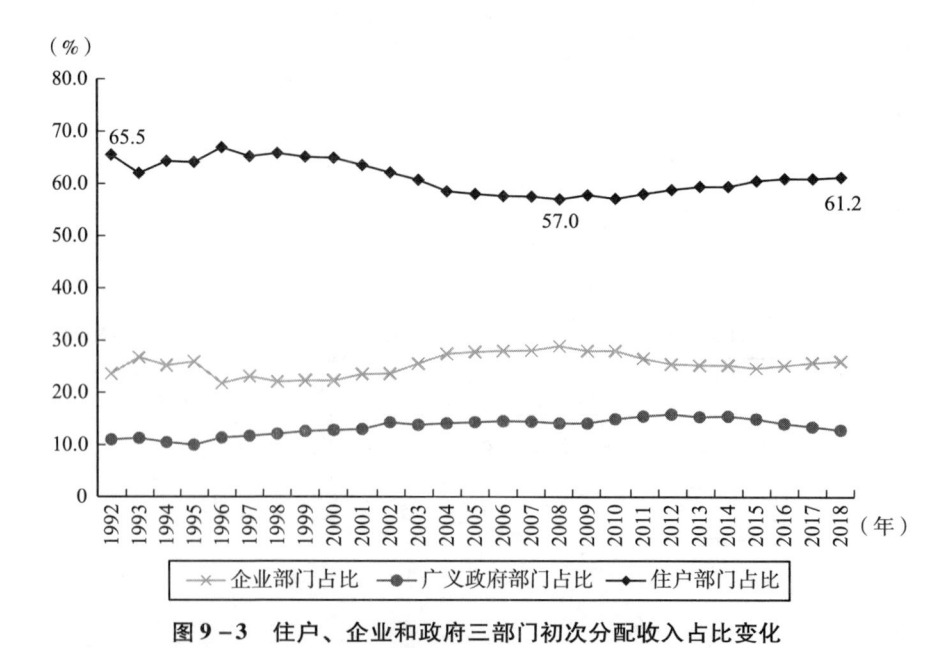

图9-3 住户、企业和政府三部门初次分配收入占比变化

资料来源:根据国家统计局数据计算所得。

民收入向政府和企业收入倾斜态势、劳动收入向资本收入倾斜态势。这种倾斜态势下,会造成先富群体能够因财产性收入获得更多的收入,对后富群体形成挤占,后富群体依靠劳动从经济发展中能够获得的收入份额呈逐年减小趋势,导致收入分配进一步失衡。

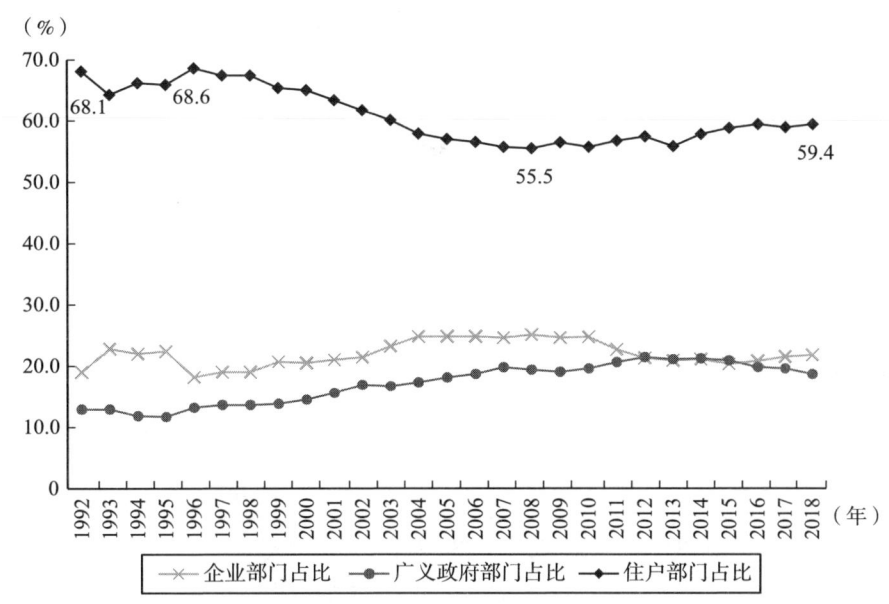

图 9-4 再次分配后住户、企业和政府三部门可支配收入占比变化

资料来源:根据国家统计局数据计算所得。

3. 群体收入分化显著,中低收入群体收入增速显著落后于高收入群体增速

中等收入群体在收入分配和消费过程中意义重大,扩大中等收入群体规模是《中华人民共和国国民经济和社会发展第十四个五年规划和2035年远景目标纲要》中提出的重要目标之一。从不同群体收入增速来看,改革开放以来我国中低收入群体人均收入增幅明显小于高收入群体,群体收入差距进一步拉大,对中等收入群体规模的扩大造成不利影响。依据世界不平等数据库(world inequity database),1978~2015年,我国收入最低的50%群体收入总量占全部居民收入的比例从27%下降到15%,与之对应的是收入与最

高的10%群体收入总量占比从27%进一步上升到42%。同一时段内，我国居民整体人均收入实际增幅为776%，其中收入最低的50%群体和收入中等偏高40%群体的增幅分别为386%和733%，均未超过整体平均增幅水平。相比较之下，收入最高的10%群体人均收入实际增幅高达1232%，远超整体平均水平，并且收入越高增幅越高，收入最高的0.001%群体的增幅达到3524%。年均实际增速同样存在这种情况，收入越高的群体，收入年均实际增速越高，收入最低的50%群体增速最低，仅为4.6%，而收入最高的0.001%群体收入增速高达10%。同比同一时期的西欧国家，以法国为例，虽然同样存在高收入群体增幅和增速大于低收入群体的情况，但群体之间差距明显小于我国，收入均衡程度更高（见表9-2）。

表9-2　　1980~2015年我国不同收入群体人均收入实际增幅　　单位：%

收入群体	中国 实际累计增幅	中国 年均实际增速	法国 实际累计增幅	法国 年均实际增速
全体居民	776	6.4	38	0.9
最低的50%群体	386	4.6	33	0.8
中等的40%群体	733	6.2	35	1.0
最高的10%群体	1232	7.7	46	1.1
最高的1%群体	1800	8.8	77	1.6
最高的0.1%群体	2421	9.5	81	1.7
最高的0.01%群体	2921	10.2	91	1.9
最高的0.001%群体	3524	10.8	110	2.2

资料来源：世界不平等数据库（world inequity database）。

从我国国家统计局的分类来看，类似的增速趋势同样存在，即近年来中等收入群体收入增速明显低于高收入和低收入群体收入增速，且增速呈现一定的下滑态势。城镇居民中，20%中等偏下收入组、20%中等收入组和20%中等偏上收入组的人均可支配收入年名义增速整体呈现出下滑趋势，前两组增速在2018年分别一度降至1.25%和4.19%，较同年20%高收入群体

10.13%的增速差距明显。农村居民中也存在类似情况，20%中等偏下收入组、20%中等收入组和20%中等偏上收入组的人均可支配收入年名义增速从2014年的10.71%、12.63%、13.82%分别连续降至2018年的1.92%、4.61%、6.54%，同年20%低收入群体、20%高收入群体增速分别为11.03%、8.76%（见图9-5、图9-6）。

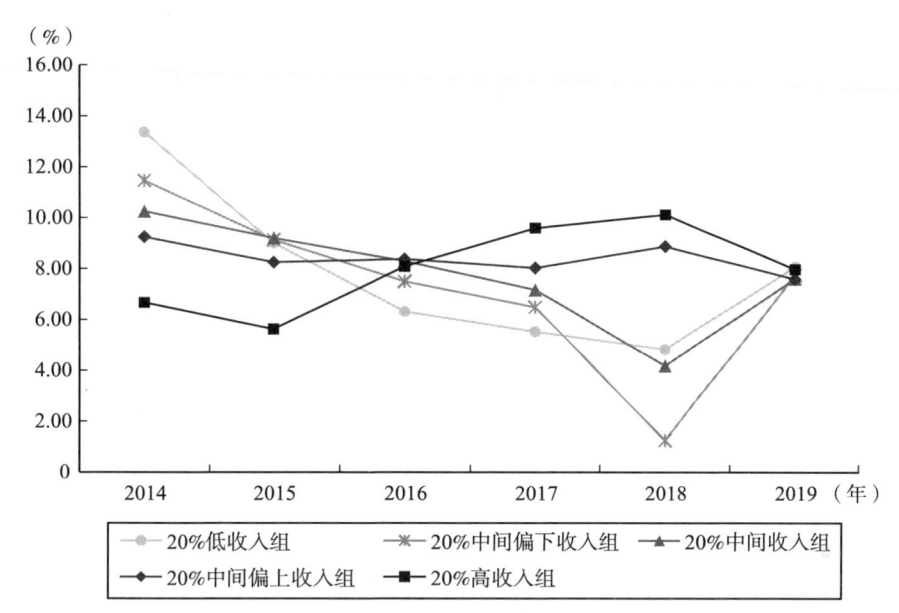

图9-5 城镇居民按收入五等份分组的人均可支配收入名义增速变化

资料来源：根据2014~2019年《中国统计年鉴》计算所得。

（二）行业、地区及城乡收入差距的演变

1. 行业收入差距呈现先缩小、后快速扩大、再逐步保持相对平稳趋势，最高与最低行业工资差距不断扩大

工资是不同行业从业人员收入最主要的构成因素。伴随改革开放后市场化的不断推进，劳动力开始大批从国有企业和集体经济转出至其他所有制企业，计划经济体制下的工龄工资体系随之被打破，转而追求更具效率的工资体系，不同行业的工资水平伴随这一转变都得到了较快提升。但这一过程

中，不同行业的工资增速出现了明显差别，造成了行业间工资收入差距的日益扩大，这成为我国近年来较为突出的收入差距问题之一。以历年《中国统计年鉴》中各行业城镇就业人员平均工资数据为基础，通过对1978年以来不同行业平均工资变异系数、最高行业平均工资与最低行业平均工资之比进行计算可见，全国行业平均工资差距呈现出先缩小，后快速扩大，再相对保持稳定的趋势，最高行业工资与最低行业工资差距不断扩大。

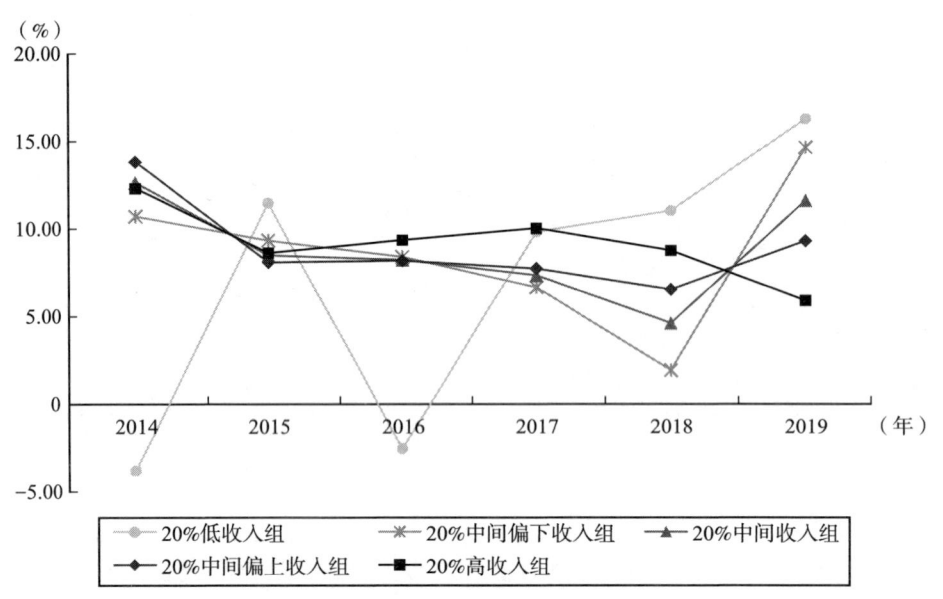

图9-6 农村居民按收入五等份分组的人均可支配收入名义增速变化

资料来源：根据2014~2019年《中国统计年鉴》计算所得。

1978年至20世纪80年代末期，不同行业间平均工资差距呈现缩小态势，不同行业平均工资的变异系数由1978年的0.18缩小至1989年的0.11，其间最高行业平均工资与最低行业平均工资倍差也从2.17缩小至1.58。

20世纪90年代开始，行业间收入差距开始快速拉大，这一趋势延续到2008年金融危机前后。1989~2008年，不同行业平均工资的变异系数从0.11快速增大到0.38，其中1989~2003年间增大速度最快，而后增大速度稍有放缓。最高与最低行业平均工资倍差的扩大从1989年到2010年，从

1.58 增大到 3.00。这在一定程度上与我国劳动力市场改革有关，国企职工下岗、农民工进城等一系列事件加剧了劳动力市场竞争程度，从而影响了行业工资决定。

金融危机后，不同行业平均工资变异系数开始小幅下滑，2019 年为 0.33，较 2008 年略有下滑（见图 9-7）。最高行业平均工资倍差与最低行业平均工资倍差基本保持稳定在 3.00 上下，这一定程度上与金融危机后高工资行业收入增长放缓有关，但应注意到，2016 年开始最高与最低行业平均工资倍差又有扩大趋势，到 2019 年已经连续 4 年增长，达到 3.20 的阶段性高点（见图 9-8）。

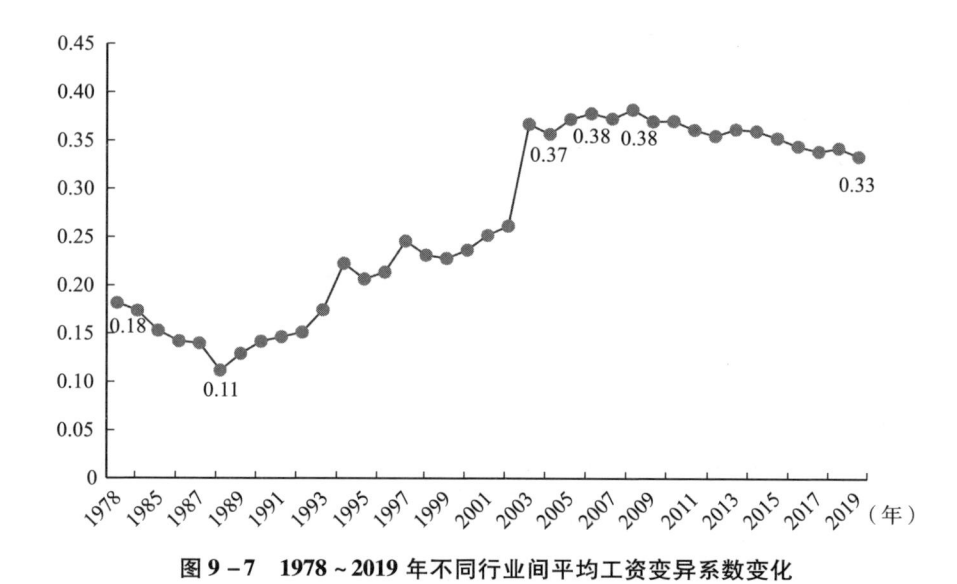

图 9-7 1978~2019 年不同行业间平均工资变异系数变化

资料来源：根据 1978~2019 年《中国统计年鉴》数据计算所得。

从细分行业平均工资增长来看，1978 年以来，平均收入最高行业发生了明显变化，从最初的电力、煤气及水的生产和供应业，地质勘查业和采掘业，变为金融业以及信息传输、软件和信息技术服务业等垄断竞争行业。相比之下，平均收入最低行业变化较稳定，从 1988 年以来一直都是农林牧渔业。农林牧渔业平均工资的增速也没有出现明显追赶迹象，甚至有差距扩大趋势，如2003年金融业与农林牧渔业平均工资之比为3.02，到2019年进一步扩大到3.34（见表9-3）。

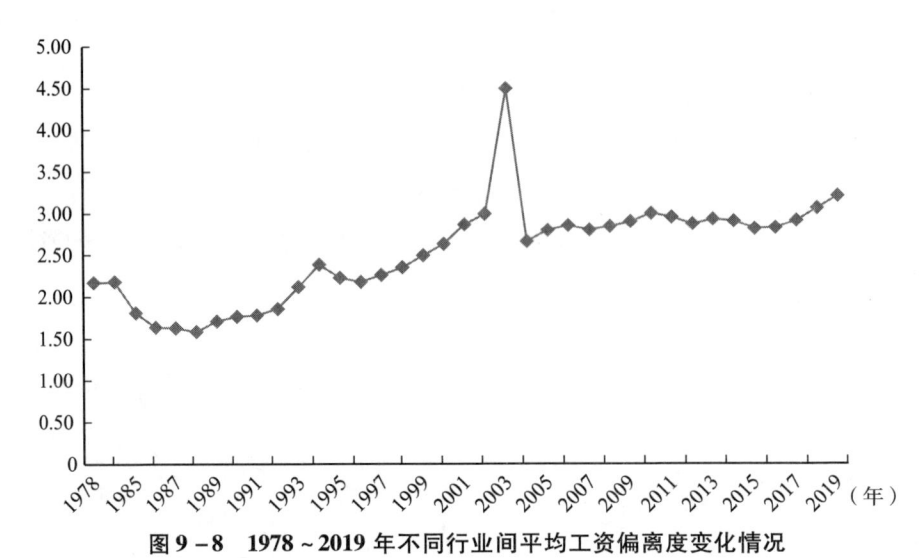

图9-8 1978~2019年不同行业间平均工资偏离度变化情况

资料来源：根据1978~2019年《中国统计年鉴》数据计算所得。

表9-3　　　1978~2019年城镇单位平均工资最高和最低的行业

年份	平均收入最高行业	平均收入最低行业	年份	平均收入最高行业	平均收入最低行业
1978	电力、煤气及水的生产和供应业	社会服务业	1987	地质勘查业、水利管理业	社会服务业
1980	电力、煤气及水的生产和供应业	社会服务业	1988	地质勘查业、水利管理业	农林牧渔业
1985	地质勘查业、水利管理业	社会服务业	1989	采掘业	农林牧渔业
1986	地质勘查业、水利管理业	社会服务业	1990	采掘业	农林牧渔业

续表

年份	平均收入最高行业	平均收入最低行业	年份	平均收入最高行业	平均收入最低行业
1991	采掘业	农林牧渔业	2006	信息传输、软件和信息技术服务业	农林牧渔业
1992	电力、煤气及水的生产和供应业	农林牧渔业	2007	信息传输、软件和信息技术服务业	农林牧渔业
1993	房地产业	农林牧渔业	2008	信息传输、软件和信息技术服务业	农林牧渔业
1994	金融、保险业	农林牧渔业	2009	金融业	农林牧渔业
1995	电力、煤气及水的生产和供应业	农林牧渔业	2010	金融业	农林牧渔业
1996	电力、煤气及水的生产和供应业	农林牧渔业	2011	金融业	农林牧渔业
1997	金融、保险业	农林牧渔业	2012	金融业	农林牧渔业
1998	金融、保险业	农林牧渔业	2013	金融业	农林牧渔业
1999	金融、保险业	农林牧渔业	2014	金融业	农林牧渔业
2000	科学研究和综合技术服务业	农林牧渔业	2015	金融业	农林牧渔业
2001	科学研究和综合技术服务业	农林牧渔业	2016	信息传输、软件和信息技术服务业	农林牧渔业
2002	金融、保险业	农林牧渔业	2017	信息传输、软件和信息技术服务业	农林牧渔业
2003	信息传输、软件和信息技术服务业	农林牧渔业	2018	信息传输、软件和信息技术服务业	农林牧渔业
2004	信息传输、软件和信息技术服务业	农林牧渔业	2019	信息传输、软件和信息技术服务业	农林牧渔业
2005	信息传输、软件和信息技术服务业	农林牧渔业			

资料来源：1978~2019年《中国统计年鉴》，2003年前后《中国统计年鉴》对行业划分有所调整，如2002年之前的金融、保险业调整为金融业。

2. 城乡收入差距呈现先缩小、后扩大、再缩小趋势，但城乡居民收入差距尚未出现收敛

改革开放以来，经济的快速发展带动了城镇与农村居民人均可支配收入的快速提升。1978~2020年，我国城镇居民人均可支配收入从343元增长至43834元，农村居民人均可支配收入[①]从134元增长至17131元。从名义增速来看，城乡居民人均可支配收入的年均复合增速分别为12.24%和12.25%，反映出城乡居民收入在很长一段时间里一直保持了较为同步的增长，尚未出现差距收敛，由此造成城乡居民收入在绝对数额上的差距不断扩大。分阶段来看，城乡居民收入差距整体呈现先缩小，后扩大，再缩小的趋势。

改革开放初至20世纪80年代中期，农村居民收入增速高于城镇居民，城乡收入差距显著缩小。这一时期，农业生产力在农村家庭联产承包责任制等多种方式的农村经济改革刺激下得到了极大释放，同时国家放开了一些政策允许农民从以前的单一生产变为多产业生产，收入来源渠道变宽，农村居民人均可支配收入名义年增速一直保持在15%~20%，显著高于城镇居民收入增速。城乡居民人均可支配收入倍差下降明显，从1978年的2.57下降到1983年的1.82，1985年稍微提升至1.86。

20世纪80年代末开始，城镇居民收入增速开始反超农村居民，城乡居民收入差距开始快速扩大，到2008年前后达到最高点。从20世纪80年代末开始，家庭联产承包责任制的激励效用逐步释放完毕、农民税负加重等因素使农村居民收入增速有所放缓。同时，我国经济体制改革重心从农村转回城镇，外资引进、国企改革等市场化经济开放政策的效应在城镇中快速释放，促进了城镇经济的快速发展。1985~2009年，城乡居民人均可支配收入倍差从1.86扩大到3.33，其间1994~1997年乡镇企业的迅速发展使城乡居民人均可支配收入倍差曾出现短暂下降，但并未影响城乡收入差距逐年快速拉大的整体趋势（见图9-9）。

---

① 2013年之前国家统计局该指标为农村居民人均纯收入。

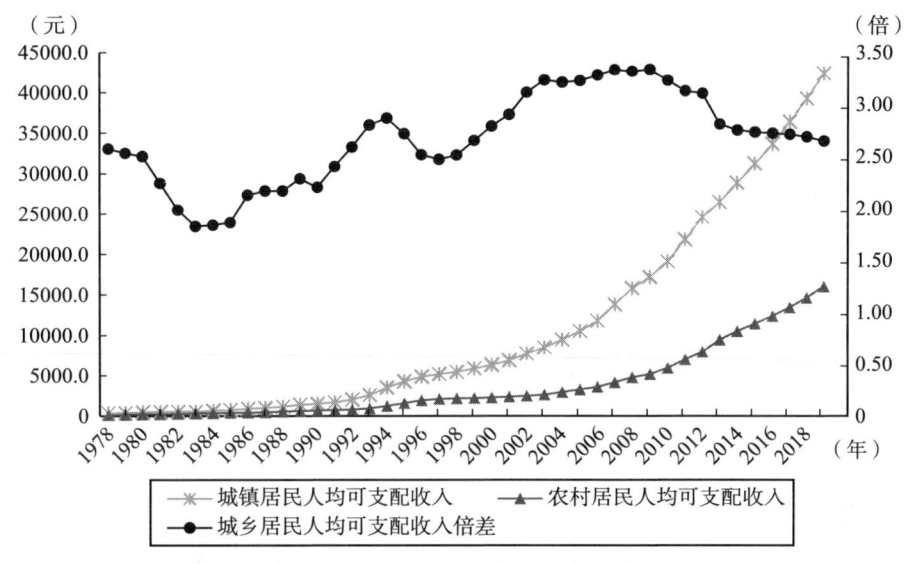

图 9-9 1978~2018 年城乡居民人均可支配收入及倍差变化

资料来源：根据 1978~2018 年《中国统计年鉴》数据计算所得，国家统计局在 2013 年将农村居民纯收入调整为农村居民可支配收入。

2009 年开始，城乡居民收入差距开始重新缩小，逐步回缩到改革开放初期水平。一方面，农业税收的免除、新型合作医疗等农村保障和民生改善政策的推行，收入再分配调节功能的不断完善，使农村居民的开支减少、收入增加，农村居民可支配收入名义增速开始追上并超过城镇居民（见图 9-10）；另一方面，全球经济放缓一定程度上对城镇居民收入增长造成了影响。城乡居民人均可支配收入倍差在此影响下从 2009 年 3.33 的历史高点，逐步下滑至 2019 年的 2.64，已经接近于 1978 年 2.57 的倍差水平。

3. 地区收入差距整体有所缩小，农村内部收入差距较城镇更明显，东部内部收入差距在四大板块中最大

经过几十年经济快速发展，我国各区域板块居民人均可支配收入都有了显著提升，且东部增速略低于中部、西部和东北地区，2005~2019 年[①]，东

[①] 2006 年之前的《中国统计年鉴》没有按照四大板块统计的人均可支配收入数据，故此处从 2005 年开始。

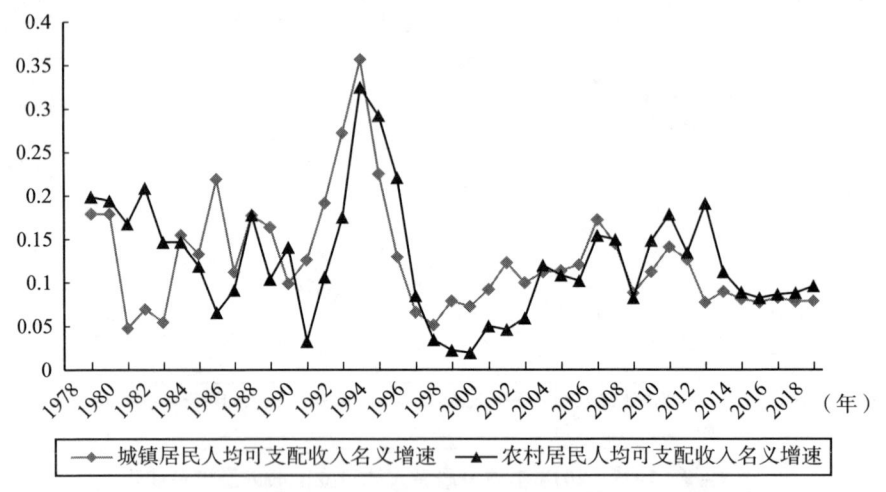

图 9-10　1978~2018 年城乡居民人均可支配收入名义增速变化

资料来源：根据 1978~2018 年《中国统计年鉴》计算所得。

部、中部、西部及东北地区城镇居民人均可支配收入分别增长了 2.7 倍、3.2 倍、3.1 倍和 3.0 倍，农村居民人均可支配收入增长 3.2 倍、3.4 倍、4.5 倍和 3.5 倍。从收入差距来看，东部城镇和农村收入与中部、西部及东北地区的差距均有逐年缩小趋势，但缩小程度相对有限。2005~2019 年，东部与中部、西部、东北的城镇居民人均可支配收入倍差分别从 1.52、1.52、1.53 小幅下降到 1.37、1.39、1.43（见图 9-11），农村居民可支配收入倍差分别从 1.60、1.98、1.40 下降到 1.53、1.53、1.30（见图 9-12）。横向比较来看，东部与中部、西部的收入差距在农村地区更为突出。2019 年东部与中部、西部农村人均可支配收入倍差（均为 1.53）明显高于当年城镇倍差，且在经过连续多年下降后，仍高于 2005 年时东部与中部、西部城镇收入的倍差。

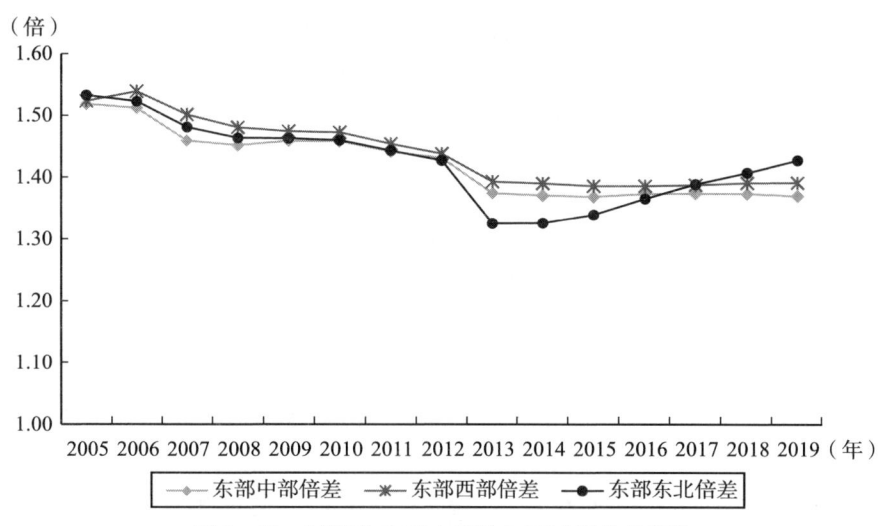

专题报告九　缩小收入差距促进推动共同富裕研究

图 9-11　城镇人均可支配收入区域间倍差变化

资料来源：根据 2005~2019 年《中国统计年鉴》计算所得。

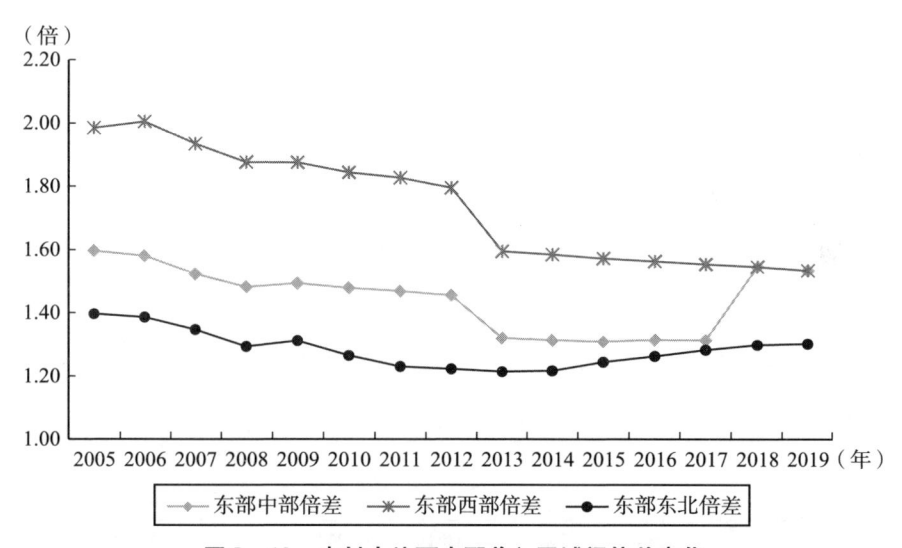

图 9-12　农村人均可支配收入区域间倍差变化

资料来源：根据 2005~2019 年《中国统计年鉴》计算所得。

从不同区域板块内部的收入差距来看，近年来各区域板块内部省（区、市）收入差距基本保持相对稳定，东部地区内部各省（区、市）收入差距明显高于中部、西部和东北地区,中部地区内部各省(区、市)收入差距最小。2013~2019年,东、中、西部及东北地区内部各省(区、市)人均可支配收入的变异系数分别从0.364、0.052、0.181、0.160变为0.358、0.072、0.146、0.159,除中部略有上升之外,其他区域板块均呈现稳中略降的态势。但应注意到,东部地区作为我国经济社会发展水平最高的地区,内部各省(区、市)人均可支配收入的差距也最大,变异系数远高于其他区域板块。2019年收入最高的上海年人均可支配收入分别是收入最低的河北及次低的海南的2.71倍和2.60倍,较2013年时的2.78倍和2.68倍并无明显缩小。相较之下,中部地区各省收入水平相对较均衡,2019年人均可支配收入最高的湖北省与最低的河南省之间倍差仅有1.18,但同时也应注意到,中部内部今年来存在一定收入分化趋势黄河沿线的山西和河南2013~2019年的人均可支配收入年均复合增速分别为7.88%、9.06%,低于长江沿线的湖北、湖南、江西、安徽的9.45%、9.56%、9.66%、9.70%(见图9-13)。

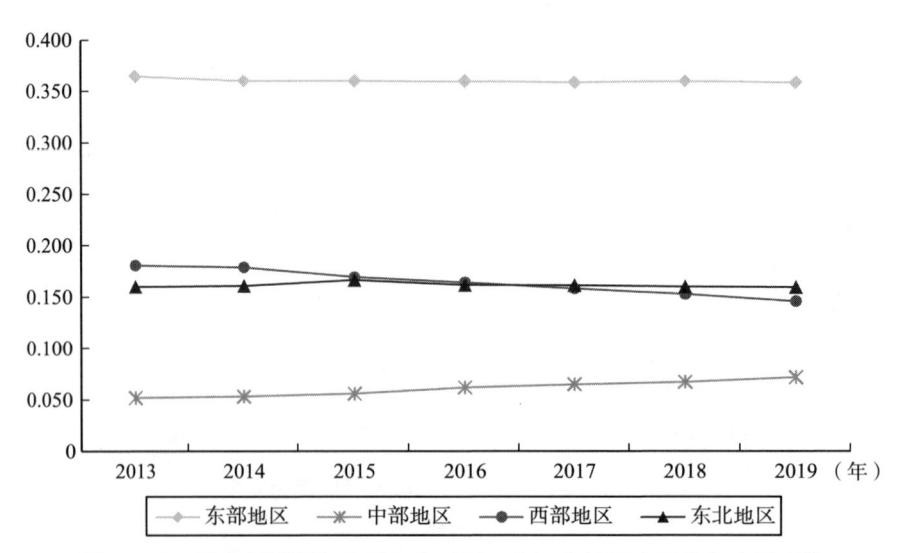

图9-13 四大区域板块内部各省(区、市)人均可支配收入变异系数

资料来源:根据2013~2019年《中国统计年鉴》计算所得。

（三）我国居民收入差距成因分析

"共同富裕"并不是指"吃大锅饭"的平均主义。个体劳动生产率、教育水平、资本深化程度等市场机制作用下造成的个体收入差距，与经济学原理中劳动者报酬与边际产出相等原则是相符的，可以被视为一种合理的收入差距。这种收入差距能够有效促进人们不断努力提升自身人力资本以实现收入提升。但我国现阶段行业、城乡和地区间收入差距的长期存在，甚至差距的进一步扩大，更多是非市场因素影响下产生的收入分配不公平问题，这种收入差距会阻碍"共同富裕"的实现。

1. 特定时期对工业、城市和东部的政策偏好产生的负面影响

为改变社会主义初级阶段经济发展和生活水平低下的状况，我国实行了优先发展东部沿海地区、优先发展工业、优先发展城市等政策，这种特殊时期的政策偏好也造成了区域和城乡之间收入差距的扩大。

一是工农业"剪刀差"政策的实行使一部分农村财富被转移到城市。由于中华人民共和国成立初期我国面临以农业经济为主和资本严重缺乏的状况，为了实现工业化原始积累，我国实行了农业向工业倾斜的发展战略，利用工农业产品价格的"剪刀差"，将资本从农业转向工业。即便到了改革开放后，工农业产品价格的"剪刀差"依然明显，政府提高农产品价格给农民带来的好处往往很快会被工业品，尤其是农用生产资料的轮番涨价所抵消。我国工农业之间长期的"剪刀差"存在，不仅造成农产品与工业产品的价格落差，更助推了城乡之家发展差距的扩大。此外，国家财政用于农业的支出占比不断下滑，1978年占比约为13%，1989~1994年占比下滑至9%~10%，1995~1999年进一步下滑至8%以内，2000~2003年只有约7%。这种政策倾向影响了农业资本的投入，阻碍了农业和农村现代化的进程，导致了农村发展相对缓慢的局面，制约了我国农村居民收入的增加。

二是偏向城市的城乡二元结构造成就业、社会福利和社会保障方面的机会不平等。

中华人民共和国成立后在发展工业的同时，我国还采取了偏向城市的发展政策，将居民户籍区分为农业户口和非农业户口两种不同户籍，并将粮油供应、劳动就业、社会福利保障、义务教育等相关制度与城乡户籍制度紧密联系在一起。这种将城市与农村居民户籍分开的制度安排，使拥有非农业户口的居民在就业、教育、社会福利、医疗卫生等各方面享有优惠待遇，农业户口不仅待遇享受得少，而且负担也较重。以社保为例，农村居民享有的社保项目少于城市居民，如农村居民没有生育和失业保险，新农合医疗保险从2003年才开始试点运行等。并且，不同于城镇居民采用个人与单位同缴的方式，农村居民以个人缴费为主，不但社保负担更重，未来社保收益也低于城镇居民。城乡二元结构还阻碍了农村剩余劳动力向城市的转移，我国从1958年开始严格限制城乡户籍之间的自由流动，到1978年进入半开放期，但按照公安部1985年颁布的《公安部关于城镇暂住人口管理的暂行规定》，"农转非"内部指标每年仅为万分之二。农村人口不能在劳动力市场上自由流动，失去了公平竞争的机会，不能获得非农业收入，存在大量的隐性失业，收入受到严重的影响。进城务工农民工时常遭遇"同工不同酬"之类的收入不公平，由于工作和养老原因频繁更换居住地，难以达到社保缴费年限，很难享受各种社会福利。

三是支持东部率先发展一定程度上造成了东、中、西部之间收入差距扩大。改革开放初期，我国为了激发市场活力、提高生产效率，实行计划经济向市场经济转变并实施梯度发展战略。而后，国家对东部沿海地区投入了大量资源、实行了一系列优惠政策，设立一批沿海开放城市和经济特区，帮助东部地区充分依托其区位优势和相对较好的经济基础，在20多年时间里较快实现了工业化，同期中西部地区则出现了在政策、资金、技术等方面的相对缺乏，发展相对缓慢。这种倾斜发展政策造成的沿海与内地、开放城市与非开放城市、特区与非特区之间发展的不平衡，成为居民收入差距扩大的主要原因之一。此外，这种发展差距带来的回报率差距，也进一步加剧了资本、技术、人才和一般劳动力等关键生产要素向东部沿海地区的集聚，造成了贫困县相对集中分布的中西部地区资金和高素质人才的不断流失，进一步加剧了区域间分化态势。尽管国家西部大开发、中部崛起等战略的实施，对"三农"问题的关注和一系列政策措施的进一步落实，在一定程度上促进了中西部地区的快速发展，提高了中西部居民收入水平，但区域之间收入相对差距并未出现明显的收敛态势，收入绝对数额差距仍在扩大。

2. 劳动力市场不健全和垄断行业监管缺位造成初次分配秩序混乱

市场经济下初次分配主要依靠市场机制发挥作用，在产品和劳务的生产中，按各生产要素主体对产出贡献大小决定收入，实现公平竞争，保障居民收入。但我国目前仍处于新旧体制转轨交替时期，尽管已经出台了一些鼓励竞争、限制垄断的政策，但市场调节机制的不健全，使要素定价不合理、部分垄断行业资金集中度过高以及工资外的"隐性收入"等初次分配不公平问题依然存在。

一是劳动力市场不健全，劳资关系有效协调机制缺失。改革开放后，随着按劳分配为主体、多种分配方式并存的分配制度建立，资本、技术和管理等生产要素可按贡献度参与分配，原计划经济体制下的平均分配制度逐渐被打破。但在劳动力市场、劳动者权益保障法律不健全的情况下，劳动要素在参与分配过程中始终处于弱势，尤其是在低端劳动力市场中，一些非熟练、非技术劳动力的劳动报酬被很大程度上压低。并且由于我国劳动力资源丰富且长期供大于求，劳动者尤其是简单劳动能力的劳动者可选择余地较小，相比较下资本与管理在分配中比重越来越大，由此造成了初次分配中劳动所得持续下降、资本所得不断提高的问题。

二是部分国企和垄断行业通过"自身优势"长期获得超额利润。长期以来，国家在对国企和部分垄断行业的成本监审、定价机制还是绩效考核等方面都存在一定程度的政策缺位，由于没有建立起完善的垄断行业收费信息公开制度，一些国企和垄断行业利用通过虚置成本获取垄断价格，维持了高工资和高福利。部分国企在某种程度上掌控了公共政策和立法资源，一些行业主管部门在过程中充当了垄断集团"护航者"的不当角色，甚至将利益捆绑在一起，造成权力部门化、部门利益化。经济学家白重恩的研究分析表明，1995~2004年我国工业部门劳动收入占比从49%下降至42%，国有企业改制和市场垄断力量增强是造成这种占比下降的最主要影响因素，对工业部门劳动收入份额下降的贡献率分别为60%和30%。此外，与国企有政府信用担保并承担一部分隐性社会职能不同的是，不同所有制企业竞争机会不均等、竞争规则不公平的现象仍然存在，中小企业起始条件较差，长期受到不平等竞争挤压，收入差距持续拉大。

3. 个人所得税调节能力偏弱、财产税体系尚不健全

税收制度能够改善贫富差距不断扩大的情况，缓解社会分配不公的矛盾。从我国的税收实践来看，目前的税收体系未能很好地起到缩小收入差距的调节作用。有研究显示，中国税前和税后的基尼系数差别很小，部分年份还存在逆向调节，税后的基尼系数反而变大。

一是个人所得税在国内生产总值（GDP）和财政收入中占比偏低，收入分配调节作用受到抑制。我国税收以累退性较强的间接税（如增值税）为主体，而累进性相对较强的直接税种（如个人所得税）占比偏低。尽管我国个人所得税实行七级累进、最高为45%的所得税税率，在全球范围内属于较高的税率，但我国目前每年个人所得税税收仅占全部税收的7%，与多数发达国家的20%、发展中国家的15%的个人所得税税收占比相去甚远。背后重要原因之一是，在个人所得税高边际税率下，大量私营企业主的收入不以工资形式出现，而是将收入留在企业，转而按25%的税率缴纳企业所得税。

二是个人所得税不能全面完整地体现纳税人的纳税能力。"富人"阶层的收入来源较多，在工资收入之外还拥有较高的财产性收入。但我国对个税的征收主要采取分类税制，也就是区分不同来源的收入并分别进行征收。在个税征管过程中，工薪所得税最易管控，对其他收入的征管相对薄弱，由此造成收入来源单一的工薪阶层因为代扣代缴制度税收负担较重，这也在执行层面上造成了贫富人群税收负担强度的倒挂。根据2015年国际数据，美国当年收入最高的一半人群收入份额为86.5%，对应个人所得税份额为97.8%；而中国收入最高的一半人群收入份额为76.2%，但他们只承担了62%的个人所得税份额，即收入较低的一般人群承担的个税负担反而更高。此外，我国对个税的征收仅针对个人，而没有考虑不同家庭的异质性问题。

三是对财产持有环节征收的税种目前仍然缺位。财产性税收对于减少财富代际传递、缩小社会中居民财富的存量差异、促进慈善捐款和消费，以及增强社会阶层流动性等方面具有重要意义。但依据《中国慈善发展报告

（2019）》数据，2018 年我国捐赠总额预估为 1128 亿元，占当年我国 GDP 总额的比例仅为 0.12%，摊至人均仅为 80.86 元，且捐款多以企业为主，这与发达国家慈善事业以个人捐赠为主，人均捐赠额动辄上千美元的现状相去甚远。遗产税、房产税等类型针对财产持有环节征收税种的不健全，使我国居民财富在代际的转移中很大程度上带来居民个体所面临初始条件的不同。这种不同具体表现在获得财富转移较多的个体有条件接受更好的教育、具有更大的交流圈以及更多的致富机会等，且这种代际的财富转移会不断叠加，进而造成个体间贫富差距的进一步分化。

4. 财政转移支付模式单一，且税收返还与公共服务均等化原则不协调

财政转移支付是以各级政府之间所存在的财政能力差异为基础实行的一种财政资金转移或财政平衡制度，以使不同地区的居民大致均等地享受公共服务。但我国现行的财政转移支付制度仍是一种过渡性的制度，在转移支付方式和税收返还方面的不足在一定程度上抑制了平衡地区差距作用的发挥。

一是我国财政转移支付仍存在模式单一、行为短期化等不足。我国先行转移支付手段解决是实行分税制改革时建立的，在提高低收入者收入水平、缓解贫困人口的生存状况等方面取得了部分成绩。但与国际上大规模的转移支付相比，我国采取的仍是单一的纵向转移支付手段，横向的地区间转移支付制度还没有形成，且现行纵向转移支付只体现在中央对省级政府的资金划拨，省以下地方政府的相关制度还在建立中。这些因素使得尽管近年来，我国不断加大经济相对落后地区的转移支付力度，但是平衡不同地区差距的作用仍然十分有限。

二是现行税收返还方式一定程度上会对公共服务均等化产生反作用。我国当前转移支付体系中，税收返还仍占据较大份额。并且税收返还额采用基数法，即税收额多的地方返还额多，税收额少的地方得到的返还额少。按此标准，东部沿海发达地区得到了较多的税收返还，中、西部不发达地区则返还较少。这种返还方式有利于调动高财政收入地区的积极性，但是却固化了财政包干制下所形成的财力不均问题，甚至在一定程度上推动了地区间公共服务水平差距的进一步扩大，产生"富者越富、穷者越穷"的马太效应。

5. 社会保障覆盖针对性不足、保障水平较低、资金缺口较大

经过改革开放40多年的不断探索和努力，我国已初步建立起以社会救助、社会保险和社会福利为基础的现代社会保障体系基本框架。但与发达国家相比，我国社会保障仍存在覆盖面还较窄、保障水平比较低、社会保障资金缺口大等问题。

一是社会保障对重点人群覆盖不足，支出结构不平衡。目前我国社会保障中，除基本养老保险和医疗保险覆盖面较高外，失业保险、工伤保险和生育保险的参保率仍处于中位运行水平，覆盖面相对不足，甚至有下降态势。中央财经大学中国社会保障研究中心在2019年12月发布的《中国社会保障发展指数报告2016-2018》数据显示，2015~2017年，全国失业保险参保率从59.25%微弱上升至60.65%，全国工伤保险参保率由59.08%下滑至52.02%，全国生育保险参保率由67.69%下滑至60.56%。未参保的以失业风险比较高的私营企业从业人员、个体工商户、农民工等群体为主。并且各省（区、市）之间存在明显的失衡态势，失业保险参保率有省份在80%以上，也有省份在20%以下；工伤保险参保率有省份在75%以上，也有省份在30%以下；生育保险参保率有省份在90%以上，也有省份在40%以下。即便是覆盖率已经处于高位的养老和医疗保险，制度全覆盖也不等于实际全覆盖。农民工、城镇无业人员、灵活就业人员仍然实际上处于社会养老保障的边缘地带。并且，城镇社会养老保障至今仍是企业与机关事业单位养老保险两套制度并存，两套制度不仅在组织模式、筹资模式等方面不相同，待遇水平差距也较大。现阶段行政事业单位离退休费和社会补助的比例仍然处于高水平，是占据我国社会保障支出的主要部分，而农村低保、就业补助和社会救济的支出比例仍然较低。社会保险实际覆盖面，尤其是针对重点弱势群体覆盖的有限性，在一定程度上削弱了社会保障对收入分配调节功能的发挥，造成了社会不公平现象的出现。

二是社会保障支出在财政总支出中的比重过低，资金缺口大。从统计数据来看，我国的社会保障支出总量较低，尽管支出的绝对数额自1998年以来一直保持上升态势，但支出数额占财政支出的比例却自2003年以来一直呈现缓慢下降趋势，近几年有所趋缓，整体处于11%上下。与西方发达国家社会保障支出一般占财政总支出的30%、北欧福利国家社会保障支出甚至可以达到45%的水平相比，我国社会保障支出水平明显不足，这也限制了社会保障对收入再分配的功能发挥。此外，社会保障基金收支形势日益严峻。养老保险方面，由于我国老龄化程度的加深，近年来每年参与社会统筹的新增企业离退休人员数量多达200余万人，养老金支出数额越来越大。但现阶段养老金没有实现全国统筹，地方之间基金不能调剂使用，因此部分省（区、市）的养老保险基金支付缺口大，且这类省份在逐步增多。按照《中国社会保障发展指数报告2016－2018》数据，2015年职工基本养老保险基金当期收不抵支的省份有6个，2016年增加到7个，2017年又回到6个。医疗保险同样存在类似情况，2015年和2016年城乡居民基本医疗保险基金收不抵支的省份均为3个，2017年这类省份数量增加到5个。

6. 有利于促进慈善捐赠的政策体系和组织建设滞后

在按劳动要素的初次分配和财政再分配后，收入分配格局仍可能存在某种非均衡性，这就需要社会力量为主导的第三次分配措施来参与调节。我国近年来社会捐赠事业发展较快，慈善机构数量逐渐增多，捐款额也显著增加，但与发达国家相比，相关法律法规不健全、各种基金会的门槛过高、缺乏慈善价值观念等因素仍制约着慈善捐赠事业的发展。

一是慈善捐赠相关法律法规、激励政策不完善。目前我国尚缺少专门针对慈善组织的性质定位、运行的政策规范、监督机制以及机构的活动领域等方面的法律法规。由于慈善事业的进入、评估、监管、产权界定、投融资等方面没有完整的法律规定框架，使一些有意从事慈善事业者只能驻足观望。同时，有利于促进社会捐款的激励制度和措施也尚未建立。我国对公益性捐赠所实行的税收优惠包括两个方面：一方面是企业对非营利组织捐赠时的税收优惠政策；另一方面是个人对营利组织捐赠时的税收优惠政策。捐赠对象不同所享受的税收优惠待遇不同，税收减免或免税的手续极其复杂，甚至捐赠后税收优惠政策往往落实不到位，极大地制约了社会力量向慈善组织捐赠的积极性。此外，现有的基金会在捐赠登记、新闻发布、相关查询、监管、评估、审计等各个环节的程序化、规范化方面还不够完善，整个捐赠过程的透明度较低，也是阻碍我国慈善事业发展的重要因素。

二是慈善机构组织形式过于行政化,准入政策门槛太高。现阶段,我国对各类基金会的准入总体上采用高门槛的政策,在一定程度上制约了各类法人和自然人参与民间慈善工作。很多慈善组织,因为找不到主管部门挂靠,不得不采用工商注册登记的办法,将基金会注册为企业。此外,尽管在经济体制改革过程中我国成立了许多公益事业机构,但这类非营利性的公益事业机构多数不能有效适应市场,仅有的运作相对成功的机构,如中华慈善总会、中国红十字会、上海慈善基金会、中国扶贫基金会等,又具有浓重的行政化色彩,这造成我国慈善事业市场化竞争局面短期内很难形成,发展相对缓慢。

二、国际上不同群体收入差距的发展历程、经验和启示

(一)国际上不同群体收入差距发展历程

1. 全球不同群体收入差距发展情况

1980年以来,北美洲和亚洲的收入不平等情况显著加剧,相比之下欧洲的收入不平等程度虽有所提升但幅度有限,中东、非洲撒哈拉以南地区、拉丁美洲等国家的收入不平等情况则一直处于非常严峻的状态。

欧洲(包含西欧、东欧,不包含乌克兰、白俄罗斯和俄罗斯)、北美洲(主要指美国和加拿大)、中国、印度、俄罗斯五大地区收入最高的10%群体的收入占比从1980年开始均有明显提升。1980年,欧洲、北美洲、中国、印度收入最高的10%群体其收入总额占比均在30%~35%,俄罗斯则在20%~25%。如果将这种收入分布水平放在更长的历史维度来看,这是第二次世界大战以来收入公平水平最高的一个时期,上述地区的国家在1950~1980年都经历了一个收入相对公平的阶段,这一定程度上是受到"二战"后社会民主主义、罗斯福新政、社会主义、共产主义等的影响。而后在1980~2016年,收入最高的10%群体的收入所占比例显著提升。在欧

洲，这一提升幅度相对缓和一些，从 1980 年的 30%～35% 小幅提升到 2016 年的 35%～40%。但在美国、中国、印度和俄罗斯，这一群体收入占比的提升幅度非常显著，尤其是在政体经历了巨变的俄罗斯，收入最高的 10% 群体的收入所占比例均提升到 45%～50%。

中东地区、拉丁美洲及非洲撒哈拉沙漠以南地区国家的收入不平等情况在过去几十年里一直处于非常严峻的水平。在巴西和非洲撒哈拉沙漠以南地区国家，收入最高的 10% 群体获取了全国居民大约 55% 的收入。在中东国家，这一比例更是超过了 60%。从更长的历史维度来看，上述三个地区的国家从来没有经历过所谓的"战后收入相对公平阶段"，一直以来都是全球收入非常不平等的地区（见图 9-14）。

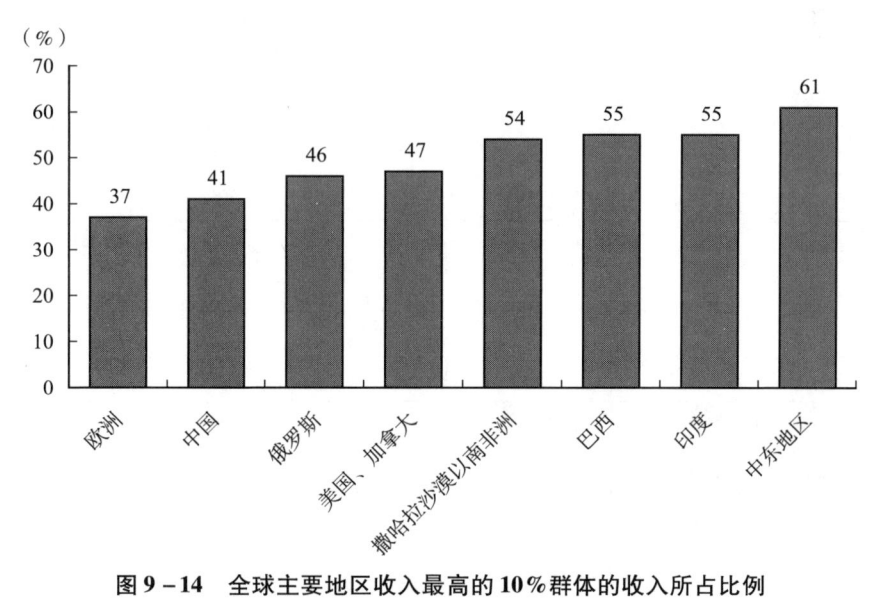

图 9-14 全球主要地区收入最高的 10% 群体的收入所占比例

资料来源：世界不平等数据库（world inequity database）。

全球各地区整体呈现群体收入越高则收入增速越快的趋势，但欧洲的群体间收入增速差距一直处于最低水平，是收入均衡程度最高的地区。1980～2016 年，北美洲、欧洲、中国、印度和俄罗斯五大全球主要经济区的收入增速差异显著，中国和印度居民的人均收入实际增幅分别达到了 831% 和

223%，相比之下，北美洲、欧洲和俄罗斯均在100%以内，分别为74%、40%和34%。但在差异巨大的收入增长路径背后，上述五大经济区的收入增长情况却存在一个共同特征，即高收入群体的收入增幅要明显快于低收入群体。在中国，1980~2016年，收入最低的50%群体的收入增幅不足420%，而收入最高的0.001%群体收入增幅却超过了3750%。印度的这一收入差距更为显著，相比于增幅超过了3000%的0.001%收入最高群体，收入最低的50%群体收入增幅甚至不足110%。在俄罗斯，收入最高的0.001%群体的收入增幅甚至达到了25269%的骇人水平，这充分反映出政体变化给收入差距带来的影响。相比之下，欧洲国家各个群体的收入增幅虽然整体上在全球五大地区里是最低的，但却是全球收入均衡程度较高的地区，收入最低的50%群体的收入增幅同全体居民整体增幅和最高的0.001%群体增幅之间的差距是全球五大地区里最小的（见表9-4）。

表9-4　　　　1980~2016年全球主要地区不同收入群体
人均收入实际收入增幅　　　　单位：%

收入群体		中国	欧洲	印度	俄罗斯	美国、加拿大	全球
全体居民		831	40	223	34	63	60
最低的50%群体		417	26	107	-26	5	94
中等的40%群体		785	34	112	5	44	43
最高的10%群体		1316	58	469	190	123	70
	最高的1%群体	1920	72	857	686	206	101
	最高的0.1%群体	2421	76	1295	2562	320	133
	最高的0.01%群体	3112	87	2078	8239	452	185
	最高的0.001%群体	3752	120	3083	25269	629	235

资料来源：世界不平等数据库（world inequity database）。

2. 美国不同群体收入差距的发展历程

从收入差距来看，美国已经成为世界富裕国家中贫富分化最大的国家。

2014年，美国居民税前平均工资为66000美元，但这一数字中包含了巨大的群体差距。收入最低的50%美国居民（1.17亿人）2014年的人均收入为16600美元，仅为美国平均水平的1/4，这部分群体的税前总收入也仅仅占国民总收入的12.5%。收入中偏高的40%群体（收入高于最低的50%群体，但低于最高的10%群体，一定程度上可以被理解为中等收入群体）在2014年的人均收入为66900美元，刚刚接近美国居民整体的平均收入水平，这一群体的总收入占居民收入的40.4%。剩余的收入则被全美国收入最高的10%群体占有，这一群体的税前平均收入达到311000美元，高于美国国民税前人均工资的5倍，更是收入最低的50%群体人均税前收入的19倍。值得注意的是，即便在收入最高的10%群体内部，分化依然存在。收入最高的1%群体（约230万人）的年人均收入达到了130万美元，收入总和占全体国民比重达到了20.2%，是收入最低的50%群体（1.17亿人）收入总和的1.6倍。收入最高的0.1%、0.001%和0.0001%群体的税前人均年收入更分别达到了600万美元、2900万美元和1.25亿美元（见表9-5）。

表9-5　　2014年美国不同收入群体人数、收入及占比情况

收入群体	群体人数（人）	收入门槛（美元）	平均收入（美元）	占全体居民收入的比重（%）
全体居民	234400000	—	66100	100
最低的50%群体	117200000	—	16600	12.5
最低的20%群体	46880000	—	5500	1.7
中偏低的30%群体	70320000	13100	24000	10.9
中偏高的40%群体	93760000	36900	66900	40.4
最高的10%群体	23440000	122000	311000	47.0
最高的1%群体	2344000	469000	1341000	20.2
最高的0.1%群体	234400	2007000	6144000	9.3
最高的0.001%群体	23440	9789000	28773000	4.4
最高的0.0001%群体	2344	48331000	124821000	1.9

资料来源：世界不平等数据库（world inequity database）。

1980~2014年，美国居民整体收入增长了61%，但收入最低的50%群体明显"掉队"。2014年美国的收入不平等程度较第二次世界大战结束时变化巨大。整体上从第二次世界大战以来，美国的收入差距情况可以划分为两个阶段。第一阶段为从1946~1980年（34年），这一时期美国居民收入增长迅速，人均收入实现了翻倍，群体间收入公平程度也得到提升，收入相对较低的90%群体实际收入增幅为102%，高于收入最高的10%群体79%的收入增幅。而后的第二阶段，即1980~2014年，这34年中整体收入增幅从上一个34年的95%下降到61%，且收入不平等程度加深。收入最低的50%群体税前收入出现明显停滞，人均收入仅仅从1980年的16400美元缓慢上涨至2014年的16600美元，增幅仅1%。同期税后收入增幅为21%，较税前收入要相对乐观，但年均实际增速也仅为0.6%，是全国平均水平的1/3。中等收入群体，即收入中等偏上的40%群体的收入增长同样疲软，1980~2014年税前和税后收入增幅分别为42%和49%。相比之下，收入最高的10%群体收入在这34年里实现了翻倍，收入最高的1%群体在2014年的收入更是达到了1980年的3倍。收入增速与收入群体呈现明显正相关关系，群体收入水平越高，收入增速越快。收入最高的0.001%群体在1980~2014年收入增幅甚至达到了636%，是全国整体水平的10倍（见表9-6）。

表9-6　　　1946年以来不同时期美国不同收入群体收入实际增幅　　　单位：%

收入群体		税前收入增幅		税后收入增幅	
		1946~1980年	1980~2014年	1946~1980年	1980~2014年
全体居民		95	61	95	61
最低的50%群体		102	1	129	21
	最低的20%群体	109	-25	179	4
	中偏低的30%群体	101	7	117	26
中偏高的40%群体		105	42	98	49
最高的10%群体		79	121	69	113
	最高的1%群体	47	204	58	194
	最高的0.1%群体	54	320	104	298

续表

收入群体	税前收入增幅 1946~1980 年	税前收入增幅 1980~2014 年	税后收入增幅 1946~1980 年	税后收入增幅 1980~2014 年
最高的 0.001% 群体	76	453	201	423
最高的 0.0001% 群体	57	636	163	616

资料来源：世界不平等数据库（world inequity database）。

3. 法国不同群体收入差距的发展历程

2014 年，法国收入最高的 10% 群体获得全国 33% 的收入，同年全国人均收入为 33400 欧元，收入最低的 50% 群体人均收入为 15000 欧元，不足全国平均水平的 1/2，群体总收入占全体居民收入的比重不足 1/4（22.5%）。中等偏上的 40% 群体人均收入为 37500 欧元，群体总收入占全体居民的 45%。收入最高的 10% 群体的人均收入为 109000 欧元，达到全体居民平均水平的 3 倍，并且这部分高收入群体内部也存在较大差异，如收入最高的 0.1% 和 0.01% 群体的人均收入达到了全体居民平均水平的 37 倍和 129 倍（见表 9-7）。

表 9-7　　　　2014 年法国不同收入群体人数、收入及占比情况

收入群体	群体人数（人）	收入门槛（欧元）	平均收入（欧元）	占全体居民收入的比重（%）
全体居民	51722000	—	33400	100
最低的 50% 群体	25861000	—	15000	22.5
中偏高的 40% 群体	20689000	26600	37500	44.9
最高的 10% 群体	5172000	56100	109000	32.6
最高的 1% 群体	517000	161400	360600	10.8
最高的 0.1% 群体	51700	544600	1234400	3.7
最高的 0.01% 群体	5200	2002000	4318600	1.3
最高的 0.001% 群体	500	6976500	13175100	0.4

资料来源：世界不平等数据库（world inequity database）。

尽管目前法国仍存在一定的群体收入分化问题，但整体而言自1900年以来，法国的居民收入差距较20世纪初有明显缩小。在刚进入20世纪时，法国收入最高的10%群体每年获得的收入占法国居民全体的50%，收入中等偏上的40%群体获得的收入占比为35%，因此收入最低的50%群体所能获得的收入占比不足15%。而后在一系列历史事件、政策决断对居民群体收入分配的复杂影响下，法国的居民收入差距产生了多次变化，至2014年，收入中等偏上的40%群体收入占比相比1900年提升了10个百分点，收入最低的50%群体收入占比提升了8个百分点。

整个20世纪法国对收入分配所采取的改革措施可以分为三个阶段。第一阶段是从第一次世界大战开始到第二次世界大战结束。在1914~1945年，收入最高的10%群体的收入占比出现了一波快速下降，从第一次世界大战前夕的50%的占比逐渐下滑到1945年的30%。出现迅猛下降的主要原因是战争的负面影响造成资本收入崩溃，而相比于其他收入阶层，最富裕的10%阶层的收入结构中，资本收入的占比要更高，对于最富裕的1%阶层群体而言更是如此。这一时期，战争造成资本市场崩溃和企业破产的情况频繁发生，法国GDP在1929~1945年损失了50%。通货膨胀达到了历史记录的最高水平，1914~1950年法国的物价指数上涨超过了100%，政府为应对通货膨胀所采取的租金管控措施使债券和固定资产持有人遭受了严重的损失。此外，1945年采取的国有化措施和高税收措施也进一步限制了资本收入。在一系列措施影响下，高度依靠资本收入的最富裕的1%群体在全体居民中的收入份额几乎减半。

第二阶段是1945~1983年。1945~1968年，第一次世界大战之前存在的收入不平等情况开始重新出现，资本在国民收入中的占比开始提升。23年时间中，收入最高的10%群体的收入占比从30%左右上升到38%，而最低的50%群体的收入占比从23%下降到17%。但这种收入分化趋势在受到1968年"五月风暴"事件影响后戛然而止。法国政府在接下来几个月里采取了一系列调停措施来尝试平息动乱，如将最低工资标准提升约20%。随后在1968~1983年，法国最低工资标准和低收入群体的购买力迎来了持续稳定的提升，低收入群体的购买力上升了30%，超过了GDP的增长幅度，这也使收入分配的不平等程度明显降低。到20世纪80年代初期,收入最高的10%群体的税前收入占比降低至30%这一历史记录最低水平,相对应的中等偏上的40%群体的收入占全体居民的比重达到了48%的历史高点,收入最低的50%群体的收入占比也上升至23%。但应注意到的是,从20世纪70年代中期开始的失业率上升也在预示着一个新的历史阶段的到来。

第三阶段开始的标志是法国收入增长开始出现明显降速(年均增速降至1%),政府在1982~1983年决定采取财政紧缩措施应对通货膨胀。1981~1983年法国出现严重的通货膨胀,财政和贸易赤字不断恶化,为应对这种局面,法国政府决定采取财政紧缩计划,将工资增长与物价增长脱钩,降低收入增长,大幅提升税率,压减对国有企业的补贴,限制社会保险和失业保险。在一系列措施影响下,社会收入的不平等水平有所上升,低收入群体与中等偏高群体的收入差距整体保持稳定,但与最富裕阶层群体的收入差距明显扩大。1983~2007年,最富裕的1%群体收入占全体居民比重从不足8%上升到12%,上涨幅度超过50%。2008~2013年,最富裕的1%群体收入占比一直在10%~12%波动,占比仍明显高于20世纪80年代初期的最低水平。此外,这种收入不平等在最富裕的0.1%和0.01%群体上反映得更为明显,最富裕的0.1%群体的人均收入与全体居民人均收入的倍差从1983年的21倍扩大到2014年的37倍,最富裕的0.01%群体与全体居民的人均收入倍差从71倍扩大到129倍(见表9-8)。

表9-8　1900年以来不同时期法国不同收入群体收入实际增幅　　　单位:%

收入群体	1900~1950年 收入年均增速	1900~1950年 收入累计增幅	1900~1950年 占全体居民收入比重变化	1950~1983年 收入年均增速	1950~1983年 收入累计增幅	1950~1983年 占全体居民收入比重变化	1983~2014年 收入年均增速	1983~2014年 收入累计增幅	1983~2014年 占全体居民收入比重变化
全体居民	1.0	64	100	3.3	194	100	1.0	35	100
最低的50%群体	1.8	144	30	3.7	236	25	0.9	31	21

续表

收入群体	1900~1950年 收入年均增速	1900~1950年 收入累计增幅	1900~1950年 占全体居民收入比重变化	1950~1983年 收入年均增速	1950~1983年 收入累计增幅	1950~1983年 占全体居民收入比重变化	1983~2014年 收入年均增速	1983~2014年 收入累计增幅	1983~2014年 占全体居民收入比重变化
中偏高的40%群体	1.5	108	61	3.4	204	48	0.8	27	37
最高的10%群体	0.2	11	8	2.9	157	27	1.3	49	42
最高的10%~1%群体	0.6	37	16	3.1	178	21	0.9	33	21
最高的1%群体	-0.5	-23	-8	2.3	109	6	2.2	98	21
最高的0.1%群体	-1.1	-44	-7	1.7	75	1	2.8	133	8
最高的0.01%群体	-2.0	-63	-5	1.8	83	0	2.9	144	3

资料来源：世界不平等数据库（world inequity database）。

4. 德国不同群体收入差距的发展历程

相比全球其他主要经济体，德国的居民群体收入差距在过去100多年里相对稳定，2013年全体居民收入中最低的50%群体占据的收入比例为17%，最富裕的10%群体占据的收入比例为40%，这与1913年时最富裕的10%群体收入占比水平相当。而2013年德国最富裕的1%群体的收入占比为18%，甚至低于1913年最富裕的1%群体的13%的收入占比。整体上，1871~2013年，德国的居民群体收入分配情况变化可以被划分五个历史阶段。

第一阶段是从1871年德意志帝国建立、德国统一开始，到第一次世界大战结束。收入最高的1%群体是这一工业化快速推进时期的最大受益者，群体的收入占比从1871年的16%缓速爬升到1913年的18%，而后得益于第一次世界大战期间军火销售的超额利润，群体的收入占比急速攀升至23%。1918年，德国官方开始着手限制这种超额利润，又使这一群体在全体居民收入中的占比回落至20%的水平。

第二阶段是1918~1933年的魏玛共和国时期。这一时期政府采取了一系列政策措施来降低收入分配的不公平性，如将普鲁士的个人所得税边际最高税率从5%上调至60%，引入失业保险，推行雇佣保护法案。工会联盟的崛起和集体谈判能力的提升使底层劳动者的收入开始提升，高通货膨胀对金融资产的侵蚀也造成了富裕阶层资本收入的下降。此外，从20世纪20年代开始企业经营变得困难，利润率过低导致大部分企业无法进行股权分红。在一系列因素影响下，最富裕的1%群体的收入占比从1918年的20%快速降低到了1925年的11%，且在1933年之前一直维持在这一低占比水平上。

第三阶段是从1933年纳粹党夺取政权开始，到1938年第二次世界大战前夕结束。1938年之后，德国国家统计办公室停止对外发布收入税统计数据，导致外界无法知道第二次世界大战对收入分配造成的影响。同当时世界上其他的发达国家一样，德国在经历了"大萧条"（The Great Depression）后，经济于1932年开始复苏，工业企业利润所得在1933~1939年猛增。而这一纳粹党执政的前战争时期的显著特点是最富裕的1%群体收入占比从1934年的11%骤升至1938年的17%，该现象与纳粹党早年"反对大企业"的政治主张形成鲜明对比，且这一时期里收入水平在95%德国居民之上、1%居民之下的群体，其收入只是小幅增长，增幅并没有像最富裕的1%群体一样显著。

第四阶段是20世纪50年代到80年代的后战争时代，主要特征表现为德国社会的整体收入分化呈现收敛态势，但顶层的1%群体收入份额在增加。20世纪50年代到80年代期间，德国最富裕的1%群体的收入占比在11%~13%波动，这一比例高于"二战"后同一时期的美国、英国和法国。同其他参战国一样，战后德国为应对常年战争对经济带来的毁灭性打击，在很长一段时间内采取了诸如大规模国有化、租金管控等推动收入均等化的措施。1948年采取的货币改革消除了从金融资本中获利的机会，储蓄账户因此缩减了

1/10 的价值，但并未触及商业资本和房地产。由于租金受到严格管控，富裕阶层更多只能依靠商业经营来营收。另外，战后"德国经济奇迹（Wirtschaftswunder）"带来的高劳动力需求、低失业率、高收入增长率也促进了居民群体收入差距的收敛，1965 年前后，德国收入最低的 50% 群体所获得的年收入总量占比一度超过 1/3。但随后石油危机的出现和大规模失业问题，造成最低收入的 50% 群体的收入占比在 20 世纪 70 年代下滑到 20% 左右，同期中偏高的 40% 群体的收入占比则逐步上升并超过了 40%。

第五阶段开始的标志是 1990 年 10 月 3 日联邦德国和民主德国合并，德国再次实现统一。民主德国的东柏林、勃兰登堡州、梅克伦堡—前波美拉尼亚州、萨克森州、萨克森—安哈尔特州、图林根州在并入联邦德国后，同时迎来了收入的大幅提升、大批产业崩溃以及失业潮。一部分幸运的从业者在东德工会联盟的极力争取下，实现了与西德收入水平相当的跨越，但也有大量产业在两德合并后崩溃，造成大批从业者失业。在一系列因素的复杂影响下，德国最富裕的 1% 群体的收入占比骤降，而收入最低的 50% 群体的收入占比快速提升，在 1995 年一度超过 25%。这一趋势在随后又出现了反转，2001~2013 年，收入最低的 50% 群体的收入占比从 22% 下滑到 17%。

纵观整个战后时期的德国，最富裕的 10% 群体所获收入在全体德国居民中的占比是稳步提升的，这部分群体包含了工程师、律师、医生等高素质从业者。但最顶端的 1% 群体依然是以企业主为主，这一群体的收入份额在过程中产生了一些波动，其所经营的产业在 20 世纪 90 年代的两德统一危机中经历了巨大损失，而后又在 21 世纪初期新经济泡沫破裂和 2008 年全球金融危机中受到重挫。尽管如此，1983~2013 年，这一群体的收入所占份额仍然增长了 40%，而收入最低的 90% 群体降低了 10%。2013 年，德国全体居民的人均收入为 36200 欧元，最富裕的 10% 群体人均工资为 146000 欧元，中等偏高的 40% 群体人均收入为 39000 欧元，最低的 50% 群体收入为 12000 欧元。

5. 俄罗斯不同群体收入差距的发展历程

当前俄罗斯的居民群体收入分化显著，20 世纪 90 年代初期苏联解体对政治经济带来巨大冲击，造成随后 1992~1995 年物价飞涨、居民收入和

GDP 大幅缩水，而后经济于 1998 年开始复苏并迎来了十年的强劲增长期，2008 年和 2009 年的金融危机和原油价格跌落又重挫了俄罗斯经济。俄罗斯经济在苏联解体后 20 多年里的波动上涨，一定程度上缩小了其与西欧国家的收入差距，人均收入从西欧居民的 60%~65% 上升到 70%~75%，2016 年为 23200 欧元。但居民群体内部的差异却十分显著，收入最低的 50% 人口 2016 年人均收入只有 7800 欧元，仅为全国平均水平的 1/3。中等偏高的 40% 人口的收入是 21700 欧元，同样低于全国平均水平。最富裕的 10% 人口的人均收入达到 105500 欧元，群体总收入占到全体居民的 45.5%，高于低收入群体的 17% 和中等偏高群体的 37.5%。最富裕的 0.1% 和 0.001% 人口的人均收入分别达到 121 万欧元和 586 万欧元，分别是全国平均水平的 523 倍和 2527 倍。1905 年以来不同时期俄罗斯不同收入群体人均年收入实际增速如表 9-9 所示。

表 9-9　1905 年以来不同时期俄罗斯不同收入群体人均年收入实际增速　单位：%

收入群体	1905~2016 年	1905~1956 年	1956~1989 年	1989~2016 年
全体居民	1.9	1.9	2.5	1.3
最低的 50% 群体	1.9	2.6	3.2	-0.8
中偏高的 40% 群体	2.0	2.5	2.3	0.5
最高的 10% 群体	1.9	0.8	2.3	3.8
最高的 1% 群体	2.0	-0.3	2.5	6.4
最高的 0.1% 群体	2.3	-1.2	2.7	9.5
最高的 0.01% 群体	2.5	-2.1	3.0	12.2
最高的 0.001% 群体	2.7	-3.0	3.3	14.9

资料来源：世界不平等数据库（world inequity database）。

从更长时间维度来看，在整个 20 世纪和 21 世纪初期这 100 多年中，俄罗斯居民的收入差距呈现出先变小后变大的"U"型模式。1905 年，俄罗斯帝国全体居民收入的 47% 被最富裕的 10% 群体占据，中等偏高的 40% 群体又占据了 40% 的份额，留给收入最低的 50% 群体的收入份额仅有 13%。

随后发生于1917年的俄国十月革命粉碎了沙皇的专制,并为1922年苏维埃社会主义共和国联盟的建立铺平了道路。政体的变化对群体收入分布产生了巨大影响,到1929年,苏联最富裕的10%群体所获收入的占比为22%,在短短24年时间里骤降了25个百分点。收入最高的1%群体的份额从1905年的20%下降到苏联时期的4%~5%,收入最低的50%群体和中等的40%群体所获收入份额分别提升到30%和48%。1922~1956年,苏联通过在公立教育领域的大规模投资、实施五年计划、发展重工业来积累资本资源、推行集体农业、管制消费品加工生产等,让除了收入最高的10%群体以外的居民都实现了收入的攀升。

1953年斯大林去世后,苏共领导于1956年开始实行相对更为宽松的政策,在收入分配上采取更为长远的措施以推动低收入阶层收入提升。1956~1968年,收入最低的50%群体在苏联全体居民中的收入占比从24%提升到32%,同期最富裕的10%群体收入所占份额从26%降低到22%。而后各收入群体的收入所占份额整体上保持相对稳定,且这种稳定的态势一直持续到1989年。

1989年开始,苏联居民经历与之前截然不同的收入变化。在1905~1956年,经济的发展向着让收入最低的50%群体和收入中等偏上的40%群体获益的方向发展,这两个群体的人均年收入增速分别为2.6%和2.5%,明显高于最富裕的10%群体0.8%的人均年收入增速。1956~1989年,收入最低的50%群体经历了前所未有的收入高速增长期,中等偏上的40%群体的人均年收入增速与最富裕的10%群体相当,均为2.3%。苏联解体后,收入分化骤然上升。1989~2016年,全体居民人均收入增长了41%,年均增速为1.3%。分群体来看,由于1996年前的通货膨胀造成收入缩水,最底层的50%群体的经历了长达27年的收入负增长,收入降幅为20%、年均降低0.8%,几乎未从经济增长中获益。中等偏高的40%群体收入虽然实现了正增长,但增长十分有限,27年间增幅仅为15%、年增速为0.5%。与之形成鲜明对比的是,最富裕的1150万人(10%)的人均收入年增速为3.8%,1989~2016年收入增幅达到了171%。最富裕的0.001%群体人均年收入增速更是高达14.9%,比收入最低的50%群体的年增速(-0.8%)高了 15.7 个百分点（见表 9-10）。这一时期内，俄罗斯的宏观经济增长几乎只让富人获益，经济增长中 99% 的份额被最顶层的 10% 群体占据，仅留下 1% 给剩余的 90% 俄罗斯居民（1.03 亿人）。这种分化严重程度在整个 20 世纪的俄罗斯帝国时期和苏联时期都是前所未有的。

表 9-10　　　1989~2016 年不同收入群体人均收入增长情况　　　单位：%

收入群体	收入年均实际增速	收入总增幅	占宏观经济增长的份额
全体居民	1.3	41	100
最低的 50% 群体	-0.8	-20	-15
中偏高的 40% 群体	0.5	15	16
最高的 10% 群体	3.8	171	99
最高的 1% 群体	6.4	429	56
最高的 0.1% 群体	9.5	1054	34
最高的 0.01% 群体	12.2	2134	17
最高的 0.001% 群体	14.9	4122	8

资料来源：世界不平等数据库（world inequity database）。

6. 印度不同群体收入差距的发展历程

1947 年印度独立后，高收入群体的收入所占份额在 20 世纪 50 年代至 60 年代有明显的下降。从 80 年代开始，在一系列围绕放宽市场准入、加大开放改革、刺激商业发展的经济变革刺激下，高收入群体收入占比下降的趋势得到扭转，随即开始持续升高，这也推动了居民收入不平等的不断加剧。2014 年最富裕的 10% 群体获得了印度全体居民超过 1/2（56%）的收入。《2022 年全球不平等报告》显示，印度是一个"贫穷且非常不平等的国家"，其精英阶层却极其富裕，在 2021 年，前 10% 的富人和前 1% 的富人分别占国民总收入的 57% 和 22%，而底层 50% 贫穷的人所占份额仅有 13%。1951 年以来不同时期印度不同收入群体人均收入增幅如表 9-11 所示。

表9-11　1951年以来不同时期印度不同收入群体人均收入增幅　　　　单位:%

收入群体	1951~1980年	1980~2014年
全体居民	1	187
最低的50%群体	-80	89
中偏高的40%群体	1	93
最高的10%群体	4	394
最高的1%群体	6	750
最高的0.1%群体	10	1138
最高的0.01%群体	12	1834
最高的0.001%群体	15	2726

资料来源：世界不平等数据库（world inequity database）。

20世纪40年代至80年代，社会主义政策下的强政府管制，使印度居民收入不平等情况得到持续好转。1947年印度摆脱英国殖民统治并成为主权国家后，时任印度总理贾瓦哈拉尔·尼赫鲁实施了一系列社会主义政策，对经济采取强政府管制，对精英力量进行严格限制。相关政策涉及了大规模国有化（20世纪50年代初期将铁路和机场国有化、70年代中期将石油部门国有化）、强市场管控和高累进税率等，并在随后的继任者以及其女儿英迪拉·甘地任总理期间得到延续。国有化过程中，政府公共部门获得了大量私有部门转移来的财富，降低了富人阶层的隐性资本收益，政府因此更有能力开展薪级调整，促进居民收入分配均衡水平提升。私有部门的收入被课以非常高的税率，个人所得税最高累进税率从1965年的27%上升至1973年的98%，这一举措非常有力地抑制了当时印度富裕阶层过度的议价能力和寻租行为，对收入的公平分配产生了实质性影响。最富裕的1%群体的收入份额从第二次世界大战前的21%降低到五六十年代的10%~12%，而后又进一步降低到80年代的6%。

20世纪80年代开始，在一系列经济宽松政策的刺激下，印度居民的收入不平等水平开始不断提升。印度经济在过去40年里经历了深刻变革，20世纪70年代末期印度还是一个以社会主义计划经济为驱动，经济受中央政府高度管控的国家。但从80年代开始，市场开放和贸易自由开始成为决策者反复讨论的议题，时任总统拉吉夫·甘地（任期为1984~1989年）主导编制形成《第七个五年计划（1985-1990）》，推动放宽市场管制、加大外债举借、提升进口规模。90年代初期印度遭遇严重债务偿还危机时，自由市场相关政策议题又进一步被纳入国际货币基金组织为印度提供援助的前提条件，随之而来的是更大力度的放宽市场管制、推动经济自由化发展。同期税收制度也经历了渐进式的改革，所得税最高累进税率从70年代的97.5%逐步降至80年代中期的50%，随即便引发了居民群体收入分配的变化。1983年印度全体居民收入中流向高收入群体的比例是自1922年有税收记录以来的最低点：收入最高的1%群体获得了大约6%的居民收入，最高的10%群体获得了30%的居民收入，最低的50%和中等偏高的40%群体获得的收入份额分别为24%和46%。到1990年，收入最高的10%群体的收入占比提高至34%，提升4个百分点；中等偏高的40%群体和最低的50%群体的收入占比均下降了2个百分点，分别为44%和22%。1991~2000年，后来被称作第一波经济改革的一系列政策落地实施（本质上是20世纪80年代中期政策的延续），将促进私有经济发展摆在核心位置，采取了去国有化（不再保留或者注销部分国有企业）、收回公共部门投资、放松市场管制等措施来提升资本、弱化劳动力在经济发展中的地位。受此影响，印度居民群体收入不平等问题进一步加剧，最富裕的10%群体的收入占比到2000年已经攀升至40%，中等偏高的40%人群的收入占比降低到40%，最低的50%群体的收入占比降低到20%左右。此次改革的主要做法在2000年之后的印度第十个五年计划以及再往后的五年计划中得到了延续，政府放开了对于石油、糖、花费等价格的管控，让这些部门的私有化程度不断加深，尤其是在农业部门。收入不平等程度也因此进一步加深，截至2014年，印度最富裕的10%群体从全体居民收入中占据56%的收入，而中间的40%和最低的50%群体收入所占的份额只有32%和16%。如表9-12所示。

表9-12　　2014年印度全体居民收入分布情况

收入群体	群体人数（人）	收入门槛（欧元）	人均年收入（欧元）	与全国平均水平的比值	占全国居民收入比重（%）
全体居民	794306000	—	6200	1	100
最低的50%群体	397153000	—	1900	0.3	15.3
中偏高的40%群体	317722000	3100	4700	0.8	30.5
最高的10%群体	79431000	9200	33600	5	54.2
最高的1%群体	7943000	57600	134600	22	21.7
最高的0.1%群体	794000	202000	533700	86	8.6
最高的0.01%群体	79400	800100	2377000	384	3.8
最高的0.001%群体	7900	3301900	11589000	1871	1.9

资料来源：世界不平等数据库（world inequity database）。

7. 巴西不同群体收入差距的发展历程

自20世纪80年代巴西的居民收入数据能够被系统获取后，巴西一直都被列为世界中收入不平等水平较高的国家。尽管在90年代中期，一些住户收入调查表明，在劳动力市场的完善、教育普及致使技能工资溢价下跌、最低工资标准的全面提升（与社会福利挂钩）、社会援助项目覆盖范围扩大等一系列政策因素的影响下，巴西居民收入的不平等水平开始下降。这些结论也曾一度引发全世界的关注，因为其不仅证明了巴西政府所采取的措施的有效性，更提供了一个难能可贵的全球大型经济体能既保持经济强劲增长，又能有效控制收入差距的实践案例。但现实并非如此，从近年来巴西联邦税务办公室公开的收入所得税数据来看，90年代的住户收入调查描绘的可能只是巴西居民整体收入状况的一部分，而非全貌，巴西居民收入的实际不平等程度要远高于其国内调查的认知。2015年巴西全体居民收入分布情况如表9-13所示。

表9-13　　　　　　2015年巴西全体居民收入分布情况　　　　　单位：%

收入群体	巴西收入调查数据（仅依靠调查数据）	世界收入不平等实验室数据（收入调查+税收数据调查+国民经济核算账户）
最低的50%群体	16.0	12.3
中偏高的40%群体	43.6	32.4
最高的10%群体	40.4	55.3
最高的1%群体	10.7	27.8
最高的0.1%群体	2.2	14.4
最高的0.01%群体	0.4	7.5
最高的0.001%群体	0.1	3.9
加总占全体居民收入的比重	57.1	100.0

资料来源：世界不平等数据库（world inequity database）。

进入21世纪以来，巴西的贫富差距一直保持在很高的水平，且贫富分布明显固化，几乎不随时间推移而发生变化。2017年，世界收入不平等实验室（WID.world）的经济学家马克·摩根（Marc Morgan）通过对巴西个人和家庭的详细税收申报数据以及国民经济核算表进行调查，建立了一套巴西国民收入分配账户。该账户保证了调查数据及税收申报数据与宏观经济总量相一致，因此在体现收入分化程度上具有足够的代表性。结果显示之前巴西官方评估的收入不平等水平应当大幅被调高，同时还指出，与俄罗斯、印度或中国等新兴国家的波动态势相比，巴西在进入21世纪后贫富差距水平呈现出更高并且更稳的状态。2001~2015年，收入最低的50%群体所获得的收入份额仅从11%小幅上涨到12%，同期最富裕的10%群体的收入占比也仅从54%上升到55%，相应的40%中等收入群体的占比被挤出了2个百分点，从34%下降到32%。2015年，巴西最富裕的10%人口（大约1400万人）赚的收入占全体居民收入的一半以上（55%），相比之下占人口半数的低收入群体（大约7000万人）在全体居民中的收入份额仅有12%，收入中等偏高的40%群体的收入占比也不足

1/3，低于全球的平均标准。这组数据充分显示了巴西的财富过度向收入顶层群体集中的现状。

当前巴西的居民收入分布呈现高度向高收入群体偏态分布，全国范围内并不存在一个成规模的中等收入群体。2015 年，巴西居民的人均收入为 13900 欧元（约 37100 雷亚尔），但是收入最低的 50% 群体的人均收入是 3400 欧元（约 9200 雷亚尔），仅为全体居民平均水平的 1/4（见表 9-14）。同年比这一群体高一个层次的中等偏上收入群体（40% 人口）的人均收入为 11300 欧元（约 30500 雷亚尔），意味着在巴西，90% 的人口的年收入是低于全国居民平均水平的。这种现象不仅反映出巴西居民收入分布超高的偏斜度，更说明巴西本质上没有一个成规模的中等收入群体存在。相应地，最富裕的 10% 群体的人均收入达到 76900 欧元（约 207600 雷亚尔），超过了全体居民平均水平的 5 倍。这种量级差别使再往上一个层级的群体，即最富裕的 1% 群体与全体居民的差距显得更为骇人，其 2015 年的人均收入达到 387000 欧元（约 1044900 雷亚尔），是全体居民平均水平的 28 倍。仅最富裕的 14 万人（最富裕的 0.1% 人口）全年所赚收入（占比 14%）就超过了全国收入最低的 7126 万人口的收入总和（占比 12%）。

表 9-14　　2015 年巴西不同收入群体人数、收入及占比情况

收入群体	群体人数（人）	收入门槛（欧元）	人均年收入（欧元）	占全国居民收入比重（%）
全体居民	142521000	—	13900	100
最低的 50% 群体	71260000	—	3400	12.3
中偏高的 40% 群体	57008000	6600	11300	32.4
最高的 10% 群体	14252000	22500	76900	55.3
最高的 1% 群体	1425000	111400	387000	27.8
最高的 0.1% 群体	142500	572500	2003500	14.4
最高的 0.01% 群体	14300	2970000	10397600	7.5
最高的 0.001% 群体	1430	15400000	53986200	3.9

资料来源：世界不平等数据库（world inequity database）。

资本在国民收入中所占分量越来越高，导致尽管群体间劳动报酬的差距呈现收敛态势，但整体收入差距分化严重。2015年，收入最高的10%群体所赚的劳动报酬在全体居民中的占比为44%（收入占比为55%），40%的中等偏上群体的劳动报酬占比为40%，收入最低的50%群体占比则为15%（收入占比为12%）。2001～2015年，劳动报酬在占比变化则相对乐观一些，收入最低的50%群体在这15年里实现了年劳动报酬占比从12%提升到15%（年收入占比从11%提升到12%），最富裕的10%群体所获的劳动报酬占比从47%下降到44%，甚至与年收入占比变化趋势相反（年收入占比从54%提升到55%）。这一方面反映出居民群体之间劳动报酬差距呈现出一定收敛态势；另一方面也反映出资本收入在居民总收入中所占分量的上升。通过观察收入更高的群体便可以发现这个趋势，收入最高的1%群体在2015年所获得的劳动报酬占全体居民的比例为14%，但该群体的总收入所占份额却达到了28%。

最富裕阶层从全体居民收入增长中获益更多是造成巴西收入不平等程度加深的主要原因。从不同群体自身的收入增幅来看，情况相对比较乐观。2001～2015年，巴西居民的人均年收入增幅为56%，其中收入最低的50%群体的人均年收入实际增幅为72%，高于中等偏高的40%群体的收入增幅（44%），也高于最富裕的10%群体的收入增幅（60%）。最富裕的1%群体和0.1%群体的人均年收入增幅分别为69%和65%，仍低于低收入群体的增幅。但从15年里全体居民收入增长额中不同群体的占比来看，高收入阶层明显占据了全体居民收入增长额中的绝大部分，58%的增长额被最富裕的10%群体占据，32%的增长额被最富裕的1%群体占据。而自身收入增幅很高的50%最低收入群体，只获得了16%的收入增长额，这也是50%群体的年收入占比在15年里只提升了1个百分点的原因（见表9–15）。

表9-15　　2001年以来巴西不同收入群体收入增幅及在全体居民收入增量中的占比　　单位：%

收入群体	2001~2015年 人均年收入增幅	2001~2015年 在全体居民收入增长额中的占比	2001~2007年 人均年收入增幅	2001~2007年 在全体居民收入增长额中的占比	2007~2015年 人均年收入增幅	2007~2015年 在全体居民收入增长额中的占比
全体居民	56.1	100.0	26.9	100.0	23.0	100.0
最低的50%群体	71.5	16.1	32.5	15.3	29.4	16.9
中偏高的40%群体	44.2	26.1	22.3	27.4	17.9	24.9
最高的10%群体	59.7	57.8	28.5	57.4	24.3	58.2
最高的1%群体	68.8	32.2	37.0	36.0	23.2	28.6
最高的0.1%群体	65.4	15.0	34.9	16.7	22.7	13.5
最高的0.01%群体	57.5	6.6	38.2	9.1	13.9	4.2
最高的0.001%群体	50.2	2.9	48.0	5.7	1.5	0.2

资料来源：世界不平等数据库（world inequity database）。

（二）国际上缩小收入差距的经验和教训

1. 国际上缩小区域发展差距的主要经验

第二次世界大战以来，多数发达国家的居民收入差距呈现先下降后上升趋势，但整体上收入差距在全球范围内容处于中等偏下水平，在完善收入分配公共政策体系、调节收入分配、缩小贫富差距方面形成了一系列值得我国借鉴学习的经验。

一是避免直接干预市场分配，重视政府在再分配中的"裁判员"角色。一次分配主要是通过市场实现的收入分配，在一次收入分配过程中，由于劳资双方所拥有的要素性质的不同，直接导致了不同群体之间收入的差别。对此发达国家政府多奉行在收入分配过程中实行以公平竞争为核心的干预政策，主要采用间接手段来调节收入分配。相关的政策手段基本都贯穿了法律措施，颁布一系列有助于优化分配、缩小收入差距的法律条令，以立法的形式来规范收入分配。主要的措施有：通过出台最低工资法，建立最低工资制度，保证在缔结劳动合同时劳动和资本获得较为均等的选择机会，保障对低收入人群的基本生活。制定就业法等各种法令，消除各种各样的歧视，减少职业差别，增加就业机会，环节贫富差距。实施区域开发正常促进落后地区经济社会发展，缩小地区间收入差距。

二是瞄准重点群体完善税收和转移支付等再分配政策。发达国家重视通过制度化建设来加大再分配在调节收入分配关系和格局中的作用，普遍建立了一整套优化二次分配、调节收入差距的公共政策体系。首先，构建起包含个人所得税、个人财产税、遗产税、赠与税等税种在内的完整税收体系和征管制度，充分发挥多种税种相互协调配合的调节功能。同时健全税法制度，实行严格的税收稽查制度，通过高效的税收稽核系统遏制偷漏税现象的发生，稳定的税收也为再分配政策的实施提供了有力的财政保障。其次，建立完善的社会保障和福利制度，加大财政对社会保障和其他民生建设转移支付的支持，将广大民众都纳入社会保障体系，切实保障好低收入者、生活困难群体等的基本生活，平衡城乡、地区之间的分配关系。最后，重视教育的均等化，为实现义务教育公共性做出了一系列重大的政策安排，包括制定基本的教育质量标准、建立各级政府职责分明的教育公共财政体制、扶持弱势群体和贫困地区教育，为民众创造较为平等的受教育的机会，解决弱势群体因无力进行人力投资而造成的差距进一步扩大。

三是重视资助公益性事业及慈善事业等三次分配方式，弥补政府再分配在广度、深度和供给质量等方面的功能性不足。发达国家存在一系列完善的法律法规，在规范慈善机构建立、运营的同时，以一系列优惠政策促进慈善事业发展，激发了民间各类组织和个人的积极性。以美国为例，按照美国施惠基金会（Giving USA）的统计，2019 年美国慈善捐赠总额约为 4496.4 亿美元，慈善捐赠约占 GDP 总值的 2.1%，摊至人均为 1370.85 美元。其中，个人捐赠是最大来源，约为 3096.6 亿美元，占总捐赠额的 69%。

2. 国际上区域差距拉大的主要教训

与发达国家长期将居民收入差距控制在相对合理范围内形成鲜明对比的是，一部分国家贫富不均、收入不公平等问题日益突出，甚至对社会产生诸多潜在危害。其中,拉美国家便是这方面的典型代表,过度奉行新自由主义发展模式造成的经济社会发展失衡,使拉美地区逐步成为全球贫富两极分化较为严重的地区,其教训值得谨记和汲取。

一是过度市场化改革背离发展实际,弱化国家在社会财富分配中的调节和规范作用。拉美国家的市场经济体制、产业体系、城镇体系整体上仍不健全,迫切需要国家综合运用各种手段予以弥补、校正和规范,强化税收调节机制,加大财政转移支付力度,强化金融监管。但在20世纪80年代中后期启动的拉美经济市场化改革中,国有经济私有化、贸易自由化、资本市场开放、汇率制度改革等涉及"新自由主义"领域的经济改革措施被提出并迅速推行,在取得了一定成果的同时,也加剧了贫富差距的分化。国有经济大量私有化和资本市场的快速放开,一方面给了一些政府部门及原国有企业负责人等"内部人"同国内外大资本、少数权贵里应外合的机会,趁机廉价吞并国有资产,造成社会财富日趋集中。部分领域的过快市场化加剧了社会分化,如政府将大量公办学校推向市场造成私立学校规模快速扩张,聚集优质教育资源,竞相提高教育费用,成为富人子弟的专门学校,贫困家庭子女被排斥在中等、高等教育之外,这也是多年来拉美教育质量、学生受教育年限低于世界平均水平的直接原因之一。除此之外,拉美国家在国内企业竞争力尚有待提升的情况下,盲目推行贸易自由化致使国内许多中小企业经营失利,失业加剧。汇率管制的放松削弱了拉美国家本就脆弱的汇率机制和金融调控能力,所产生的物价波动又进一步作用在贫富分化的问题上。

二是在"大城市化"浪潮发展中忽视了对农民等弱势群体和农村等落后地区的利益保护。20世纪50年代至80年代,经济的快速增长推动拉美国家普遍进入城市化加速度发展时期,其间墨西哥城人口由300万人急剧增至1500多万人、圣保罗由250万人增至1350多万人、里约热内卢由290万人增至1070多万人、布宜诺斯艾利斯由530万人增至到1010多万人。一方面,就业、住房、教育和医疗等相应措施配套的滞后,造成大量进城农民沦为城市贫民、失业群体和流浪人口,许多大城市的贫困人口比例高达30%~35%,社会治安问题突出。另一方面,城市无节制的发展迫使政府不断加大城市投资与建设,边远地区和农村地区经济社会发展长期被忽略，广大农民的社会保障和社会福利严重缺位，农村生活条件改善缓慢；伴随城镇化过程的土地改革严重忽视农民利益、草率处理土地问题，不仅造成农民进一步无节制地涌入城市，致使城市建设陷入"越扩越大，越大越乱，越乱越穷"的恶性循环状态，还刺激了农民运动持续高涨。如巴西无地农民运动频繁，抗议农民多达200万人，席卷全国大部分州区，已经发展成为拉美最大的社会运动。

三是对中等收入群体培育不足，中等收入群体未占据社会的主流。多数拉美国家在20世纪60年代末、70年代初已步入中等收入国家行列，但拉美国家一直未能培育出一个庞大的中等收入群体，无论是90年代的"改革浪潮"还是进入21世纪后的"左翼革命"浪潮，都没有在全社会的财产所有制和收入分配等基本制度上进行革命，反而在"新自由主义"思路影响下进一步向少数资产阶层和特权阶层倾斜，因此，多数拉美国家人均GDP能够达到中等收入国家水平主要是靠规模迅速扩大的富裕阶层财富拉抬平均值实现的效果。如1980年巴西已经进入中等收入国家之列，但中等收入阶层人口仅占全国的29%。并且由于巴西收入分配制度改革滞后，政策长期向高收入阶层倾斜，中等收入群体经过30年的缓慢增长仅提升到38%的人口占比。

（三）国际上缩小收入差距的主要政策举措

1. 优化劳资关系举措

工资形式是按劳分配原则的重要体现，西方市场经济国家普遍重视通过立法手段来实现其收入分配决定与调控意志。

各国通过工资集体谈判立法、工资支付和工资保障立法、最低工资立法等法律，奠定工资支付的法律基础，确立工资决定和调控的机制。通过执法监督和执行司法程序，保证公正公平分配。此外，政府还会在集体谈判或劳资关系出现纠纷时，提供仲裁或执行司法程序，帮助化解纠纷。如德国建立起由《基本法》《劳资合同法》《企业组织法》《雇员参与决策法》构成的劳资自治的法律框架，在此基础上，政府的要做的就是切实贯彻劳资自治原则，保证上述相关法律的有效执行。日本建立了由《劳动基准法》《确保工资支付法》《确保工资支付法实施令》《最低工资法》构成的工资支付法律体系，规定企业的工资支付行为需要收到上述法律规范。一些国家政府也会根据每年经济增长、劳动生产率变化、物价变化等对下一年工资调整提出指导意见，为劳资双方谈判提供重要参考。

除此之外，公职人员在大部分国家都是重要的职业群体，发达国家政府往往会通过调整公职人员的工资水平来引导全社会的工资变动。如日本公职人员群体占全国受雇人员总数的20%，《国家公务员法》规定了人事院劝告制度，即隶属于内阁的人事院每年都需要在生活费调查、国家公务员与民间部门工资差距调查基础上，向国会和内阁报告国家公务员工资情况，内阁人事院依据此可以掌握全国官方、国有企事业单位劳动者的工资水平，并明确工资提高额，此举通常会产生波及效应，带动企业工资增长。

2. 促进就业举措

国际实践经验表明，积极有效的就业政策可以明显改善劳动者的收入状况，为提高收入水平创造必要的条件。各国采取了扶持农村劳动力及特殊人群就业、完善失业保障、扩大企业雇主劳动力需求、发展劳动密集型产业等措施，提振本国就业。

在促进农村劳动力及特殊人群就业方面，印度作为世界第二人口大国，于1980年开始实施"全国农村就业计划"，由中央和邦政府各出资50%，中央政府负责执行，旨在增加农村就业机会，修建农村基础设施，改善和提高农村生活水平。2003年，印度又宣布实施"第一批就业"计划，向企业征收针对特殊人群（如无工作经验的青年劳动者）的就业保障金，纳入印度政府的财政预算，用于特殊人群特殊职业培训、就业帮助等。法国政府将对农业和农民的补贴作为财富再分配制度的重要组成部分，涵盖了生产领域补贴、流通领域补贴、生活领域补贴三种，在近年来法国农民负担不断加重情况下，法国政府和欧盟对法国农业和农民的补贴已占法国农民纯收入的约25%。日本制定了《雇用对策法》《残疾者雇用促进法》《男女雇佣机会均等法》等法律，保障女性、残疾等弱势群体获得相对平等就业机会。

完善失业保险保障方面，瑞典早在2004年用于就业保障的财政资金占

GDP比重便已超过1.5%，这些资金用于对失业人员创办小型企业进行税收优惠减免以及就业补贴，在一定程度上缓和了失业率过高造成的社会矛盾。日本政府设立"雇用保险制度""失业保险补贴"和"雇用保险就业安定、能力开发和就业福利三项事业"保险制度，并在各地设立网络机构，专门从事失业指导和提供再就业信息。德国的失业保险金由雇主和雇员分别交纳，雇员一旦失业后，领取失业金的数额大体相当于失业者最后工作净收入的60%。罗马尼亚首都布加勒斯特专门设立了由劳动部门牵头的就业管理委员会，负责制定并执行就业和失业保障方面政策，同时制定《失业保险体系和就业促进法》，以立法形式确立了失业保险政策的规范性。

政府扩大企业雇主劳动力需求方面，常用的举措有新岗位税收抵免，如美国新泽西州在1977年便引入新岗位税收抵免（New Jobs Tax Credit）措施，实施期内任何私营企业的雇主都可享受新就业岗位税收抵免，一种抵免方式是对本年超过上年总工资105%的超额部分，按50%进行抵免；另一种抵免方式是根据州失业保险金交款超过上年102%的部分，按50%进行抵免。该举措的实施对劳动力市场产生了积极影响，有效推动了企业生产从资本向劳动力转移。类似地，日本也对下岗人员采取特别优待措施，对录用此类人员的企业提供就业开发补助金。

发展劳动密集型产业等措施，例如，印度在1991年实施经济改革后，充分发挥在软件和相关服务贸易的全球竞争优势，利用以软件和信息技术服务业为代表的新兴服务业拉动就业。20世纪90年代以来，软件业的年增长率高达50%以上，带动经济增长率上升到年均6.3%，就业率上升3.7%。

3. 个人所得税举措

税收杠杆是调整收入差距的有效手段，个人所得税本质上遵循对高收入者多课税、对低收入者少课税的量能课税原则，以此实现对居民群体收入差距的有效调节。西方发达国家普遍重视个人所得税的收入分配调节作用。

实现经济现代化较早的英国在18世纪末便已经开始征收个人所得税，采取超额累进税率，对最高一档收入征收40%的税额。个人所得税在英国又被称为"罗宾汉税种"，传说罗宾汉是1160~1247年英国社会上劫富济贫的"英雄"式人物，采用其名字命名个人所得税，其寓意不言而喻。

美国的个人所得税体系是国际公认较为完善的税制，该体系充分考虑了婚姻和家庭负担等因素，更加体现了量能纳税原则。纳税人可对全部应税所得按已婚联合申报、已婚分别申报、单身和户主四种方式进行申报，不同的申报方式下，同样的个人收入应税区间不同、税率不同。如个人所得收入均为10万美元，按单身申报方式则税率为28%，按已婚联合申报方式则税率为25%。个人所得税收占美国联邦税收的比重保持在40%以上，是众多税种中对个人收入分配调节力度最大的税种。

相比于英、美等国家，北欧高福利国家对个人所得税的收入调节作用更为倚重。如芬兰将个人所得税视为芬兰政府筹集财政收入的重要来源，同时也是调节社会成员收入水平、缩小贫富差距的有效手段。瑞典一直坚持高税收政策，将个人所得税的起征点定为年收入12万克朗，最低税率也高达30%，最高税率更是达到70%左右。

4. 财产税举措

遗产税、房产税、资本利得税等财产课税都具有重要的群体收入调节、抑制财富在代际转移等功能，因此欧美及日本等发达国家普遍建立了与本国国情相适应的、覆盖面广、功能完备、种类齐全的财产课税体系。如美国规定财产税的纳税义务人为在美国境内拥有居民住宅、房地产、车辆、设备等财产的自然人，拥有的不动产（主要包括土地和房屋）、动产（股票、债券、抵押、存款等无形资产，家具、工具等有形资产）都被纳入课税范围。

以遗产税这一西方发达国家普遍存在的税种为例，遗产税税率是美国联邦政府税收中最高的一种，规定一个人生前所有财产在扣除慈善捐款、债务、丧葬费、个人豁免额等剩余的部分，都需要被征税，税率采用累进税率的方式，应纳税遗产越多，遗传税税率越高。奥巴马政府时期，个人遗产豁免额为549万美元，最高税税率为40%。在英国，英格兰和威尔士征收遗产税已经有超过200年的历史，目前逐步采取对富裕阶层遗产按比例征税方式，并不断提升起征点，旨在使遗产税只落在最富裕的阶层头上。如果富人试图在生前把现金或储蓄赠与子女，则需赠与时间在距离赠与人逝世前7年以上才能免税，否则需要按年限以8%~40%的税率征收遗产税。法国为避免财富过度集中，从1789年法国大革命开始便征收遗产税，税基为遗产减去负债,税率按直系血亲、兄弟姐妹、其他人等亲属关系采用不同类别累进税率。奥朗德总统时期,法国进一步加大了对这一税种的征收力度,此举也引发了法国富人的"避税出走潮"。

赠与税与遗产税密切相关,一些发达国家设立赠与税往往是出于防止公民通过生前赠与或以信托方式转移资产逃避遗产税。美国联邦政府从1924年开始征收赠与税,纳税人除了将豁免额以内的财产赠与配偶、捐赠给政治组织和慈善机构、为某人支付医疗教育费用之外,额外的财产赠与都需要纳税,最高税率为40%。德国也将赠与税作为遗产税的重要补充。

房产税在发达国家也普遍存在,美国将房产税的征收自主权很大程度上下放给地方,地方政府可自行决定税基、税率、减免条款等,同时一些弱势群体、低收入群体可以享受延期纳税、税收抵免等制度。英国针对住宅征收的房产税同样为地方税种,且占地方政府收入的25%左右。房屋使用者(年满18周岁房屋拥有者或者房屋租住者)需要按照房屋在某一特定时间的评估价值来缴税,税额随房屋价值上升而增加。与美国类似,未满18周岁的未成年人和全日制学生等特殊人群也不需要缴纳房产税。

5. 教育均等化举措

教育均等化对于缩小代际差距,提高人的劳动能力,从而提升收入均衡水平具有重要意义。诺贝尔经济学奖得主萨缪尔森说道"在走向平等的道路上,没有比免费提供公共教育更为伟大的步骤了。这是一种古老的破坏特权的社会主义"。发达国家普遍重视通过提供相对均等的受教育机会,解决贫困者因无力进行人力投资而进一步造成收入差距扩大的问题。

在普及义务教育方面,发达国家普遍形成了一套完整的义务教育政策,保证家庭贫困的孩子较完整和平等的受教育机会,解决贫困家庭因人力投资能力有限而造成的代际收入差距进一步扩大问题。美国在2001年制定了《不让一个孩子掉队法案》(*No Child Left Behind*),2007年国会重启"先行计划(Head Start Project)",旨在为更多贫困家庭的儿童提供学前教育。英国将11年免费义务教育与地方政府职责挂钩,规定适龄儿童必须接受小学和中学的教育。教育总开支中,中央政府负担的费用占比达到60%,地方财政支付36%,剩余4%为学费和捐赠。政府财政措施的调节保障了低收入家庭的子女能够享有高收入家庭的子女所能享受的教育资源和教育机会。德国的义务教育经费主要由州政府承担，其中75%的经费为教师工资，由州财政直接划拨到教师个人账户，保证了教育的普及率，20世纪90年代德国基础教育的中小学、各类职业教育学校和高等学校在校生数便已占总人口的15%。

在推动区际和校际教育水平均等化方面，日本通过立法手段来避免区域间因经济发展水平差异造成不同区片或不同学校间教育水平的分化。如1954年颁布《偏僻地区教育振兴法》，保障落后地区的教育发展和财政投入。通过法律规定校长在每个学校的任期为两年且不能连任，到期后需要在校际轮换；每位老师在同一所学校连续任教的时间不能超过5年，以此实现了基本公共教育的相对均等化。英国从1988年开始在全国实行统一课程，学生入学实行全国统一考试，让家长自由选择送子女到哪个学校就读。

6. 社会保障举措

公平合理的社会保障制度有着明显的调节收入分配与缩小收入差距的作用，世界上许多国家都将完善社会保障制度作为调节收入分配差距的有效工具之一，其中，社会保险、基本医疗是较受关注、需求较迫切的两个方面。

社会保险方面，英国构建起包含养老保险、失业保险、疾病保险、工伤保险、生育保险及家庭收入补助等在内的国民保险计划，只要预交一定的保险费用，16岁以上的英国公民都可以享受这种保险。德国的社会保险以覆盖全民为目标，如法定养老保险具有强制性，养老金的数量同其缴费的多少及时间长短有一定联系，并专门针对从事家庭劳动的女性设立了妇女养老金。除此之外，还专门针对低收入者、残疾人、多子女贫困家庭等弱势群体提供包括住房在内的各种补贴。有些国家会根据人口变化趋势对社会保险做出相应调整，如日本在20世纪90年代后，针对生育率下降、人口老龄化问题，将社会保险的重点转向以普及和改善养老保险、医疗保险为中心，重点关注老年人的生活和医疗保障，以及增加对儿童福利的投入，减轻人们生育和养育孩子的负担。

医疗保险方面，德国在1883年便通过《疾病保险法》，成为世界上第一个建立社会医疗保险的国家，国家通过推行强制性健康保险计划筹集大部分医疗费用。法定医疗保险是德国现行医疗保障制度的主体，覆盖人口达到

90%以上，采取"一人保全家"原则，即一人保险，没有工资收入的配偶和子女同样可以享受免费医疗的待遇。此外，主要用于伤病或残障人士日常生活中的医疗护理和生活服务费用的法定护理保险也是医疗保障制度的重要组成部分。美国奥巴马政府在新医改中提出，国民必须购买医疗保险，无法负担者将获资助，同时加强对商业保险的监管，规定保险公司不得因投保者有过往病史而拒保或收取高额保费，不得对投保人的终身保险赔付金额设置上限。日本医疗保障制度体系中，雇员健康保险规定日本国民90%的门诊以及住院医疗费用由保险机构支付，老年卫生服务计划规定70岁以上老年人享受免费医疗，并为老年人提供福利院护理、家庭访问护理、保健咨询服务等。

7. 鼓励慈善捐赠举措

发达国家普遍从遵循社会自发自愿原则出发，通过制定一系列优惠政策、完善法律法规来充分释放慈善捐赠对市场和政府相对硬性分配方式的柔性调节。

对慈善捐赠进行税前扣除是发达国家推动和鼓励社会慈善和捐赠的主要手段。如德国设定的遗产税税率高达50%，规定富人如果捐助善款，或者建立慈善基金，便可以依法将捐赠款抵扣部分所得税，同时还能够改善自身形象、提升知名度，从捐赠行为中获得合理的回报。普通民众参与募捐也同样可以凭收据免除部分个人所得税，并且还能够获得德国红十字会等公益机构提供的免费急救等优惠服务。美国也同样规定向五类[①]有资格接受捐赠的组织进行捐赠便可以获得所得税扣除的优惠，且捐赠人可以捐赠现金，也可以捐赠实物及有价证券等财产。

一些国家也通过出台相应法律条款来规范慈善机构的运营和慈善行为。例如，英国《慈善法》规定慈善委员会负责慈善组织的登记注册和监管，

---

① 第一类：按照联邦、州和哥伦比亚特区及美国属地法律，出于下列目的设立的社区福利基金、公司、信托、基金和基金会组织：宗教目的、慈善目的、教育目的、科学目的、文学目的、为预防对小孩和动物的虐待目的。第二类：退伍军人组织（退伍军人分会、退伍辅助机构、信托公司和基金会等）。第三类：按照寄居制度运作的国内友善团体，宗教团体和协会。第四类：某些非营利公墓组织。第五类：履行政府实质职能的联邦、州、哥伦比亚特区、美国或美国属地的政治分区及印第安部落政府及其分区的政府实体。

慈善委员会主管需要由内务大臣任命,并通过内务大臣直接对国会负责。该委员会不仅对慈善组织进行审核、注册,还负有咨询指导、直接监管、抽样检查、公共监督等职责。

三、缩小收入差距促进推动共同富裕的主要思路

收入分配制度关系到每个居民的切身利益,对社会的稳定、发展具有重要影响。深化收入分配制度改革既有助于经济结构的调整,提高居民的消费支出比例,又能提高劳动者的生产积极性,推动经济增长。党的十九大明确提出"坚持按劳分配原则,完善按要素分配的体制机制,促进收入分配更合理、更有序",并要求"履行好政府再分配调节职能,加快推进基本公共服务均等化,缩小收入分配差距"。党的十九届五中全会通过的《中共中央关于制定国民经济和社会发展第十四个五年规划和二〇三五年远景目标的建议》里将"提高人民收入水平"作为单独一节放在"改善人民生活品质,提高社会建设水平"一章的开头位置,意味着进入新发展阶段,党和国家会更重视共同富裕问题。如何提高城乡居民收入水平、缩小收入差距,将是"十四五"时期的民生工作重点。这些都为我国未来收入分配领域的改革指明了方向。

(一)以形成合理有序的收入分配格局为根本出发点和落脚点

目前我国各类要素参与分配格局尚不完善,居民收入增长和经济增长、劳动报酬提高和劳动生产率提高之间存在不同步现象。从近年来劳动者报酬的比重下降以及居民收入差距的不断扩大便可看出,经济增长更多使高收入群体从中获益,而中等收入群体和低收入群体在经济增长中获得的份额不断下降。改革收入分配制度,是从根源上缩小贫富差距的办法,需围绕提高劳动者报酬比重和缩小居民收入差距的双重任务寻找对策。要坚持以按劳分配为主体的分配原则,注意简单劳动和以管理、技术为代表的复杂劳动之间的

分配关系，对于劳动以外的其他生产要素参与分配，既要承认其合法性，又要适当控制其在分配中的比例。要充分发挥市场机制消除要素价格扭曲，完善生产要素按贡献参与分配的初次分配机制，加快要素市场的市场化进程和一体化建设，消除阻碍要素跨部门、跨地区、跨行业流动的各种制度障碍，努力实现要素自由流动和优化配置。要规范收入形成机制，健全法律法规，加强信息公开，实行社会监督，保护合法收入，规范隐性收入，取缔非法收入，抑制投机，营造激励奋发向上的公平环境。在完善以工资为主的收入形成机制的同时，加快建立工资的稳定增长机制，稳定劳动者的收入预期。

（二）以加快中等收入群体规模翻倍为关键路径

"十四五"规划中明确提出到2035年实现中等收入群体规模显著扩大。据官方数据，2022年我国中等收入群体为4亿人。普遍观点认为，我国到2035年要实现中等收入群体规模翻番，由2022年的4亿人扩大到8亿人，才能达到中等发达国家水平。扩大中等收入群体，需要坚持系统观念，多措并举。高质量就业是扩大中等收入群体之源，要在推动产业结构迈向中高端过程中扩大有制就业岗位数量，培育发展高附加值头部产业，大力扶持现代服务业发展，提高就业稳定性和就业质量。加快完善创业生态，激发技能人才、科研人员、企业经营管理人员、小微创业者等重点群体活力，尽快成为中等收入群体。完善促进中小微企业和个体工商户发展的法律环境和政策体系，保障中小微企业的合法权益。完善国家基本公共服务标准，提高基本公共服务的可及性，切实减轻家庭居住、教育、医疗、养老等方面的支出负担，提升中等收入群体的安全感和获得感。

（三）以充分发挥公共财政调节作用为基本手段和保障

关注低收入群体和弱势群体是缩小群体收入差距、实现共同富裕的必然要求。政府通过税收、社会保障、转移支付等公共财政手段参与国民收入再分配，可以一定程度上弥补城乡、区域间发展和财力的不平衡，为不同群体、城乡、区域间居民收入相对均衡，共享经济社会发展成果奠定基础。目前围绕城乡、区域低收入群体实施的一系列保障制度大大降低了城乡人口贫困发生率，但在扭转居民收入差距扩大趋势方面作用仍有待加强。未来要进一步健全公共财政体系，提升转移支付规模和精准性，优化转移支付结构，将均衡地区间财力差异、实现基本公共服务均等化作为财政转移支付制度的设计目标，更好地发挥转移支付对调节地区间财力差异、促进公共服务均等化的作用。全面建成覆盖城乡居民的社会保障体系，按照全覆盖、保基本、多层次、可持续方针，以增强公平性、适应流动性、保证可持续性为重点，不断完善社会保险、社会救助和社会福利制度，切实保障困难群体基本生活。

四、缩小收入差距促进推动共同富裕的具体举措建议

（一）完善劳动报酬保护和提升机制

劳动报酬是我国居民收入的最主要来源，持续不断提升劳动报酬，是人民群众最关心最直接最现实的利益问题，是实现美好生活的先决条件，也是实现共同富裕的重要前提。下一步，仍把提高人民群众劳动报酬放在优先基础地位，紧抓不放。

一是提高劳动报酬在初次分配中的比重。坚持多劳多得，鼓励勤劳致富，巩固按劳分配主体地位。建立反映劳动力市场供求关系和企业经济效益的工资决定及正常增长机制。根据经济发展、物价变动等因素，健全最低工资标准动态调整机制，研究发布部分行业最低工资标准。探索企业、工会、政府共同参与的工资集体协商机制，着重增加劳动者尤其是一线劳动者报酬，逐步解决一些行业企业职工工资过低的问题。完善工资指导线制度，建立统一规范的企业薪酬调查和信息发布制度。落实新修订的《中华人民共和国劳动合同法》，研究出台劳务派遣规定等配套规章，严格规范劳务派遣

用工行为，依法保障被派遣劳动者的同工同酬权利。

二是完善适应机关、事业单位及国企特点的薪酬制度。调整公务员优化工资结构，降低津贴补贴所占比例，提高基本工资占比。适当提高基层公务员工资水平，提高艰苦边远地区津贴标准。建立公务员和企业相当人员工资水平调查比较制度，完善科学合理的职务与职级并行制度。结合分类推进事业单位改革，建立健全符合事业单位特点、体现岗位绩效和分级分类管理的工资分配制度。突出抓好国有企业高管薪酬管理，缩小国有企业内部分配差距，高管人员薪酬增幅应低于企业职工平均工资增幅。建立与企业领导人分类管理相适应、选任方式相匹配的企业高管人员差异化薪酬分配制度。

三是更加注重提升劳动者人力资本累积。加大对企业在职培训的支持力度，允许企业把员工培训经费纳入税前列支或享受研发经费投入同等优惠政策，保障职工带薪最短培训时间。新增财政教育投入向职业教育倾斜，逐步实行中等职业教育免费制度。建立健全向农民工免费提供职业教育和技能培训制度。完善社会化职业技能培训、考核、鉴定、认证体系，规范职业技能鉴定收费标准。提高技能人才经济待遇和社会地位。在部分行业、部分企业和部分生产环节有序开展"机器换人"，加强"换"后劳动者再就业支持。强化劳动生产率导向，探索把劳动生产率纳入产业集聚区、开发区和工业园区考核的重要指标。

四是完善劳动者合法权益维护机制。健全工资支付保障机制，将拖欠工资问题突出的领域和容易发生拖欠的行业纳入重点监控范围，完善与企业信用等级挂钩的差别化工资保证金缴纳办法。加强对中小企业实行劳动合同制度的监督指导，提高劳动合同履行质量。落实清偿欠薪的工程总承包企业负责制、行政司法联动打击恶意欠薪制度以及保障工资支付属地政府负责制度。完善劳动争议处理机制，及时有效处理劳动人事争议案件。加大劳动保障监察执法力度。

（二）探索完善按要素分配政策制度

目前我国的生产要素市场仍存在着较为严重的市场分割和扭曲、行业垄断及政府行政干预过多等问题，限制了资源配置效率的提升，也限制了整体经济效率的提高。在推进市场化改革的进程中，要加快要素市场的市场化进程和一体化建设，构建一个合理的、能够反映资源稀缺程度的要素市场体系，消除非市场机制对初次收入分配的负面影响。

一是构建更加完善的要素市场化配置体制机制。加快建立健全统一的要素市场，畅通要素供求渠道，在有条件的地区率先开展示范，探索建立职业经理人市场。明确劳动、资本、土地、知识、技术、管理、数据等生产要素的产权归属，实行严格的产权保护制度。强化人力资源市场建设，构建更好体现人力资本的收入分配机制，破除城乡劳动力市场分割和就业中的户籍制度带来的身份歧视现象，以及"同工不同酬"问题，降低城乡就业者之间不合理的收入差距。把握民营经济体制灵活优势，推广员工持股制度，完善股份制企业特别是上市公司的分红制度。构建数据要素收益分配机制，建立健全数据权属、公开、共享、交易规则，加强数据资源整合和安全保护。加强知识产权保护，完善有利于科技成果转移转化的分配政策，探索建立科技成果入股、岗位分红权激励等多种分配办法，保障技术成果在分配中的应得份额。鼓励科研人员通过科技成果转化获得合理收入，允许和鼓励品牌、创意等参与收入分配。建立健全以实际贡献为评价标准的科技创新人才薪酬制度，鼓励企事业单位对紧缺急需的高层次、高技能人才实行协议工资、项目工资等。

二是深挖经营性及财产性收入增长潜力。加快拓宽城乡居民财产性收入渠道。加快发展多层次资本市场，完善分红激励制度，拓宽居民股息、红利等增收渠道，强化监管措施，增强市场信息透明度，保护投资者特别是中小投资者合法权益。支持有条件的企业实施员工持股计划。推进利率市场化改革，适度扩大存贷款利率浮动范围，保护存款人权益。严格规范银行收费行为。丰富债券基金、货币基金等基金产品。完善租购并举的住房制度。全面完善产权制度，降低居民投资的政策风险，为居民稳定获得财产性收入提供制度保障。加快推动金融知识的教育和普及，帮助居民树立正确的投资理念。

三是建立健全国有资本和公共资源收益分享分配机制。全面建立覆盖全部国有企业、分级管理的国有资本经营预算和收益分享制度,合理分配和使用国有资本收益,扩大国有资本收益上交范围,新增部分的一定比例用于社会保障等民生支出。加大个税抵扣、社保基金、医保改革等力度,进一步让利于民。建立健全公共资源出让收益全民共享机制,完善公开、公平、公正的国有土地、海域、森林、矿产、水等公共资源出让机制,加强对自然垄断行业的监管,防止通过不正当手段无偿或低价占有和使用公共资源。

四是大力整顿和规范要素参与收入分配秩序。对部分过高收入行业的国有企业及国有控股企业,严格实行企业工资总额和工资水平双重调控政策,调节电信、金融等垄断性行业过高收入,缩小收入分配行业差距。围绕国企改制、工程建设等重点领域,强化监督管理,堵住获取非法收入的漏洞。建立健全政府非税收入收缴管理制度。继续推进费改税,进一步清理整顿各种行政事业性收费和政府性基金,坚决取消不合法、不合理的收费和基金项目。严厉打击走私贩私、偷税逃税、内幕交易、操纵股市、制假售假、骗贷骗汇等经济犯罪活动。加强反洗钱工作和资本外逃监控。

(三) 进一步扩大就业规模、提高就业质量

就业是最大的民生,有就业就有收入,有高质量就业就可能创造高收入。随着我国劳动年龄人口供给放缓、劳动年龄中位数抬高、企业招工难等问题越发突显,就业的关注重点由岗位供应保障转向更高质量和更充分就业。

在全国范围培育一批人力资源产业园,鼓励和支持园区建设引进培育一批高端人才等专业化服务机构,支持人力资源服务机构向"人才+项目+资本"全链式服务转型。鼓励技工(职业)院校开展社会化培训,培训所得收入按有关规定向承担培训工作的一线教师倾斜,同步加快职业技能等级认定,完善企业自主评价支持政策,畅通技能人才与专业技术人才互认通道。在各地小微企业创业创新园(基地)、双创示范基地等创业载体中安排一定比例场地,免费向重点群体提供,优先满足重点群体个体经营需求,完善"众创空间—孵化器—加速器—产业园"全链条孵化体系。线上依托数

字赋能在各省公共就业服务网站和机构开设灵活就业专区专栏,构建岗位"发布—推送—匹配—反馈"供需对接闭环机制。线下加快完善零工市场,以农村地区为重点,统筹衔接农闲期阶段性劳动力与产业用工需求衔接。在全国设置一批零工市场试点,并逐步在省域范围内铺开,建立覆盖省、市、县、乡四级资源共享的零工服务体系。鼓励地方各级政府通过购买服务等方式,大力开展紧缺急需工种和新职业项目制培训,定期发布适合灵活就业项目清单。强化调解仲裁机构功能,引导用人单位与灵活就业人员协商确定服务时间、报酬、劳动保护等基本权益。

(四) 加快健全再分配调节机制

我国的收入分配格局是长期积累形成的,在收入分配的调节过程中,再分配调节机制的作用至关重要。从国际经验来看,很多收入分配差距较小的发达国家,初次分配后的基尼系数并不小,一般是通过再分配手段的调节,才把基尼系数降到合理的范围。要加快健全以税收、社会保障、转移支付为主要手段的再分配调节机制。相比初次分配,再分配要更加注重公平提高公共资源配置效率,缩小收入差距。

一是促进初次分配过程公平高效。深入推进要素市场化配置改革,完善按要素分配政策制度,全面完善劳动、资本、土地、知识、技术、管理、数据等生产要素由市场评价贡献、按贡献决定报酬的机制。二是加大再分配调节力度和提高精准性。逐步提高直接税比重,稳步开展房产税试点,前瞻性开展遗产税、离境税等研究工作,形成以直接税为主导的新型税制结构。增强社会保障体系的分配调节功能,持续加大国有资本充实社保基金的划转力度,实施全民参保计划。三是构建有利于发挥第三次分配作用的制度体系,激励和引导高收入群体增强社会责任感,积极参与或兴办社会公益事业。

(五) 切实增加农村和欠发达地区居民收入

从问题导向来看,缩小不同受群体收入差距、形成橄榄型结构,要瞄准全体居民收入最薄弱的环节推进，更加注重向农村和相对欠发达地区倾斜，向困难群众倾斜。坚持工业反哺农业、城市支持农村和"多予、少取、放活"方针，加大强农、惠农、富农政策力度，多渠道增加农村和相对欠发达地区低收入群体收入。

一是增加农民家庭经营收入。健全农产品价格保护制度，稳步提高重点粮食品种最低收购价，完善大宗农产品临时收储政策。推动农村一二三产业融合发展，丰富乡村经济业态，拓展农民增收空间。促进产销对接和农超对接，使农民合理分享农产品加工、流通增值收益。推进村集体经济组织改革，探索"三位一体"农村合作经济组织联合会改革等模式，构建现代农业生产经营体系。完善良种补贴、农资综合补贴和粮食直补政策，增加农机购置补贴规模，完善农资综合补贴动态调整机制，新增农业补贴向粮农和种粮大户倾斜。完善林业、牧业和渔业扶持政策。进一步扩大农业保险保费补贴范围，适当提高保费补贴比例。

二是确保农民分享土地增值收益。在基本完成承包地确权登记颁证工作基础上，开展"回头看"，做好收尾工作，妥善化解遗留问题。加快农村土地征收制度改革和农村集体经营性建设用地入市改革，提高农民在土地增值收益中的分配比例。建立健全城乡统一的建设用地市场，鼓励盘活存量建设用地。健全土地流转规范管理制度，按照依法自愿有偿原则，发展多种形式农业适度规模经营，允许承包土地的经营权担保融资。探索宅基地所有权、资格权、使用权分置实现形式，保障农户宅基地用益物权，保障进城落户农民土地承包权、宅基地使用权、集体收益分配权。

三是将防止返贫摆在更加重要的位置。高度警惕和有效防范脱贫人口返贫风险和边缘人口致贫风险，完善防止返贫监测和帮扶机制，及时将返贫和新致贫人口纳入帮扶。把相对贫困地区纳入国家区域协调发展总体战略和乡村振兴战略实施的重点区域。坚持完善东、西部协作和对口支援机制，优化升级结对关系，构建扶贫同扶志扶智相结合的内生动力能力生成机制。引导社会力量参与帮扶，开展"万企帮万村"工程，兴办帮扶车间，营造"先富带后富"良好氛围。强化以工补农、以城带乡，完善城乡融合机制，推动资金、项目、人才、技术等向贫困地区倾斜。大力支持特色小镇、美丽乡村、田园综合体、农民专业合作社、脱贫致富车间等重要载体发展，为农民在本乡本土就业创造条件。

四是加快壮大"农村中产"。发展县域经济，推动农村一二三产业融合发展，丰富乡村经济业态，打造一批乡村旅游、农村电商、康养体验、农事体验等新产业新业态新型经营主体，延长产业链、完善供应链、提升价值链。拓宽农民发展路径，培育新型职业农民和农村创业者，瞄准懂技术、懂市场的家庭农场经营者、农民合作社带头人等中等收入群体后备力量，加大线上创业培训、创业服务和资金支持，形成一批农村创业创新带头人、农村电商人才、乡村工匠等新型职业农民。

五是有序推进农业转移人口市民化。要坚持存量优先、带动增量，实现"愿落尽落"，制定公开透明的各类城市农业转移人口落户政策，试行以经常居住地登记户口制度，把有稳定劳动关系、在城镇居住一定年限并按规定参加社会保险的农业转移人口逐步转为城镇居民，重点推进解决举家迁徙及新生代农民工落户问题。实施全国统一的居住证制度，推动非户籍常住人口逐步享有与户籍人口同等的基本公共服务。健全农业转移人口市民化机制，建立城镇建设用地分配同农业转移人口落户数量等挂钩机制，根据人口流动实际调整公共服务领域人员编制和设施布局，探索建立政府、企业、个人共同参与的市民化成本分担机制。

主要参考文献

[1] 李本贵. 推进共同富裕的调节收入分配税收理论思考 [J]. 税务研究, 2021, 442 (11): 8-10.

[2] 谢地, 武晓岚. 以实现共同富裕为目标探索合理的收入分配制度——建党百年收入分配理论演进与实践轨迹 [J]. 学习与探索, 2021, 315 (10): 88-96.

[3] 刘李华, 孙早. 收入不平等与经济增长：移动的库兹涅茨曲线——新时期收入分配改革的思路与意义 [J]. 经济理论与经济管理, 2021, 41 (9): 20-34.

[4] 卢倩倩, 许光建, 许坤, 等. 中国居民收入分配体系：演变、特

征与展望［J］. 宏观经济研究，2021，272（7）：5－15，160.

［5］胡晶晶. 改革开放以来中国城乡居民收入差距研究［M］. 北京：人民出版社，2013.

［6］唐朱昌. 缩小经济转型期收入差距悬殊的财政制度安排［J］. 学习与探索，2007（1）：149－153.

［7］白重恩，钱震杰. 谁在挤占居民的收入——中国国民收入分配格局分析［J］. 中国社会科学，2009.

［8］周佳雯，陈正芹，吴涛."先富共富"的实践困境与战略取向［J］. 中国浦东干部学院学报，2021（2）：13.

［9］尚明珠. 我国财政社会保障支出困境及对策建议［J］. 财会学习，2018（30）：197.

［10］洪丽. 经济发达国家居民收入差距研究［M］. 北京：人民出版社，2013.